Strategisches Management
in Bildungseinrichtungen

AF211701

Waxmann Verlag GmbH
Steinfurter Straße 555, 48159 Münster
info@waxmann.com

Studienreihe Bildungs- und Wissenschaftsmanagement

Herausgegeben von
Anke Hanft

Band 15

Die Studienreihe ist hervorgegangen aus dem berufsbegleitenden internetgestützten Masterstudiengang Bildungsmanagement (MBA) an der Carl von Ossietzky Universität Oldenburg.
www.mba.uni-oldenburg.de

Marco Zimmer

Strategisches Management in Bildungseinrichtungen

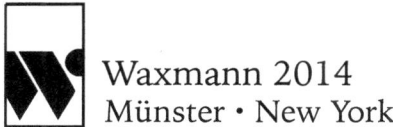

Waxmann 2014
Münster · New York

Bibliografische Informationen der Deutschen Nationalbibliothek
Die Deutsche Nationalbibliothek verzeichnet diese Publikation in der
Deutschen Nationalbibliografie; detaillierte bibliografische Daten sind
im Internet über http://dnb.d-nb.de abrufbar.

Print-ISBN   978-3-8309-1859-2
E-Book-ISBN   978-3-8309-6859-7

© Waxmann Verlag GmbH, 2014
Postfach 8603, 48046 Münster

www.waxmann.com
info@waxmann.com

Umschlaggestaltung: Pleßmann Design, Ascheberg
Satz: Stoddart Satz- und Layoutservice, Münster

Gedruckt auf alterungsbeständigem Papier,
säurefrei gemäß ISO 9706

Inhalt

Vorwort

Seit Jahren gilt das strategische Management im New Public Management als wichtigster Ansatz zur Steuerung von Bildungs- und Wissenschaftseinrichtungen. Mit der Einführung von Profilbildungsprozessen, Strategiezirkeln, Controlling-Systemen oder Ziel- und Leistungsvereinbarungen wurden Instrumente implementiert, die heute als weitgehend akzeptiert gelten. Relativ offen ist aber bislang, ob ihr Einsatz tatsächlich zu einer verbesserten Steuerungsfähigkeit der Institutionen beiträgt und die erfolgreiche Entwicklung von – strategisch geführten – Einrichtungen erklären kann. Die Wirkungen und Effekte strategischer Instrumente bleiben diskussionsbedürftig und sind zunehmend Gegenstand empirischer Analysen (BOGUMIL U.A. 2013).

Die Reichweite strategischer Steuerungssysteme wird in der organisationssoziologischen Literatur seit langem diskutiert. Marco Zimmer leistet hierzu einen wichtigen Beitrag, indem er im vorliegenden Band verschiedene Ansätze des strategischen Managements auf ihre Passung für den Einsatz in Bildungs- und Wissenschaftseinrichtungen theoriebasiert analysiert.

Neben dem klassischen, in der Managementliteratur im Vordergrund stehenden marktorientierten Ansatz stellt Marco Zimmer ressourcenbasierte Ansätze vor, die vor dem Hintergrund der Spezifika von Bildungs- und Wissenschaftseinrichtungen stärkere Beachtung verdienen. Mit seinem Plädoyer für die Synthese beider Ansätze weist er einen Weg, der in seinen praktischen Konsequenzen intensiver zu bewerten ist.

Eine weitere Besonderheit des vorliegenden Bandes besteht in der Einbeziehung einer handlungs- und akteurbezogenen Sichtweise, die in der gängigen Managementliteratur oft zu kurz kommt, für die Erklärung von organisatorischem Handeln in Bildungseinrichtungen aber viele Potentiale bietet. Indem er die im New Public Management breit diskutierten strukturbezogenen Governancesysteme mit einer zweiten, am individuellen Handeln organisatorischer Akteure ansetzenden Sichtweise konfrontiert, wird vieles erklärbar, was im Alltag von Bildungs- und Wissenschaftseinrichtungen beobachtbar ist. Die bewussten und unbewussten Motive der Akteure, ihr reflexiver Umgang mit eigenen Erfahrungen, ihr Handeln in Routinen und ihre Strategien zum Aufbrechen von Regeln, ihr Expertenwissen und ihr Umgang damit, verweisen auf Ebenen des organisatorischen Handelns, die insbesondere in Expertenorganisationen von hoher Relevanz sein dürften.

Mit der Einbeziehung dieser Elemente werden Phänomene erklärbar, die sich einem schlichten top-down ausgerichteten strategischen Konzept verschließen. So beschreibt Marco Zimmer an anderer Stelle (ZIMMER 2012) eine Hochschuleinrichtung, die ohne jede strategische Entscheidung zu einem wichtigen profilbildenden Element ihrer Institution wurde. Nicht top-down, sondern bottom-up wurde hier ein Prozess eingeleitet, der seine Wurzeln in verschiedenen organisationsspezifischen Phänomenen und den Interessen handelnder Akteure hatte. Durch das Zusammentreffen mehrerer Ereignisse entstand eine Entwicklungsdynamik, die zum Erfolg dieser Einrichtung führte. Nahezu zufällig, aber nicht beliebig, situativ beeinflusst, aber nicht top-down gesteuert, konnte ein erfolgreicher Prozess eingeleitet werden, ganz ohne hochschulweiten Strategiebildungsprozess und Unterstützung durch Steuerungsinstrumente. Ein durchaus typisches Phänomen an Hochschulen.

Damit stellt sich die Frage, wie solche Entwicklungen erklärbar sind. Was geschieht, wenn organisatorische Teileinheiten aus ihrem Schattendasein heraustreten und sich plötzlich zu wichtigen Profilkomponenten ihrer Institutionen entwickeln? Können diese Phänomene als Hinweise einer möglicherweise geringen Relevanz der gerade mit viel Aufwand eingeführten New-Public-Management-Systeme gewertet werden?

Marco Zimmer geht diesen Fragen theoriebasiert nach. So verweist er in seiner mikropolitischen Analyse auf individuelle Strategien organisatorischer Akteure, ihre Interessen auch außerhalb strategischer Steuerungssysteme umzusetzen und damit dennoch einen Beitrag zur Entwicklung ihrer Organisation zu leisten. Führungskräfte können aus diesen Analysen lernen, dass intendierte Topdown-Planungen zwar notwendig sind, sie aber offen sein sollten für ein mögliches Scheitern. Sie sollten sensibel sein für zunächst vielleicht eher unscheinbare neue organisatorische Pflänzchen, die Potential für die Entwicklung der gesamten Organisation in sich tragen. Das in der Managementliteratur lange Zeit gepflegte Vertrauen in kausale Zusammenhänge zwischen zentralen Strategiebildungsprozessen und organisatorischem Handeln kann in den Bereich der organisatorischen Mythen verwiesen werden. Die moderne Organisationstheorie hat dies seit langem erkannt, die Konsequenzen für die Steuerung und das Management von Bildungs- und Wissenschaftseinrichtungen sind noch genauer auszuloten. Marco Zimmer leistet mit dem vorliegenden Band hierzu einen wichtigen Beitrag.

Wir freuen uns, mit diesem Band eine differenzierte theoretische Analyse der Tragweite des strategischen Managements in Bildungs- und Wissenschaftseinrichtungen vorlegen zu können. Mit der nun erfolgten Veröffentlichung kann neben den Studierenden des weiterbildenden MBA-Masterstudiengangs Bildungs- und Wissenschaftsmanagement (www.mba.uni-oldenburg) an der Universität Oldenburg auch eine breitere interessierte Fachöffentlichkeit davon profitieren.

Anke Hanft

Einführung

Strategisches Management ist in Bildungseinrichtungen ein Thema: Einige Gründe, warum es zu einem Thema für Bildungseinrichtungen geworden ist, werden im ersten Kapitel dieses Textes aufgezeigt, dem hier aber nicht vorgegriffen werden soll. Gegenstand dieser einleitenden Worte soll zum einen eine Abgrenzung des Themas sein und zum anderen ein Überblick über die folgenden fünf Kapitel.

Strategisches Management ist ein Querschnittsthema, das viele Bereiche der Betriebswirtschaftslehre und der Managementtheorie berührt, streift oder teilweise auch umfasst: Controlling wird unter strategischen Gesichtspunkten betrieben und ist zur Kontrolle der Erreichung strategischer Ziele unabdingbar. Personalmanagement spielt sowohl bei der Generierung von Strategien als auch bei deren Umsetzung eine große Rolle – so muss beispielsweise das Personal, das strategische Vorgaben umsetzen soll, ggf. erst durch entsprechende Personalentwicklungsmaßnahmen in die Lage versetzt werden, dies zu tun. Fragen der Organisation und Führung tauchen spätestens dann auf, wenn es darum geht, Strategien umzusetzen – meist aber schon viel früher, da, wie wir sehen werden, organisationale Strukturen einen großen Einfluss darauf haben, welche Strategien in Organisationen überhaupt entwickelt werden können. Strategien wirken nicht nur durch ihre Umsetzung, sondern auch teilweise dadurch, dass sie vermarktet werden – warum sonst kündigen viele Unternehmen strategische Reorientierungen öffentlichkeitswirksam an? Schließlich haben Bildungseinrichtungen in einem größeren Umfang als viele andere Unternehmen mit der Politik und gesetzlichen Regulationen zu tun. Dass diese auch relevant sind für die Möglichkeiten strategischen Managements, liegt auf der Hand. Kurz und gut: Man könnte jedes der angesprochenen Themengebiete unter dem Blickwinkel des strategischen Managements angehen oder man müsste alle Themengebiete in einer umfassenden Darstellung des strategischen Managements von Bildungseinrichtungen abdecken.

Ein solcher Text wäre nicht nur lang, sondern vermutlich auch verwirrend, da man Gefahr liefe, den sprichwörtlichen Wald vor lauter Bäumen nicht mehr zu sehen, sich in einer Vielzahl von detaillierten Beschreibungen von Einzelfragen strategischen Managements zu verlieren und dabei die grundlegenden Aspekte nicht zu fassen zu bekommen. Weil aber das vorliegende Modul nur eine Einführung sein kann und viele der gerade angesprochenen Themen in anderen Modulen des Studiengangs behandelt werden, wird hier eine andere Herangehensweise an das Thema Strategisches Management gewählt.

Strategisches Management wird in privatwirtschaftlichen Unternehmen betrieben, um den Gewinn zu erhöhen, idealerweise zu maximieren. Das später im Text immer wieder auftauchende Ziel der Sicherung von Wettbewerbsvorteilen ist dabei nur ein Mittel zum Zweck, Schließlich ist es in einer Marktwirtschaft notwendig, sich Wettbewerbsvorteile gegenüber seinen Konkurrenten zu sichern, will man seinen Gewinn maximieren.

Strategisches Management hat also einen sehr ökonomischen Hintergrund und die meisten Konzepte und Ansätze, die in seinem Rahmen entwickelt wurden, beruhen auf diesem Hintergrund. Das gilt auch für die Konzepte, mit denen Sie in Ihrer Praxis in der Form von Vorschlägen von Unternehmensberatern, politischen Reorganisationsvorgaben oder Fachaufsätzen konfrontiert werden. Auf der anderen Seite beruhen diese Vorschläge in der Regel auf Strukturen, wie man sie typischerweise in Industrieunternehmen vorfindet. Dort gibt es relativ eindeutige Hierarchien, meist klar definierte Aufgabenbeschreibungen für die einzelnen Mitarbeiter, relativ eindeutige Möglichkeiten der Leistungsmessung und man hat einen Markt, auf dem durch die Kaufentscheidungen der Abnehmer die letztendliche Entscheidung über die Güte eines Angebotes stattfindet.

Betrachtet man Bildungseinrichtungen, so findet man viele dieser Elemente nicht und dafür andere, die in den klassischen Konzepten strategischen Managements keine oder nur eine geringe Rolle spielen, wie etwa den großen Einfluss, den die Politik häufig auf Finanzierung und Gestaltung von Bildungseinrichtungen und -maßnahmen hat, oder die besondere Rolle, die der Empfänger der Leistung Bildung beim Leistungserfolg hat – ohne das Mittun der Lernenden kann zwar gelehrt werden, aber es kommt zu keiner Bildung. Angesichts dessen stellt sich die Frage, was eine Bildungseinrichtung mit den Konzepten strategischen Managements anfangen kann. Diese Frage können nur Sie beantworten.

Was das vorliegende Modul leisten soll, ist eine Orientierung und Hilfestellung zur Beantwortung dieser Frage. Deswegen wird im ersten Kapitel zunächst die Übertragbarkeit einiger Begriffe, die für strategisches Management von zentraler Bedeutung sind, auf Bildungseinrichtungen problematisiert: Wie finanzieren sich Bildungseinrichtungen? Was ist das Produkt von Bildungseinrichtungen und wer sind ihre Kunden? sind nur einige der Fragen, die dort aufgeworfen werden.

Das zweite Kapitel stellt die Grundlagen der Erkenntnisse zum strategischen Management dar. Es ist in sechs Unterkapitel gegliedert, die jeweils unterschiedliche Aspekte bzw. Ansätze der strategischen Managements thematisieren. In Kapitel 2.1 wird die Geschichte der Disziplin strategisches Management skizziert, um die Einordnung der folgenden Ansätze zu erleichtern. Das zweite Unterkapitel (2.2) ist der Frage gewidmet, was Strategie eigentlich im Rahmen strategischen Managements meint. Es beginnt dort, wo viele strategische Maßnahmen – aber nicht alle, wie Sie sehen werden – ihren Anfang haben, bei der Generierung von Strategien, fragt dann nach Möglichkeiten strategischen Lernens und thematisiert die Ziele, die strategisches Management verfolgen kann und sollte. Das Kapitel 2.3 greift mit den marktorientierten Ansätzen eine maßgebliche Gruppe von Ansätzen strategischen Managements auf. Es ist das erste von drei weiteren Kapiteln, die jeweils unterschiedliche Schulen strategischen Denkens darstellen und Überlegungen bezüglich der Übertragbarkeit auf Bildungseinrichtungen enthalten. Es folgen zwei Unterkapitel, die sich in dieser Art mit dem Resource-Based-View (2.4) und dem Kernkompetenzansatz (2.5), zwei ressourcenbasierten Ansätzen beschäftigen, bevor das Grundlagenkapitel mit Überlegungen bezüglich der Zusammenhänge der marktbasierten und der ressourcenbasierten Schule (2.6) schließt.

Kapitel 3 ist einigen Anwendungen bzw. Konkretisierungen der zwangsläufig recht allgemeinen Überlegungen aus dem zweiten Kapitel gewidmet. Mit der

Darstellung der Grundzüge und Problematiken von Zielvereinbarungen (3.1) und der Durchführung von SWOT-Analysen (3.3) werden zwei Themengebiete aufgegriffen, die aktuell in Bezug auf das strategische Management von Bildungseinrichtungen diskutiert werden. Der Abschnitt 3.2 beleuchtet mit dem Relational View dagegen einen Ansatz strategischen Managements, der mit seiner Betonung von Kooperationsbeziehungen als Ursache strategischer Vorteile viel Potenzial für Bildungseinrichtungen bietet, in diesem Bereich aber bis jetzt wenig aufgegriffen wurde.

Im Kapitel 4 wird der engere Bereich strategischen Managements, wie er weiter oben skizziert wurde, ein Stück weit verlassen, wenn dort nach den organisationalen Bedingungen strategischen Managements von Bildungseinrichtungen gefragt wird. Bildungseinrichtungen „funktionieren" anders als viele andere Unternehmen und die Art, wie sie funktionieren und organisiert sind, kann großen Einfluss darauf haben, ob und welcher Art strategische Maßnahmen dort umgesetzt werden können und auch welche Strategien dort sinnvoll entwickelt werden können. Mit dem Konzept der losen Kopplung (4.1), der Charakterisierung von Bildungseinrichtungen als organisierten Anarchien, in denen Entscheidungen nach dem Mülleimer-Verfahren getroffen werden (4.2) und der mikropolitisch-strategischen Analyse der Machtspiele (4.3) werden dort Beschreibungen von Organisationen im Allgemeinen und Bildungseinrichtungen im Besonderen dargestellt, die zunächst geeignet sein mögen, den Optimismus bezüglich der strategischen Steuerbarkeit zu dämpfen. Auf den zweiten Blick weisen solche Konzepte und Modelle aber primär auf Fallstricke hin, die man umgehen kann, deren Nichtbeachtung allerdings strategische Konzeptionen leicht zu Fall bringen kann. Einigen Möglichkeiten des strategischen Managements trotz der bis dahin dargestellten potenziellen Probleme ist das abschließende fünfte Kapitel gewidmet.

1 Strategisches Management von Bildungseinrichtungen?!

1.1 Warum strategisches Management für Bildungseinrichtungen?

Das Ziel des Einsatzes von strategischem Management in Unternehmen ist die Sicherung der Profitabilität und damit des (Fort-)Bestands eines Unternehmens durch gegenüber den Konkurrenten erlangte Wettbewerbsvorteile. Diese Besserstellung des eigenen Unternehmens soll den wirtschaftlichen Erfolg steigern bzw. in wirtschaftlich schwierigen Situationen sichern helfen. Dazu werden die aktuelle Situation des Unternehmens analysiert und zukünftige Situationen gedanklich vorweggenommen. Dieses bildet dann die Basis zu Beurteilung potenzieller Chancen und Risiken in der Umwelt des Unternehmens sowie seiner Stärken und Schwächen. Auf dieser Basis werden dann die strategischen Ziele für das Unternehmen und die Maßnahmen zu ihrer Erreichung generiert.

Die Ziele und Maßnahmen können sich auf das Innere des Unternehmens beziehen, wenn etwa Kostensenkungen angestrebt werden, oder auf seine Umwelt, wenn sie beispielsweise auf eine stärkere Kundenbindung abzielen. Häufig betreffen sie jedoch beide Bereiche, wenn zum Beispiel durch eine stärkere Vereinheitlichung der Aktivitäten der einzelnen Unternehmensteile zum einen versucht wird, die unternehmensinterne Abstimmung zu vereinfachen, und zum anderen diese Maßnahme das Unternehmen auch attraktiver für aktuelle und potenzielle Kunden machen soll. Je nachdem, wie strategisches Management begriffen wird, zählen die Umsetzung dieser Maßnahmen und die Kontrolle des Ausmaßes der Zielerreichung auch noch dazu.

In diesen Sätzen tauchen einige Begriffe auf, die in Bezug auf Bildungseinrichtungen möglicherweise der Erläuterung bedürfen, wie: Profit, Wettbewerb, Konkurrenten, Knappheit, Ziele oder Kunden. Während diese Begriffe und ihre Relevanz für einen Wirtschaftsbetrieb wie den Großkonzern oder den Einzelhändler um die Ecke klar und deutlich zu sein scheinen, werfen sie bei Bildungseinrichtungen – selbst wenn sie rein privatwirtschaftlich und gewinnorientiert organisiert sind – doch einige Fragen auf:

- Welchen Profit macht die Einrichtung? Sie erfüllt einen Bildungsauftrag und hat nicht das primäre Ziel Gewinne zu erwirtschaften.
- Wieso steht die Einrichtung im Wettbewerb und mit wem und um was oder wen? Dass beispielsweise Hochschulen im Wettbewerb um Studierende stehen, ist kein Eindruck, der sich aufdrängt, wenn immer mehr Hochschulen Zulassungsbeschränkungen für ihre Bachelor- und Masterstudienangebote einführen[1].

---

1 Vgl. Osel, J./Weiss, M. (2013): Numerus Clausus wird zur Regel, in: Süddeutsche Zeitung, 1.8.2013, http://www.sueddeutsche.de/bildung/bachelor-studiengaenge-numerus-clausus-wird-zur-regel-1.1735798 [Zugriff, 14.8.2013]

- Wieso sollen die Ziele von Bildungseinrichtungen unklar sein? Es geht um die Durchführung qualitativ guter Lehre und ggf. (bei Hochschulen) ebenfalls guter Forschung.
- Und die Kunden? Dies sind die Lernenden, die bei einem guten Lehrangebot (siehe oben) von alleine kommen – und dies gilt angesichts steigender Anforderungen an Aus- und Weiterbildung auf dem Arbeitsmarkt heute stärker denn je.

Wieso also ist strategisches Management ein Thema für Bildungseinrichtungen? Diese Frage kann auf mehreren Ebenen beantwortet werden:

- Für Schulen ist aufgrund des demographischen Wandels ein Rückgang der Anzahl der Schüler bereits jetzt absehbar. Bis zum Jahr 2025 wird davon ausgegangen, dass sich die Anzahl der Schüler von ca. 9 Millionen in 2008 auf 7,3 Millionen im Jahr 2025 reduzieren wird. Dabei wird der Rückgang stärker im Sekundarbereich I erwartet (AUTORENGRUPPE BILDUNGSBERICHTERSTATTUNG 2010, 171). In der Sekundarstufe II und an den berufsbildenden Schulen wird insbesondere in den westdeutschen Flächenländern der Rückgang bis 2025 bis 25% betragen (ebd., 173). Für Hochschulen sind die Auswirkungen der demografischen Entwicklung schwerer zu prognostizieren, da die doppelten Abiturjahrgänge auch in den nächsten Jahren noch zu einer steigenden Nachfrage nach Studienplätzen führen werden und sich das Bildungsverhalten immer mehr in Richtung einer Akademisierung von Bildungsbiographien ändert (ebd., 180 f.)
- Der demografische Wandel und der damit einhergehende Fachkräftemangel können sich im Bereich der tertiären Bildung sowie in der beruflichen Fort- und Weiterbildung in einem verstärkten Interesse an Bildung als Mittel zum beruflichen Aufstieg und Wechsel auswirken. Empirische Untersuchungen zu Berufsfeldern, in denen bereits jetzt ein Fachkräftemangel besteht (z.B. für den IT-Bereich: Falk 2003) bzw. in Zukunft sich ein solcher abzeichnet (HELMRICH ET AL. 2012) gehen davon aus, dass berufliche Flexibilität im Sinne von Weiterbildung und Ausbildungsmaßnahmen für einen Berufswechsel ein Mittel sein werden, um mit dem Fachkräftemangel umzugehen. Unabhängig davon, ob diese Bildungsmaßnahmen durch die Lernenden selbst oder ihre Arbeitgeber finanziert werden, bedeutet dieser Trend zum lebenslangen Lernen eine Veränderung der Zielgruppe insbesondere für Hochschulen. Absehbar und zum Teil schon heute feststellbar steigt der Bedarf von Personen, die bereits im Erwerbsleben stehen, nach Studienangeboten.
- Zumindest in Bezug auf Hochschulen wird auch die Globalisierung als Argument für eine verstärkte Beachtung von Fragen strategischen Managements in Bildungseinrichtungen angeführt (so etwa von REICHWALD 2000, 316). Steigende Mobilität von Absolventinnen und Absolventen, technische Innovationen, die prinzipiell grenzenloses Lernen ermöglichen (Stichwort: virtuelle Bildungseinrichtungen), und die Bemühungen zu einer Homogenisierung der Bildungsabschlüsse (etwa durch die Übernahme von Bachelor- und Masterabschlüssen) führen dazu, dass ein Trend in Richtung eines ggf. globalen, aber zumindest die nationalen Grenzen sprengenden Bildungs- und Absolventenmarktes iden-

tifiziert wird. Ist diese Entwicklung zurzeit noch weitgehend auf Hochschulen beschränkt, so kann sie sich leicht auf Einrichtungen im Bereich der Weiterbildung ausdehnen – und der virtuelle Volkshochschulkurs braucht nicht als reine Zukunftsmusik abgetan werden. Aktuell wird das Argument der Globalisierung von Bildung gestützt durch die Entwicklungen im Kontext der sogenannten MOOCs (Massive Open Online Courses). In diesen Onlinekursen finden sich zum Teil mehr als 100.000 Teilnehmende aus aller Welt. In Deutschland wurde und wird die Entwicklung von MOOCs u.a. durch Förderwettbewerbe des Stifterverbands für die Deutsche Wissenschaft[2] vorangetrieben.

- Im Zuge des neuen Steuerungsmodells in der öffentlichen Verwaltung (New Public Management), d.h. der Übernahme von Maßstäben und Managementmethoden der freien Wirtschaft in die öffentliche Verwaltung (vgl. Kap. 1.7.1), ist vielen staatlichen Bildungseinrichtungen mehr Entscheidungs- und Handlungsfreiheit zugestanden worden, gleichzeitig ist der Druck auf die Einrichtungen gewachsen, sich nach privatwirtschaftlichen Maßstäben zu legitimieren. Dies beinhaltet in der Regel die Formulierung von Leitbildern und (strategischen) Zielen und die Rechenschaftslegung über Ressourceneinsatz und Leistung. Die Politik, aber auch andere Finanzgeber von Bildungseinrichtungen wollen vermehrt wissen, welchen (Mehr-)Wert sie für ihre Finanzierungsleistungen erhalten. Zunehmend werden staatliche Mittel nicht mehr im Vorhinein gewährt, sondern es findet eine Bezahlung nach Qualität und Quantität der erzielten Ergebnisse statt (NICKEL 2007, 63 f.). Dass die erwarteten Werte sich angesichts der angesprochenen Aspekte häufig in die Richtung einer Verwertbarkeit auf dem Arbeitsmarkt bewegen, ggf. sogar einen Beitrag zur Stärkung der wirtschaftlichen Wettbewerbsposition des Standortes Deutschland leisten sollen, versteht sich beinahe von selbst (ebd., 26 ff.).

- Der Bologna-Prozess (vgl. Kap. 1.7.2) beinhaltet nicht nur die Abkehr von dem System der Diplom-Studiengänge und deren Überführung in Bachelor- und Masterstudiengänge, sondern markiert auch einen Paradigmenwechsel in der Bildungslandschaft. Dieser wirkt sich vornehmlich auf Hochschulen aus. Deren primäres Ziel soll nicht mehr die Vermittlung von Wissen um des Wissens willen sein, sondern die Förderung von Berufsfähigkeit (employability). Mit dieser strikten Ausrichtung am Arbeitsmarkt bzw. an den Anforderungen der potenziellen Arbeitgeber erhöht sich die Bedeutung der Schnittstelle von Hochschulen zur Wirtschaft. Dies macht die Hochschulen abhängiger von wirtschaftlichen Entwicklungen und verstärkt die Notwendigkeit einer vorausschauenden und problematische Entwicklungen abfedernden Planung. Ferner beinhaltet ‚Bologna' auch eine Neuausrichtung des Bildungssystems auf lebenslanges Lernen, was für viele Bildungseinrichtungen – insbesondere Hochschulen – bedeutet, dass sie sich auf neue Zielgruppen einstellen müssen (HANFT/BRINKMANN 2013).

---

2 Vgl. http://www.stifterverband.info/bildungsinitiative/quartaere_bildung/mooc_fellowships/

- Im Rahmen dieser politischen Ansprüche werden die Akteure in Bildungseinrichtungen auch immer wieder durch Unternehmensberater und Ratgeberbücher mit Konzepten strategischen Managements konfrontiert, die mehr oder weniger bruchlos aus der freien Wirtschaft übernommen sind. Da diese Konzepte meist anwendungsorientiert und ohne Rücksichtnahme auf die ihnen zugrundeliegenden Annahmen dargestellt werden, kann eine Beurteilung der Angemessenheit und Passung dieser Konzepte auf die jeweilige Einrichtung und ihre Situation problematisch werden. Eine Darstellung zumindest der Grundgedanken der maßgeblichen Konzepte strategischen Managements ist deswegen ein Ziel des vorliegenden Studienmaterials.

Diese Trends führen dazu, dass Konzepte der langfristigen Unternehmensplanung, also des strategischen Managements auf Bildungseinrichtungen übertragen werden (vgl z.B. MÜLLER-BÖLING ET AL. 1989; BERTHOLD ET AL. 2011). Diese Übertragung ist nicht unproblematisch, da die Konzepte für Organisationen entwickelt wurden, die gewinnorientiert auf dem freien Markt agieren. Für diese Organisationen sind viele der gerade angesprochenen Fragen – z.B.: was sind die Produkte?, wer sind die Wettbewerber? und wer die Kunden? – relativ klar zu beantworten. Dies gilt für Bildungsorganisationen nicht, wie die kurzen Bemerkungen am Anfang des Abschnitts verdeutlicht haben. Aus diesem Grund wird in den folgenden Abschnitten die Übertragbarkeit einiger grundlegender wirtschaftswissenschaftlicher Konzepte auf Bildungseinrichtungen diskutiert werden.

Bildungseinrichtungen unterscheiden sich aber nicht nur im Hinblick auf externe Rahmenbedingungen von Unternehmen, auch die interne Struktur ist in vielen Aspekten anders als die Strukturen, die typischerweise in Unternehmen auftreten. Dies hat Auswirkungen auf die Möglichkeiten der Generierung von Strategien und ihre Umsetzung (HANFT 2012, 21f.). Sie sind Expertenorganisationen, die in einem Kernbereich ihrer Tätigkeit – der Lehre (und bei Hochschulen auch der Forschung) – von der Expertise der Lehrenden abhängig sind. Sie zeichnen sich häufig durch interne Organisations- und Strukturbrüche – insbesondere zwischen dem Lehr- und dem Verwaltungsbereich – aus, die dazu geführt haben, dass sie als lose gekoppelte Systeme betrachtet werden. Ihre Tätigkeit entzieht sich in vielen Teilen einer eindeutigen Messbarkeit, was zu besonderen Herausforderungen beispielsweise beim Controlling und dem Einsatz von Zielvereinbarungen führt.

Der letzte Punkt sei hier an einem Beispiel verdeutlicht: Wie soll die Leistung eines Lehrenden gemessen werden?
- an der Anzahl der Lehrveranstaltungen, die er abhält – dies vernachlässigt offensichtlich den Aspekt der Qualität der Lehre.
- an der Anzahl der bestandenen Prüfungen oder dem Notendurchschnitt der Prüfungen – hier bleiben leicht Fragen des gewünschten bzw. erforderlichen Anspruchsniveaus außen vor.
- an den Bewertungen, die er oder sie von den Lernenden im Rahmen der Lehrevaluation erhält – eine solche Messung berücksichtigt nicht, dass die Erwar-

tungen und Ansprüche der Lernenden höchst unterschiedlich sein können und nicht unbedingt im Einklang mit den Zielen der Bildungseinrichtung stehen müssen.

Das vierte Kapitel dieses Textes wird sich anhand einiger Aspekte der Frage widmen, mit welchen spezifischen internen Bedingungen von Bildungseinrichtungen sich strategisches Management auseinanderzusetzen hat.

1.2 Bildungseinrichtungen als Unternehmen?

Unternehmen produzieren Güter oder Dienstleistungen, die sie auf einem Absatzmarkt absetzen, auf dem die Kunden für den Erwerb dieser Güter oder Dienstleistungen zahlen und damit die Unternehmen finanzieren. In der Regel greifen Unternehmen für die Erstellung der Güter und Dienstleistungen auf weitere „rückwärtige" Märkte zurück, von denen sie die für den **Leistungserstellungsprozess** benötigten Ressourcen (Arbeitskräfte, Roh-, Hilfs- und Betriebsstoffe) beziehen.

In Wettbewerbssituationen müssen Unternehmen dabei ihren auf dem Absatzmarkt erzielten Gewinn maximieren, um auf Dauer ihren Bestand zu sichern. Weitere Ziele wie die **Effizienz** und **Effektivität** der Leistungserstellung, die in der Regel mit Unternehmen in Verbindung gebracht werden, sind von der Maxime der Gewinnmaximierung abgeleitet und sollen eine wirtschaftliche, den Input zum Output in ein möglichst positives Verhältnis stellende (Effizienz) Erstellung der richtigen, d.h. am Markt nachgefragten Güter (Effektivität) sicherstellen. Versucht man diese Skizze von Unternehmen auf Bildungseinrichtungen zu übertragen, so werden einige Problematiken der Übertragung deutlich.

Nicht direkt deutlich ist, was Bildungseinrichtungen produzieren, was der Absatzmarkt für dieses Produkt ist und ob die finanziellen Gegenleistungen, die die Abnehmer des Produktes dafür erbringen – falls sie überhaupt welche erbringen –, in maßgeblicher Weise zur Finanzierung der Bildungseinrichtungen beitragen. Auch das Ziel bzw. die durch das Wirtschaftssystem bedingte Notwendigkeit zur Gewinnmaximierung ist nicht einfach auf Bildungseinrichtungen zu anzuwenden. Angesichts der in der Regel zumindest teilweisen Finanzierung durch die öffentliche Hand und der noch aufzuzeigenden geringeren finanziellen Abhängigkeit von dem Absatzmarkt für Bildung lässt sich zumindest bei den Einrichtungsträgern, die nicht vollständig privatwirtschaftlich finanziert sind, kein durch die Wirtschaftsverfassung bestimmtes Streben nach Gewinnmaximierung unterstellen. Zwar befinden sich auch Bildungseinrichtungen im Wettbewerb, doch findet dieser weniger auf einem – noch genauer zu beleuchtenden – Absatzmarkt für Bildung statt, sondern auf dem Markt für öffentliche Unterstützungen und Finanzierungen durch institutionelle Einrichtungen. Und auf diesem ‚Markt' zählen häufig eher Eigenschaften wie Reputation und Legitimation – wir kommen darauf zurück.

Betrachtet man den Leistungserstellungsprozess und die Märkte, auf die Bildungseinrichtungen hierfür zurückgreifen, so gleichen letztere in diesen Aspekten „normalen" Unternehmen wesentlich mehr. Die Leistungserstellung findet in der Regel arbeitsteilig statt und neben dem produzierenden (lehrenden) Bereich gibt es einen mehr oder weniger großen Verwaltungsapparat. Während sich der Verwaltungsbereich in Bildungseinrichtungen sich in der Regel durch eine relativ straffe, bürokratische Organisation auszeichnet, sind die Mitarbeiter in der Lehre mit einem Ausmaß an Autonomie ausgestattet, das in privatwirtschaftlichen Unternehmen sehr selten ist. (Auf die Gründe und die Auswirkungen dieser organisatorischen Zweiteilung wird in Kapitel 4 unter den Stichworten „Organisierte Anarchie" und „Lose Kopplungen" noch eingegangen werden.)

Bei der Finanzierung ihrer Aktivitäten sind Bildungseinrichtungen allerdings mit ähnlichen – und häufig sogar noch schärferen – Knappheitsbedingungen konfrontiert wie „klassische" Produktionsunternehmen, wobei sie im Unterschied zu diesen häufig nicht über die Möglichkeit verfügen, durch verstärkten Absatz bzw. Ausweitung oder Verschiebung ihrer Angebotspalette Engpässe in den Einnahmen zu überwinden. Art und Gestaltung der Lehrangebote unterliegen in der Regel der politischen Regulation. Diese kann in direkter Form auftreten, wenn Fachbereichsgründungen oder Prüfungs- und Studienordnungen durch politische Gremien genehmigt werden müssen, oder auch indirekt, wenn Bildungsträger von staatlichen Einrichtungen zur Bereitstellung bestimmter Angebote gedrängt werden, wie es etwa bei den Deutschkursen für Aussiedler Ende der 1980er Jahre der Fall war (HELFRICH 2003).

Nicht nur die Angebotspalette, sondern auch die Möglichkeiten der Preisgestaltung sind oft durch politische Entscheidungen eingeschränkt. So fallen die Entscheidungen über die Einführung und Abschaffung von Studiengebühren ebenso wie die über Kursgebühren an Volkshochschulen auf politischer Ebene und im Bereich staatlich geförderter Weiterbildung kann die öffentliche Hand einfach dadurch, dass sie bestimmte Bildungsmaßnahmen nur mit einer begrenzten Summe pro Teilnehmer fördert, Druck auf die Preisgestaltung ausüben. Angesichts dieser äußerst begrenzten Möglichkeiten, finanziellen Engpässen durch eine Vermehrung der Einnahmen zu begegnen, können Bildungseinrichtungen häufig gar nicht anders, als mit verschärften Anforderungen an die Effizienz in der Lehre, d.h. zumeist durch den Versuch, mit der gleichen Infrastruktur und personellen Ausstattung größere Mengen an Lernenden zu bewältigen, auf die dürftiger fließenden Mittel der öffentlichen Hand zu reagieren. Das heißt, auch in diesem Bereich unterscheiden sich Bildungseinrichtungen, obwohl auch sie mit finanziellen Restriktionen zu kämpfen haben, von privatwirtschaftlichen Unternehmen.

Da die Möglichkeiten strategischen Managements aber weitgehend von seinen Produkten, seinen Kunden, seinen Finanzierungsquellen und schließlich seinen Wettbewerbern abhängen, werden diese Aspekte von Bildungseinrichtungen im Folgenden etwas genauer beleuchtet.

1.3 Was sind die Produkte von Bildungseinrichtungen?

Das **Produkt** oder besser: die Dienstleistung von Bildungseinrichtungen ist **Bildung** bzw. ihre Vermittlung an Lernende. Diese Antwort ist so trivial wie ungenau. Denn bei genauerer Betrachtung zeigt sich, dass unter Bildung sehr viel Unterschiedliches verstanden werden kann. Bildung kann aufgefasst werden als „ex ante vorrangig nicht durch Nutzungs- und Verwertungsoptionen bestimmter Prozess der Entfaltung der Persönlichkeit" (BARTÖLKE/GRIEGER 2001, 82) oder als „Qualifizierung", „verstanden als vorrangig an Anforderungen und Ansprüchen an Arbeitsvermögen orientierter Prozess der Erzeugung beruflicher Handlungskompetenzen" (ebd.).

Diese eigentlich auf Hochschulen abzielende Unterscheidung lässt sich auf alle Bildungseinrichtungen übertragen. So kann das Kursangebot zur heimatlichen Brauchtumskunde eher dem oben skizzierten Bildungsbereich zugerechnet werden, während der VHS-Kurs zum Erwerb eines Französisch-Zertifikats der IHK vermutlich eher zum Bereich der Qualifizierung zu zählen ist. Zwar ist diese Differenzierung nicht allein von den Bildungsangeboten abhängig, sondern auch von den Teilnehmern an den jeweiligen Maßnahmen[3], doch lassen sich Bildungsangebote anhand ihrer Inhalte häufig relativ deutlich auf dem durch diese beiden Pole aufgespannten Kontinuum verorten. In der Praxis von Bildungseinrichtungen scheint vielfach vor „dem Hintergrund wirtschaftlicher Erfordernisse [...] längst entschieden, dass Bildung ohne Praxisbedarfe befriedigende Qualifizierung kein autonomes Ziel mehr ist" (ebd.).

Quer zu dieser Unterscheidung liegt die Differenzierung, ob Bildung als Gut mit einem Wert an sich verstanden und aus dieser Überzeugung heraus vermittelt (und aufgenommen) wird, etwa weil man von einem gewissen Standard an Allgemeinbildung ausgeht, über den man als mündiger Bürger der Gesellschaft verfügen sollte (vgl. etwa den Bestseller „Bildung" von SCHWANITZ). Oder ob Bildungsangebote zweckorientiert dargeboten und konzipiert werden, sei es, um Qualifikationen für den Arbeitsmarkt bereitzustellen oder um soziale Integrationsleistungen zu erbringen, wie bei den weiter oben erwähnten Deutschkursen für Aussiedler. Hier geht es primär um die Entschärfung von sozialem Sprengstoff, wie es RUDOLF HELFRICH, Vorsitzender des Bundesverbandes der Träger beruflicher Bildung, prägnant formuliert (HELFRICH 2003).

Die gerade nur angedeutete Debatte zwischen einem zweckorientieren Qualifizierungsbegriff und einem Bildungskonzept, das sich in nahezu humboldtscher Tradition an humanistischen oder aufklärerischen Bildungsidealen orientiert (DOHMEN 2002; FAULSTICH 2002) hat trotz der starken externen Zwänge, die Bildungseinrichtungen unter Stichworten wie Praxisrelevanz oder employability zu einer zunehmenden Qualifizierungsorientierung drängen, eine mehr als nur akademische Relevanz: Wenn sich Bildungseinrichtungen nämlich zu sehr von Bedarfen der Praxis in ihren (Aus-)Bildungszielen drängen lassen, laufen sie Gefahr, die

---

3   So kann eine Teilnehmerin den genannten Französischkurs erst einmal ohne jede berufliche Verwertungsabsicht belegen und ein Anthropologe kann den Brauchtumskurs unter rein professionellen Gesichtspunkten wählen.

Vermittlung von analytischen Fähigkeiten und einem entsprechenden Verständnis zu vernachlässigen, das ihre Lernenden dann später auch befähigt, neue Herausforderungen der Praxis eigenständig zu bewältigen (WEICK 2001).

Bildung erscheint bereits in dieser auf den Zweck von Bildung abhebenden Unterscheidung als höchst heterogen und von Interessen geleitet. Auf diese Interessen – die sowohl von Seiten der (potenziellen) Lernenden, als auch von den Geldgebern und Unterstützern von Bildungseinrichtungen an diese herangetragen werden und sich schließlich auch in der einen oder anderen Ausrichtung bei den Lehrenden wiederfinden – ist im Rahmen der strategischen Ausrichtung einer Bildungseinrichtung Rücksicht zu nehmen. Darüber hinaus ist insbesondere bei einer bestimmten Form von Bildungseinrichtungen, den Hochschulen, neben der Bildung auch die Schaffung neuen Wissens ein wichtiges Produkt, das für die öffentliche und politische Anerkennung relevant ist und damit für den Zuspruch und die Unterstützung, die die Einrichtung seitens der Geldgeber und der Lernenden erhält. Einer Hochschule oder einer Fakultät, die über herausragende Forschungsleistungen verfügt und es obendrein versteht, diese auch öffentlichkeitswirksam zu vermarkten, wird es in der Regel leichter fallen, sich weitere Finanzquellen – seien sie öffentlicher oder privater Natur – zu erschließen und sie wird häufig auch mehr Zuspruch seitens der Studierenden erfahren. Letzteres kann zwar auf der einen Seite die Belastung durch Lehrtätigkeit erhöhen, kann es auf der anderen Seite aber auch erleichtern, unter Verweis auf die hohe Zahl Lernender weitere öffentliche Mittel zu erhalten.

Schließlich bezieht sich eine weitere unter finanziellen und strategischen Gesichtspunkten relevante Unterscheidung auf die inhaltliche Ausrichtung der Bildung. Zum einen gibt es Lehrfächer, die prinzipiell mehr Kosten verursachen (Naturwissenschaften oder Medizin), und andere, die sich mit einem vergleichsweise geringen Kostenaufwand unterrichten lassen (Geisteswissenschaften oder Ökonomie). Benötigt man für letztere neben Lehrbüchern und Lehrpersonal sowie einer verwaltungstechnischen und informationellen Infrastruktur prinzipiell nur noch Lehrräume, so fallen bei den erstgenannten wesentlich höhere Kosten für Labore, deren Ausstattung und das Personal für ihre Instandhaltung an. Dem entsprechend sind die Kosten der Bildung bezogen auf den einzelnen Lernenden um ein vielfaches höher als etwa in den Geisteswissenschaften. So betrugen die laufenden Ausgaben einer Hochschule pro Studierenden im Jahr 2009 rund 5.000 € bei Rechts-, Wirtschafts- und Sozialwissenschaftlern und rund 31.600 € bei Humanmedizinern (STATISTISCHES BUNDESAMT 2012, 57). Zum zweiten lassen sich je nach wirtschaftlicher und politischer Lage immer wieder Lehrgebiete finden, die „in" sind, für die es verstärkte öffentliche und private Förderung und häufig auch gesteigerte Nachfrage seitens der Lernenden gibt. Als Beispiele seien hier nur die mit dem Boom der sogenannten New Economy einhergehenden Wellen der Förderung im Bereich der EDV-Ausbildung und der Existenzgründung genannt.

1.4 Wie finanzieren sich Bildungseinrichtungen?

In der Bundesrepublik Deutschland wurden im Jahr 2009 insgesamt 164,6 Milliarden Euro für Bildung ausgegeben. Davon entfielen 78,9 % auf die öffentliche Hand (STATISTISCHES BUNDESAMT 2012, 20) und 21,1 % auf andere Geldgeber, also die Wirtschaft, andere Organisationen, Privathaushalte und das Ausland. Dabei unterscheiden sich Hochschulen und andere Bildungseinrichtungen stark in ihrer Finanzierung. Während Hochschulen zurzeit noch weitgehend durch die öffentliche Hand finanziert werden – wenn man von den privaten Hochschulen oder Akademien absieht[4] – ist die **Finanzierungsstruktur** von Weiterbildungsträgern komplexer. Nach dem 8. Weiterbildungsbericht der Bundesregierung 2003 (BMBF 2003, 292) steuerten 1998/1999 Betriebe mit 34,3 Mrd. DM bzw. 52 % den größten Anteil zur Finanzierung von Weiterbildungsträgern bei, gefolgt von Privatpersonen, deren Anteil 21 % (14,1 Mrd. DM) betrug. Die Bundesagentur für Arbeit finanzierte Maßnahmen in Höhe von 13,2 Mrd. (20 %) und die öffentliche Hand steuerte mit 4,3 Mrd. DM 7 % zur Finanzierung der Träger bei. Diese Zahlen beruhen angesichts der Heterogenität der Anbieter und Träger im Weiterbildungsbereich zum Teil auf Schätzungen. Festzuhalten ist hier, dass die Lernenden mit etwas mehr als einem Fünftel nur zu einem geringen Teil die Finanzierung der Träger sichern.

Diese Situation entspricht der an den Hochschulen, wo die finanziellen Beiträge der Studierenden keinen nennenswerten Beitrag zur Finanzierung der Einrichtung leisten. Allerdings hat sich die Finanzierungsstruktur der Hochschulen in den letzten Jahren verändert. So müssen sie angesichts chronisch knapper öffentlicher Kassen bereits seit Jahrzehnten mit einer kaum gestiegenen – z.T. mittlerweile sogar inflationsbereinigt sinkenden – Finanzierung durch die öffentliche Hand auskommen, obwohl die Anzahl der Studierenden zumindest in den neunziger Jahren weiter gestiegen ist. Eine Folge ist ein wachsender Bedarf an Drittmitteln, der mittlerweile nicht nur dazu geführt hat, dass ca. ein Drittel der Aufwendungen für Forschung und Entwicklung im deutschen Hochschulsystem über Drittmittel finanziert wird (HORNBOSTEL 2001, 141), sondern dass teilweise auch das „laufende Geschäft": Lehre und die laufende Forschung kaum aus der Grundausstattung finanziert werden kann. Bereits 1988 hat der deutsche Wissenschaftsrat eine Warnung formuliert, in der er darauf hinweist, dass damit auch die laufende Forschung, die dem Projektvorlauf und der späteren Einwerbung von Drittmitteln dient, gefährdet sei, so dass er die Wettbewerbsfähigkeit der Universitäten auf dem Drittmittelmarkt als gefährdet ansehe (ebd., 142). In vielen Fakultäten – insbesondere im natur- und ingenieurwissenschaftlichen Bereich – sind seit Jahren mehr Stellen über Drittmittel als über Haushaltmittel finanziert. In diesem Zusammenhang ist es bemerkenswert, dass der Bildungsfinanzbericht

---

4   Bei privaten Hochschulen gibt es solche, die zumindest noch in Teilen durch die öffentliche Hand gefördert werden, wie die Universität Witten/Herdecke, deren Einnahmen im Geschäftsjahr 2000/2001 zu knapp 17,5 % aus Zuwendungen des Landes bestanden, und andere, die sich wie die Wissenschaftliche Hochschule für Unternehmensführung vollkommen ohne Rückgriff auf staatliche Mittel finanzieren (BROCKHOFF 2003, 13).

2012 (STATISTISCHES BUNDESAMT 2012, 58) ausweist, dass die nominalen Ausgaben für Forschung von 2000 bis 2009 um 45 % gestiegen sind, während die Ausgaben für Lehre sich in diesem Zeitraum nur um 35 % erhöhten.

Diese wachsende Nachfrage nach Drittmitteln führt auf Seiten der traditionellen Mittelgeber dazu, dass die Schere zwischen der Anzahl der Anträge einerseits und der Anzahl der Bewilligungen und der Höhe der bewilligten Projektmittel andererseits immer weiter auseinander klafft. So konnte die Deutsche Forschungsgemeinschaft noch 1974 84,5% der gestellten Anträge und dabei 76,7% der beantragten Mittel bewilligen. 1997 lagen die Quoten bei 58,7% der Projekte und 35,4% der Mittel (ebd., 154).

Angesichts solcher Verhältnisse bei den nationalen institutionellen Drittmittelgebern kommen verstärkt andere Akteure ins Spiel: Zum einen die Industrie, die zum Beispiel bei den Ingenieurwissenschaften Adressat von mehr als einem Drittel der Drittmittelanträge ist, oder die europäische Union, die mit relativ großvolumigen Forschungsprogrammen mittlerweile geradezu ganze Forschungswellen auslösen kann. Doch auch die Töpfe der EU sind natürlich nicht unerschöpflich und häufig liegen die Antragszahlen und -volumen um ein mehrfaches über den zur Verfügung stehenden Mitteln.

Diese gerade skizzierte Finanzierung von Bildungseinrichtungen ist deshalb besonders relevant im Rahmen strategischen Managements, weil es sich hierbei um die Frage dreht, wer als die Kunden von Bildungseinrichtungen betrachtet werden kann und muss, um die benötigten Finanzmittel zielgruppengerecht einfordern zu können.

1.5 Wer sind die Kunden von Bildungseinrichtungen?

Im traditionellen ökonomischen Verständnis ist der Kunde eines Unternehmens ein Akteur, der von diesem Unternehmen ein Produkt oder eine Leistung bezieht und dafür eine Gegenleistung, meistens in finanzieller Form, gibt. Sowohl Anbieter als auch Nachfrager sind souveräne Akteure, die diese Austauschbeziehung nur auf freiwilliger Basis eingehen. Dabei spielen seitens des Nachfragers Kriterien wie die Qualität des Produktes bzw. das jeweilige Verhältnis der Leistungsqualität zum Preis eine ausschlaggebende Rolle bei der Auswahl des Anbieters.[5] Aber auch der Anbieter kann – etwa bei Zweifeln an der Zahlungsbereitschaft des Nachfragers – einen potenziellen Nachfrager ablehnen. Das Ziel, möglichst viele Kunden zu gewinnen und dadurch möglichst hohe Einnahmen zu erzielen, wird als starker Anreiz für die Anbieter angesehen, möglichst hochwertige Produkte zu einem möglichst günstigen Preis anzubieten.

---

5 Die Möglichkeiten der Nachfrager im Vorfeld der Austauschbeziehung die Qualität von Angeboten und damit auch die Relation ihrer Qualität zum Preis zu bewerten, werden in der ökonomischen Theorie in der Regel relativ optimistisch beurteilt: Entweder kennt der Nachfrager die Qualität oder er kann bei bestehender Qualitätsunsicherheit versuchen, vertragliche Nachbesserungsklauseln zu etablieren. Schließlich wird er, wenn er sich bezüglich der Qualität eines Produktes getäuscht hat, dieses nicht mehr wählen, wenn er erneut vor einer vergleichbaren Kaufentscheidung steht.

Wie oben gesehen, ist eine solche nur zwei Parteien umfassende Austauschbeziehung bei Bildungseinrichtungen nicht gegeben: Bei Weiterbildungsorganisationen sind es zu über 70 % Unternehmen und staatliche Einrichtungen, die für die Qualifizierung der Lernenden zahlen, weil sie sich einen Nutzen hiervon versprechen. Dieser kann in der Bereitstellung der betrieblich benötigten Qualifikationen oder in der Steigerung der Vermittlungsfähigkeit von Arbeitslosen liegen. Bei Hochschulen sind die Empfänger der Leistung Lehre noch weniger identisch mit denjenigen, die sie bezahlen. Hier sorgt der Staat weitgehend für die Finanzierung der Bildungsträger oder es wird – im Zuge einer Querfinanzierung – die Lehre aus Mitteln mitfinanziert, die für Forschungstätigkeiten gedacht sind. Bildungseinrichtungen erscheinen damit als Dienstleistungsbetriebe (BEHRENS 1996, 98 ff.), die für unterschiedliche Kunden(-gruppen) – die Wirtschaft, die Politik, die Wissenschaft, die Gesellschaft im Allgemeinen und auch die Studierenden – unterschiedliche Arten von Dienstleistungen – Gutachtenerstellung, Technologietransfer, Forschungsleistungen, medizinische Versorgung und Bildung – erbringen. BEHRENS (1996, 99) weist darauf hin, dass die Vorstellung, Studierende als Kunden der Hochschule zu betrachten, für die meisten Hochschulen – nämlich solche, die als Körperschaften öffentlichen Rechts organisiert sind – mit der juristischen Betrachtungsweise kollidiert, nach der die Studierenden Mitglieder der Hochschulen sind. Ungeachtet dessen hat die Dienstleistungsperspektive in den vergangenen Jahren in der politischen Diskussion an Gewicht gewonnen und wurde unter anderem von der deutschen Monopolkommission zur Begründung von Studiengebühren herangezogen (MONOPOLKOMMISSION 2000, 93 f.)

Die damit entstehende **Dreiecksbeziehung zwischen Bildungsanbieter, Bildungsempfänger und -finanziers** lässt es als problematisch erscheinen, die Lernenden als die Kunden von Bildungseinrichtungen zu betrachten, deren Wünsche für die Einrichtung relevant sind und deren Wahlverhalten ein Anreiz zur Leistungs- und Qualitätssteigerung ist. Gemäß dem Sprichwort, „wes Brot ich ess, des Lied ich sing" werden die Anforderungen und Ansprüche, die von den Finanziers von Bildungseinrichtungen formuliert werden, zumindest in der Regel ein größeres Gewicht haben, als diejenigen, die von Lernenden geäußert werden. Das heißt nicht, dass die Qualität der Leistung Lehre und damit auch die Ansprüche der Lernenden keine Rolle spielen, doch kommen sie häufig nur vermittelt zum Tragen. Unternehmen haben ein Interesse daran, dass die Teilnehmer an von ihnen finanzierten Weiterbildungsmaßnahmen bestimmte Qualifikationen erlangen. Die öffentliche Hand und staatliche Organisationen wie die Bundesagentur für Arbeit finanzieren Bildungseinrichtungen und Maßnahmen ebenfalls mit dem Ziel, bestimmte Bildungs- und Qualifikationsziele zu erreichen.

Da sich diese Ziele nur erreichen lassen, wenn in der Lehre auch auf die Bedürfnisse und Fähigkeiten der Lernenden eingegangen wird und diese zum Lernen motiviert werden, sind die Lernenden und ihre Interessen auch bei durch Dritte finanzierten Bildungsmaßnahmen relevant. Diese Relevanz entfaltet sich aber häufig nur vermittelt, etwa wenn ausbleibender Lehr- und Lernerfolg, der sich in hohen Abbrecherquoten, langen Studiendauern oder schlechten Prüfungsergebnissen zeigt, von den Geldgebern bemängelt wird. Für den Fall der Hochschulen argumentiert der ehemalige Präsident der westdeutschen Rektorenkonferenz GEORGE TURNER (1986, 71), dass der oben skizzierte Marktmechanismus auch bei Abwesenheit von Studiengebühren und damit gegebener Finanzierung der Hochschulen durch Dritte funktionieren könnte, wenn Studierende ihre Hochschule und Hochschulen ihre Studierenden frei wählen würden.

Voraussetzung dafür wäre, dass die Hochschulen ein Interesse an einer hohen Nachfrage haben und die Studierenden ein Interesse an qualitativ hochwertiger Ausbildung. Doch sind bereits diese Voraussetzungen problematisch: So kann angesichts von Budgets, die weitgehend unabhängig von der Anzahl der Lernenden sind, bezweifelt werden, dass Hochschulen ein Interesse an einer möglichst großen Nachfrage haben, und die Interessenlage seitens der Studierenden wird in der Regel ebenso differenzierter sein, wobei Aspekte wie „Discount-Noten" (ebd.), also leicht zu erlangende gute Abschlüsse, ebenso eine Rolle spielen können wie regionale Präferenzen. Selbst wenn man aber den Lernenden ein ausschließliches Interesse an einer hochwertigen Ausbildung unterstellt, stellt sich die Frage, wie sie die Bildungseinrichtungen bzw. das Angebot in bestimmten Fächern bewerten sollen. Da sie ihre Entscheidung vor Studienanfang treffen müssen, können sie die Bewertung nicht selbst vornehmen und müssen sich auf die Bewertungen anderer verlassen. Angesichts der von TURNER (ebd., 72 ff.) 1986 diagnostizierten offenen Fragen in Bezug auf Maßstäbe und Methoden der Qualitätsmessung in der Lehre, die zum größeren Teil immer noch auf eine Antwort warten, ist vermutlich auch das ein problematisches Unterfangen.

Wenn aber häufig weniger die Lernenden, sondern eher die Geldgeber als die Kunden von Bildungseinrichtungen erscheinen und die Lernenden bzw. ihr Lernerfolg – häufig reduziert auf Kennzahlen – nur als ein Aspekt bei der Entscheidung der Geldgeber für oder gegen eine Bildungseinrichtung auftauchen, stellt sich die Frage, auf welchen Feld Bildungsinstitutionen mit welchen anderen Organisationen um was im Wettbewerb stehen.

1.6 Wer sind die Wettbewerber einer Bildungseinrichtung?

Die **Wettbewerber** eines Unternehmens sind die Organisationen, die mit dem Unternehmen in Konkurrenz um die knappen oder zumindest begrenzten Ressourcen stehen, die das Unternehmen für seinen Fortbestand und seinen Erfolg benötigt. Diese **kritischen Ressourcen** bestehen in der Regel vornehmlich aus finanziellen Mitteln, die die Aufrechterhaltung des Betriebs des Unternehmens und ggf. sein Wachstum ermöglichen.

Wie oben dargestellt, bestehen für Bildungseinrichtungen diese Ressourcen nur zum (meist geringeren) Teil aus den finanziellen Mitteln, die die Lernenden direkt für die Vermittlung von Lehrinhalten zahlen. Und selbst, wenn solche Mittel zur Verfügung stehen, werden sie aus unterschiedlichen Gründen nur begrenzt zur längerfristigen Finanzierung genutzt, wie das Beispiel Studiengebühren zeigt: Zum einen können – wie die Erfahrung zeigt – sich ändernde politische Rahmenbedingungen zum kurzfristigen Wegfall der Studiengebühren führen. Zum anderen wurden sie als dermaßen unwägbar in ihrer Höhe angesehen, dass sie nicht zur Grundlage längerfristiger Finanzplanungen gemacht werden konnten. Hinzu kommen gesetzliche Einschränkungen bei der Verwendung der Studiengebühren und die Sorge der Hochschulleitungen, dass sich die Länder unter Verweis auf das Gebührenaufkommen der Hochschulen aus deren Grundfinanzierung zurückziehen (SPIEWAK/WIARDA 2007).

Häufig sind die primären Geldgeber der Staat, staatliche Organisationen und Unternehmen. Deren Bereitschaft und Fähigkeit, Bildungseinrichtungen zu finanzieren hängt von den vorhandenen bzw. dieser Aufgabe gewidmeten Budgets ab. Die Höhe dieser Budgets richtet sich unter anderem nach der jeweiligen Haushaltslage dieser Organisationen.[6] Ein weiterer Bestimmungsgrund für die Höhe der Budgets wird die Bedeutung sein, die die Organisationen Bildung, Weiterbildung und ihrer Finanzierung beimessen. Wenn beispielsweise von politischer Seite die Erhöhung der Anzahl der Hochschulabsolventen als relevantes Ziel angesehen wird, wird die Politik – ggf. auch zu Lasten anderer Bereiche – mehr Gymnasien finanzieren, finanziell bedürftige Studierende unterstützen und die Hochschulen mit mehr Mitteln zur Bewältigung der größeren Studentenzahlen ausstatten.

Solche aus politischen Zielsetzungen resultierenden Förderungen können sich auch auf spezielle Formen von Bildungseinrichtungen (z.B. Fachhochschulen) oder auf einzelne Disziplinen oder Lehrinhalte beziehen. Die zum Teil bereits erwähnten gezielten Förderungen von Informatik, Existenzgründungslehrstühlen oder Gentechnik seien hier nur exemplarisch genannt. Während bei Hochschulen und auch bei öffentlich finanzierten Schulen die Finanzierung in der Regel zumindest kurzfristig weitgehend unabhängig von der konkreten Studierendenzahl stattfindet, so dass eine erhöhte Anzahl an Lernenden nicht automatisch zu erhöhten Einnahmen führt, ist dies bei Weiterbildungseinrichtungen nicht der Fall.

Da hier eine Finanzierung von dritter Seite (über staatliche Einrichtungen, wie das Arbeitsamt oder über privatwirtschaftliche Unternehmen) in der Regel zumindest zu einem gewissen Anteil in der Form stattfindet, dass die Kursgebühren der Lernenden übernommen werden, gibt es bei diesen Einrichtungen direkte Verbindungen zwischen der Anzahl der Lernenden und den Einnahmen der Einrichtung. Der Unterschied zum rein privatwirtschaftlichen Erwerb von Leistungen liegt allerdings darin, dass nicht die direkten Empfänger der Leistung für diese zahlen, sondern die mittelbaren Nutznießer der Bildungsmaßnahme: die Unter-

---

6 Natürlich wird auch die Bereitschaft des individuellen Lernenden, für seine Bildung Geld auszugeben, von seinen finanziellen Möglichkeiten abhängen und deshalb eventuell sinken, wenn er weniger Geld zur Verfügung hat, doch stellen diese individuellen Zahlungen eines Lernenden in der Regel nur einen vergleichsweise kleinen Anteil am Gesamtfinanzbedarf einer Bildungseinrichtung dar, deren Ausfall durch die Anwerbung anderer Lernender häufig ausgeglichen werden kann. Dagegen finanzieren die institutionellen Geldgeber Bildungseinrichtungen vielfach zum überwiegenden Teil, was zum einen angesichts der schieren Höhe der Finanzierung und zum anderen aufgrund mangelnder Alternativen den Ausgleich von reduzierten oder sogar wegfallenden Mittelzuflüssen problematischer erscheinen lässt. Trotzdem verweist obiges Argument auch auf die Bedeutung, die Verschlechterungen der gesamtwirtschaftlichen Lage verbunden mit sinkenden Haushaltseinkommen für Bildungseinrichtungen haben können.

nehmen, die Mitarbeiter in einer bestimmten Form qualifizieren möchten, oder zum Beispiel die Bundesagentur für Arbeit, die die Chancen Arbeitsloser auf dem Arbeitsmarkt zu erhöhen trachtet. Diese bereits im vorangehenden Abschnitt angesprochene, in der Praxis häufig existierende Dreierkonstellation von Bildungsempfänger, Finanzier und Bildungseinrichtung beeinflusst die Wettbewerbssituation von Bildungseinrichtungen. In der „klassischen" Zweierkonstellation zahlt der Lernende an die lehrende Einrichtung direkt für die erhaltene Leistung. Die Entscheidung des Lernenden, ein bestimmtes Bildungsangebot wahrzunehmen, kann als zweistufiger Prozess aufgefasst werden.

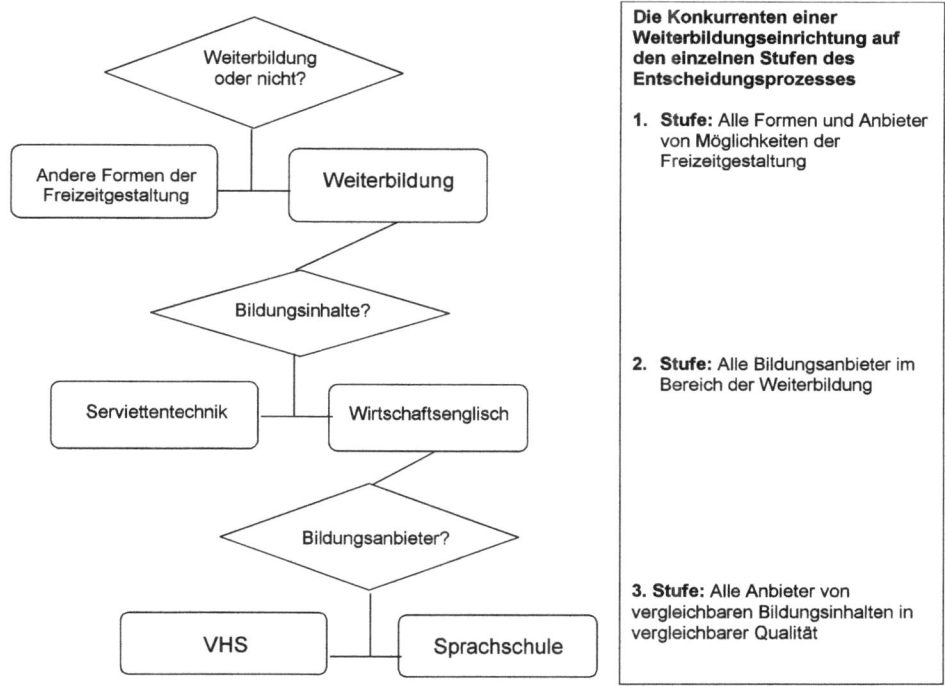

Abbildung 1:
Unterschiedliche Konkurrenten eines Bildungsanbieters auf den verschiedenen Stufen des Entscheidungsprozesses für ein Weiterbildungsangebot (Quelle: eigene Darstellung)

1) Zunächst muss sich der potenzielle Lernende dafür entscheiden, sein Geld für Bildung im Allgemeinen bzw. für ein bestimmtes Bildungsangebot auszugeben, also zum Beispiel eine Sprache zu lernen. Diese Entscheidung fällt er angesichts anderer Verwendungsmöglichkeiten seiner begrenzten finanziellen Ressourcen. Er könnte beispielsweise davon auch in Urlaub fahren. Diese erste Entscheidung betrifft aber nicht nur die Verwendung seiner finanziel-

len Mittel, sondern auch die anderer Ressourcen des potenziellen Lernenden. So könnte er die Zeit, die er für die Bildungsmaßnahme aufwenden muss, anders nutzen. Diese Entscheidung für oder gegen eine Bildungsmaßnahme wird der potenzielle Lernende unter Nutzengesichtspunkten treffen. Er wird sich die Frage stellen, welche Verwendung seiner Mittel seinen Nutzen am meisten mehrt.[7] Analytisch betrachtet, stellt der potenzielle Lernende sich diese Frage sogar zweimal, bevor er sich für einen bestimmten Bildungsinhalt, wie einen Sprachkurs, entscheidet. Zunächst stellt sich für ihn die Frage, ob er überhaupt Bildungsangebote wahrnehmen oder etwas anderes unternehmen (zum Beispiel in Urlaub fahren) soll. Hat er sich zugunsten der Bildung entschieden, geht es in einem zweiten Schritt für ihn darum, für welche Bildungsinhalte er Zeit und Geld investieren soll.

2) Hat sich der potenzielle Teilnehmer einer Bildungsmaßnahme für bestimmte Bildungsinhalte entschieden, so muss er anschließend zwischen den unterschiedlichen Anbietern dieser Bildungsinhalte auswählen. Auch hierbei wird er das Verhältnis zwischen Aufwand und Ertrag zu maximieren versuchen. Dabei können auf der Aufwandsseite neben dem Preis der Maßnahme auch Faktoren wie die räumliche Entfernung zu der Einrichtung, die zeitliche Strukturierung des Angebotes oder der vom Teilnehmer vermutete bzw. vom Anbieter formulierte Lernaufwand eine Rolle spielen. Bei der Bewertung des persönlichen Nutzens wird der Teilnehmer, da er meist im Vorfeld Form und Inhalte des Lehrangebotes nicht bewerten kann, denn dazu müsste er es bereits kennen, auf Ersatz- und Hilfsmaßstäbe zurückgreifen. Der Ruf und die **Reputation** der Einrichtung können hierbei ebenso eine Rolle spielen, wie die **Zertifikate**, die nach Abschluss der Maßnahme zu erlangen sind.

Diese Skizze der Überlegungen eines potenziellen Teilnehmers einer Bildungsmaßnahme ist für die Frage nach den Wettbewerbern von Bildungseinrichtungen insofern von Bedeutung, da den sich dem potenziellen Teilnehmer auf jeder Stufe des Entscheidungsprozesses stellenden Handlungsalternativen potenzielle Wettbewerber der Bildungseinrichtung entsprechen. Auf der ersten Stufe des Entscheidungsprozesses steht „Bildung" als Gut, in das Teilnehmer Zeit und Geld investieren, in Konkurrenz zu allen anderen Möglichkeiten des Akteurs, sein Geld auszugeben und seine Zeit zu verbringen. In einem weiteren Schritt, der häufig mit dem ersten zusammenfällt und hier nur aus analytischen Gründen getrennt behandelt wird, ist die Entscheidung für eine Bildungsmaßnahme bereits gefallen und es stellt sich die Frage nach den Inhalten.

Solche Fragestellungen können beispielsweise auftreten, wenn sich ein Arbeitnehmer entschieden hat, Bildungsurlaub zu nehmen und nun mit der Entschei-

---

7   Die Möglichkeiten der Nachfrager im Vorfeld der Austauschbeziehung die Qualität von Angeboten und damit auch die Relation ihrer Qualität zum Preis zu bewerten, werden in der ökonomischen Theorie in der Regel relativ optimistisch beurteilt: Entweder kennt der Nachfrager die Qualität oder er kann bei bestehender Qualitätsunsicherheit versuchen, vertragliche Nachbesserungsklauseln zu etablieren. Schließlich wird er, wenn er sich bezüglich der Qualität eines Produktes getäuscht hat, dieses nicht mehr wählen, wenn er erneut vor einer vergleichbaren Kaufentscheidung steht.

dung über bestimmte Inhalte konfrontiert ist. Diese Stufe der Entscheidung ist besonders relevant für Einrichtungen, die nur bestimmte Bildungsinhalte vermitteln, wie etwa Sprach- oder EDV-Schulen. Fällt die Entscheidung des potenziellen Teilnehmers an dieser Stelle gegen die von ihnen vermittelten Inhalte aus, so treten sie in der nächsten Stufe des Wettbewerbs, wenn es um die konkrete Wahl eines Bildungsangebotes geht, für diesen Teilnehmer gar nicht mehr an.

In der letzten Stufe, wenn der potenzielle Teilnehmer die Auswahl zwischen den Anbietern bestimmter Bildungsinhalte vornimmt, sind die Wettbewerber einer Bildungseinrichtung alle diejenigen Einrichtungen, die ebenfalls vergleichbare bzw. in den Augen des potenziellen Teilnehmers gleichwertige Inhalte vermitteln. Dabei kann die Beurteilung der Gleichwertigkeit der Angebote höchst individuell ausfallen. So können für den einen Interessenten die Sprachkursangebote einer Volkshochschule als gleichwertig zu denen einer kommerziellen Sprachenschule erscheinen, während eine andere Interessentin von vornherein davon ausgeht, dass VHS-Angebote auf einem anderen Niveau anzusiedeln sind als die einer Sprachenschule und deswegen – je nach persönlichen Vorlieben – nur zwischen unterschiedlichen VHS-Angeboten oder zwischen Sprachschulangeboten ihre Auswahl trifft.

Weitere Aspekte, die die Art und Anzahl der Wettbewerber mitbestimmen können, sind die Art der in der Maßnahme zu erlangenden Zertifikate bzw. Leistungsnachweise oder die Zertifizierungen, die die Einrichtung als Ganzes oder für eine bestimmte Kursgruppe aufzuweisen hat. Schließlich können die Kosten einer Bildungsmaßnahme in zweifacher Hinsicht mitbestimmend für die Konkurrenzsituation eines bestimmten Bildungsangebotes sein. Zum einen, weil finanzielle Restriktionen seitens des potenziellen Teilnehmers es ihm nur erlauben, bestimmte Angebote in seine Auswahl mit einzubeziehen, zum anderen, weil der Preis einer Maßnahme auch als Qualitätssignal verstanden werden kann, wobei dann häufig zu günstige Angebote als „billig", d.h. qualitativ minderwertig betrachtet werden und deswegen aus der Entscheidung herausfallen.

Es zeigt sich, dass bereits in der einfachen Zweierkonstellation, in der ein souveräner potenzieller Teilnehmer über die Teilnahme an einer Bildungsmaßnahme entscheidet, die Konkurrenten einer Bildungseinrichtung nicht unbedingt nur im Kreis anderer Bildungseinrichtungen zu suchen sind, sondern auch – zumindest zu Beginn des Entscheidungsprozesses – in den Anbietern anderer Möglichkeiten, seine Zeit zu verbringen und sein Geld auszugeben. Auf der anderen Seite deutet sich auch an, dass es die Bildungseinrichtungen in gewissen Grenzen in der Hand haben, zu steuern, wer ihre Konkurrenten für bestimmte Bildungsangebote sind. Durch inhaltliche Profilierung, das Angebot bestimmter Zertifikate nach Abschluss einer Maßnahme, die Zertifizierung der Einrichtung und die Preispolitik können sie sich ihre Konkurrenten zumindest teilweise aussuchen.

Tritt nun eine dritte Seite bei der Finanzierung der Bildungsmaßnahme hinzu, weil etwa die Bildung öffentlich finanziert wird, wie bei Schulen und Hochschulen, oder weil die Teilnahme an einer Bildungsmaßnahme durch eine andere Organisation (den Arbeitgeber des Teilnehmers oder eine staatliche Einrichtung) finanziert wird, verändert sich die Situation. Das Ausmaß der Veränderung hängt unter anderem davon ab, ob der Finanzier der Maßnahme auch die Auswahl der von den Teilnehmern zu besuchenden Lehrveranstaltung übernimmt, wie es etwa der Fall ist, wenn ein Unternehmen seine Mitarbeiter auf einen bestimmten Lehrgang schickt oder die Arbeitsagentur eine Einrichtung mit der Durchführung einer Schulungsmaßnahme betraut, oder ob die Teilnehmer sich aus einer Gruppe von anerkannten Einrichtungen eine bestimmte (und ggf. auch die dort zu besuchende Lehrveranstaltung) aussuchen können. Dieses Modell findet sich zurzeit beispielsweise in der Schul- und Hochschulbildung. Hierbei können zwei Fälle unterschieden werden: Im ersten finanziert eine dritte Partei den Teilnehmern die Gebühren einer Bildungsmaßnahme, überlässt ihnen aber die weitgehend freie Wahl bezüglich des Trägers, im zweiten Fall werden die Einrichtungen weitgehend unabhängig von der genauen Teilnehmerzahl an ihren einzelnen Lehrveranstaltungen finanziert, solange sie einen bestimmten Mindestzuspruch vorweisen können.

Im ersten Fall entsprechen die Entscheidungsstufen weitgehend denen, die für den Zwei-Parteien-Fall skizziert wurden, nur dass nicht mehr der Lernende selbst diese Entscheidungen trifft, sondern die die Maßnahme zahlende Organisation. Allerdings sind die Alternativen zur Buchung einer Bildungsveranstaltung bei Unternehmen in der Regel anders gelagert: so werden unter anderem Multiplikatorenschulungen[8] durchgeführt oder es wird versucht, durch die Beschaffung von Lehrmaterialien die Mitarbeiter zum Selbstlernen zu befähigen. (Natürlich kann auch bei Unternehmen der vollständige Verzicht auf eine Schulung der Mitarbeiter eine erwogene Alternative darstellen, auf die insbesondere bei knappen Budgets zurückgegriffen wird.)

Finanziert zwar eine dritte Partei die Bildungsmaßnahme, können aber die Teilnehmer sich den Träger der Maßnahme innerhalb einer Menge von Trägern, die für diese Maßnahme anerkannt sind, selbst aussuchen, so entfällt die erste Stufe des für den Zwei-Parteien-Fall dargestellten Entscheidungsprozesses weitgehend. Auf der zweiten Stufe findet dann ein Wettbewerb mit den anderen anerkannten Trägern um die Teilnehmer statt, wobei dieser Wettbewerb nicht finanzieller Natur ist und vornehmlich in Bereichen wie absehbarer Lernaufwand und Gewährleistung des Lernerfolgs stattfinden wird.

Weitere potenziell relevante Aspekte in dem Wettbewerb können sein: die zeitliche Einpassung der Lehrveranstaltungen in die sonstige Zeitplanung der Lernenden, räumliche Entfernung der Lehrstätte, vorhandene Parkplätze für Teilnehmer oder die Erreichbarkeit mit öffentlichen Verkehrsmitteln. Dieser Phase vorausgehend ist jedoch die Aufnahme der Einrichtung in den Kreis der anerkannten Träger. Dieser Prozess hat auf jeden Fall auch Wettbewerbscharakter, da selbst, wenn seitens der Finanziers der Maßnahme nicht von vornherein eine Maximalzahl anerkannter Träger vorgegeben wird, die bereits anerkannten Träger kein Interesse an einer zu starken Erhöhung der Zahl potenzieller Konkurrenten haben

---

8 Hierbei werden ausgewählte Mitarbeiter besonders intensiv geschult mit dem Ziel, dass sie ihr Wissen und Fähigkeiten im Rahmen von internen Schulungen oder im Rahmen einer Unterstützung des Lernens am Arbeitsplatz (training-on-the-job) an ihre Kollegen weitergeben.

und deswegen häufig versuchen werden, deren Anzahl möglichst klein zu halten. Darüber hinaus gibt es auch bei solchen Maßnahmen die Möglichkeit, sie ganz wegfallen zu lassen – es müssen beispielsweise keine Deutschkurse für Aussiedler vom Staat finanziert werden –, so dass sich die Einrichtungen häufig auch im Wettbewerb mit anderen Akteuren und Aufgaben außerhalb des Bildungsbereiches befinden, die ebenfalls finanzielle Mittel benötigen.

Diese Form des Wettbewerbs ist auch relevant für Einrichtungen wie Schulen und Hochschulen, die weitgehend unabhängig von der konkreten Zahl der Lernenden global finanziert werden. Darüber hinaus gibt es hier häufig noch einen Wettbewerb zwischen den unterschiedlichen Formen, wenn etwa Fachhochschulen und Universitäten aus einem begrenzten Haushaltstopf finanziert werden oder unterschiedliche Schulformen in einer Art Nullsummenspiel miteinander um öffentliche Unterstützung wetteifern. Die Währung in diesem Wettbewerb ist meistens Reputation – entweder einer bestimmten Einrichtungsform oder insbesondere im Hochschulbereich einer einzelnen Einrichtung. Es gibt zwar auch einen Wettbewerb der Träger in diesem Bereich um die Lernenden, doch dienen diese meist vornehmlich der Legitimation der Einrichtung, da eine gewisse Anzahl von Schülern oder Studierenden als notwendig angesehen wird, um die Daseinsberechtigung und damit den Finanzbedarf der Einrichtung zu legitimieren.

1.7 Mehr als ein Exkurs: New Public Management und Bildungseinrichtungen

Zum Abschluss dieser einleitenden Betrachtungen soll erneut die Frage aufgeworfen werden, warum es eines strategischen Managements von Bildungseinrichtungen bedarf – oder zumindest die Beschäftigung mit diesem Thema sinnvoll ist. Die bisher gegebenen Antworten zeigen schließlich zumindest so viele weitere Fragen auf, wie sie beantworten. Weder ist vollkommen deutlich, was die Produkte noch was die Kunden einer Bildungseinrichtung sind. Und auch die Märkte, auf denen Bildungseinrichtungen agieren und konkurrieren, sind bei weitem nicht so offensichtlich wie bei Unternehmen der freien Wirtschaft. Damit wird auch die Bestimmung der jeweiligen Konkurrenten zu einer nicht trivial zu beantwortenden Frage. Es stellt sich also eher verschärft die Frage: Warum bemüht man ein Konzept wie strategisches Management für Bildungseinrichtungen, wenn zu seiner Anwendung ein so großer Transformations- und Übersetzungsbedarf besteht? Die Antwort ist auf der Seite des primären Finanziers von Bildungseinrichtungen zu finden: beim Staat und seinen Vorgaben für die Steuerung und Kontrolle von Bildungseinrichtungen.

Die Antwort gliedert sich grob in zwei Teile, von denen der erste – die bereits erwähnte Übertragung von Steuerungsformen und Kontrollmechanismen auf den öffentlichen Sektor und damit auch das Bildungswesen (New Public Management) – für alle Bildungseinrichtungen bedeutsam ist, während der zweite Teil der Antwort – die unter dem Stichwort Bologna-Prozess diskutierte Angleichung der Hochschulbildung – vornehmlich Auswirkungen auf Universitäten und Fachhochschulen hat. Beiden Tendenzen gemein sind jedoch, wie wir sehen werden, dass sie eine Akzentverschiebung in Richtung einer stärkeren Ökonomisierung von Bildung beinhalten.

1.7.1 New Public Management

Ende der achtziger Jahre gerieten die meisten europäischen Länder in massive finanzielle Krisen. Diese zwangen die öffentliche Hand der Staaten zu einer Diskussion über eine Reform der öffentlichen Hand und zu einem geschärften Blick auf seine Effizienz und Effektivität. Als Ausweg aus dieser Krise im Zuge eines zunehmend neo-liberalen Zeitgeistes wurde die Übertragung von theoretischen Konzepten und praktischen Modellen, die in der freien Wirtschaft entwickelt worden waren, auf die öffentliche Verwaltung angesehen (GÖBEL 1999, 169). Diese Übertragung wurde und wird unter den Bezeichnungen „Neues Steuerungsmodell" oder „New Public Management" diskutiert und hat nicht nur im öffentlichen Bildungsbereich für tiefgreifende Veränderungen gesorgt (vgl. etwa: NASCHOLD 1996; DAMKOWSKI/PRECHT 1998; THOM/RITZ 2008).

Typische Bestandteile des New Public Management, die sich mehr oder weniger bruchlos auch in Bildungseinrichtungen wiederfinden lassen (HANFT ET AL. 2008, 24 ff.), sind (BORINS/GRÜNNING 1998, 14 f.):

- Trennung von Gewährleistung und Erstellung einer Leistung,
- Leistungserstellung auch durch private Anbieter (Contracting out),
- Vergrößerung der Autonomie öffentlicher Leistungsersteller,
- Präzisierung der Leistungsspezifikation und -messung,
- Anstrebung einer Be- und Entlohnung der Leistungsersteller nach Grad der Zielerreichung,
- Übernahme von Mess- und Bewertungsinstrumenten aus der freien Wirtschaft, wie kaufmännische Buchhaltung, Kostenrechnung oder Benchmarking, in den Bereich öffentlicher Leistungserstellung und
- die zunehmende Hinterfragung des klassischen Aufgaben- und Leistungskatalogs der öffentlichen Hand im Hinblick auf die vollständige Übertragbarkeit auf private Anbieter.

Es geht also um eine Ökonomisierung des öffentlichen Bereichs und um „eine Neudefinition seiner Grenzen" (ebd., 15).

Diese Tendenzen haben in den vergangenen Jahren zunehmend auch Bildungseinrichtungen ergriffen und sind dabei nicht auf die öffentlichen Bildungseinrichtungen beschränkt. Letzteres ist angesichts dessen, dass sich private Bildungsanbieter in den meisten Gebieten in einem direkten Wettbewerb mit öffentlichen Einrichtungen befinden und ferner staatliche Stellen für viele private Anbieter die Hauptfinanziers darstellen, wenig verwunderlich.

Die Neudefinition der Grenzziehung des öffentlichen Bereichs ist im Bereich der Bildung doppeldeutig zu verstehen:
- Einmal geht es um die rechtliche Verselbständigung ehemals staatlicher oder kommunaler Einrichtungen: städtische Volkshochschulen werden in eigenständige GmbHs umgewandelt, Hochschulen erhalten nie gekannte Grade finanzieller, aber auch politischer Autonomie oder werden direkt in selbständige Stiftungsuniversitäten überführt.
- Zum anderen geht damit einher eine Ausweitung der Grenzen ökonomischer Leitbilder in die Sphäre der Bildung hinein. Wenn eine VHS eine GmbH ist, unterliegt sie wesentlich stärker den ökonomischen ‚Imperativen' von Wettbewerb, Profilbildung und Kostendeckung als städtische Einrichtung. Eine Universität erscheint unter den Deutungsschemata des New Public Management eher als Unternehmen, denn als Bildungseinrichtung (KLEIN 2003). Sie hat dann „Kunden", steht im „Wettbewerb", benötigt ein „Profil" und braucht „Manager".

Beide Entwicklungen bedingen einander und sind im Rahmen der Ökonomisierung des öffentlichen Sektors im Allgemeinen (ZIMMER 2001) und des Bildungsbetriebs im speziellen gewollt. Haben sie doch zur Folge, dass die Kontroll- und Steuerungsmechanismen, die aus der freien Wirtschaft bekannt sind, nun prinzipiell auch im Bildungsbereich angewendet werden können. Doch geht mit ihnen eine Veränderung der prinzipiellen Leitbilder von Bildungseinrichtungen einher. Traditionelle Vorstellungen wie das humanistische Ideal von Bildung als Bestandteil der Persönlichkeitsentwicklung, das Leitbild der Demokratisierung des Zugangs zu Bildung oder das von Wissenschaft als Suche nach Erkenntnis/Wahrheit (ohne permanent auf potenzielle ökonomische Verwertbarkeit zu rekurrieren) werden ersetzt durch die durchgängige, der ökonomischen Humankapitaltheorie (BECKER 1964) entlehnte Vorstellung von Bildung und Wissen als wirtschaftlichem (Investitions-)Gut.

Der Germanist und Präsident der Universität Koblenz-Landau, Josef Klein, hat diesen Leitbildwechsel am Beispiel von Universitäten untersucht und die in der Diskussion am häufigsten verwendeten Begriffe gemäß ihrer Implikationsbeziehungen sortiert und dargestellt. (KLEIN 2003, 120 f.). Deutlich wird bei der Gegenüberstellung des sich dadurch ergebenden neuen ‚Leitbilds' von Universitäten mit dem traditionellen, an Humboldtschen Idealen orientierten (Abb. 2 und 3), dass mit der Ökonomisierung der Universität ein vollständiger Paradigmenwechsel verbunden ist.

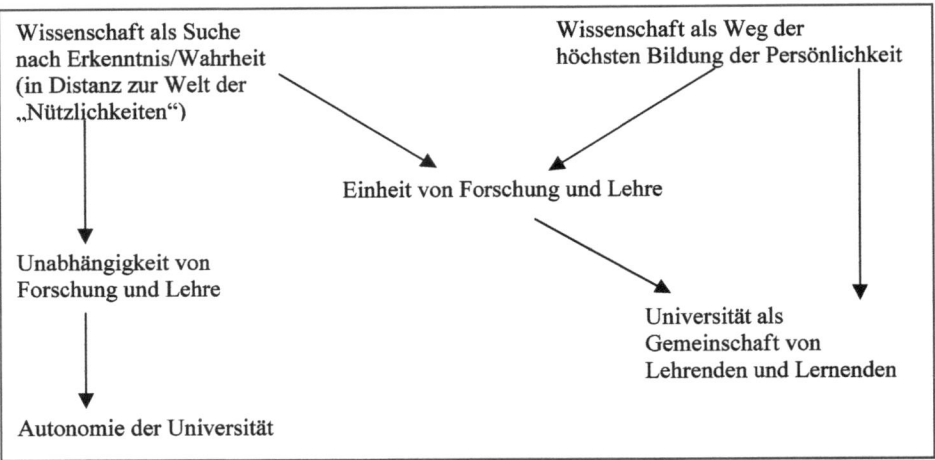

Abbildung 2:
Traditionelles (an Humboldt orientiertes) ‚Leitbild' der Universität
(Quelle: Klein 2003, 121)

Gelingt dieser Paradigmenwechsel, das heißt setzt sich das ökonomische Leitbild in den Köpfen der Entscheider in der Politik und den Bildungseinrichtungen durch, so ergeben sich nahezu alle die Anforderungen an das Management von Hochschulen – der Wechsel von der Konzeption der Leitung hin zum Management kann dabei selbst als ein Ergebnis des Leitbildwechsel angesehen werden – quasi zwangsläufig (Abb. 3).

Bildungseinrichtungen, die als Unternehmen angesehen werden (WILLIAMS 2003), stehen im Wettbewerb und müssen ihre Wettbewerbsfähigkeit steigern und damit strategisches Management betreiben. Als Dienstleistungsunternehmen müssen sie sich mit ihrer Dienstleistung (Wissenstransfer und Wissenskreierung) an den Bedürfnissen der Märkte ausrichten, die sie bedienen. Sie müssen vorausschauend und kosten- und leistungsbewusst gesteuert werden, was unter anderem den Einsatz von Instrumenten der Kosten- und Leistungsrechnung und der Leistungsbewertung (Qualitätsmanagement) impliziert. Es stellt sich für sie die Frage der Erschließung von Finanzierungsquellen auf den von ihnen bedienten Märkten und sie müssen sich von ihren Wettbewerbern durch Kundenorientierung und Profilierung abheben sowie sich permanent in ihren Leistungen an ihren Wettbewerbern messen (Benchmarking). Die ultima ratio von Bildungsorganisationen stellt nicht mehr die Vermittlung von Bildung und Wissen (als Mittel der Erkenntnisgewinnung oder der Persönlichkeitsbildung) dar, sondern die Effektivität und vornehmlich Effizienz der Erbringung von Dienstleistungen. Es kann als herausragende Leistung des New Public Management betrachtet werden, dieses Leitbild in vergleichsweise kurzer Zeit in der Gesellschaft allgemein durchgesetzt zu haben (vgl. Abb. 3).

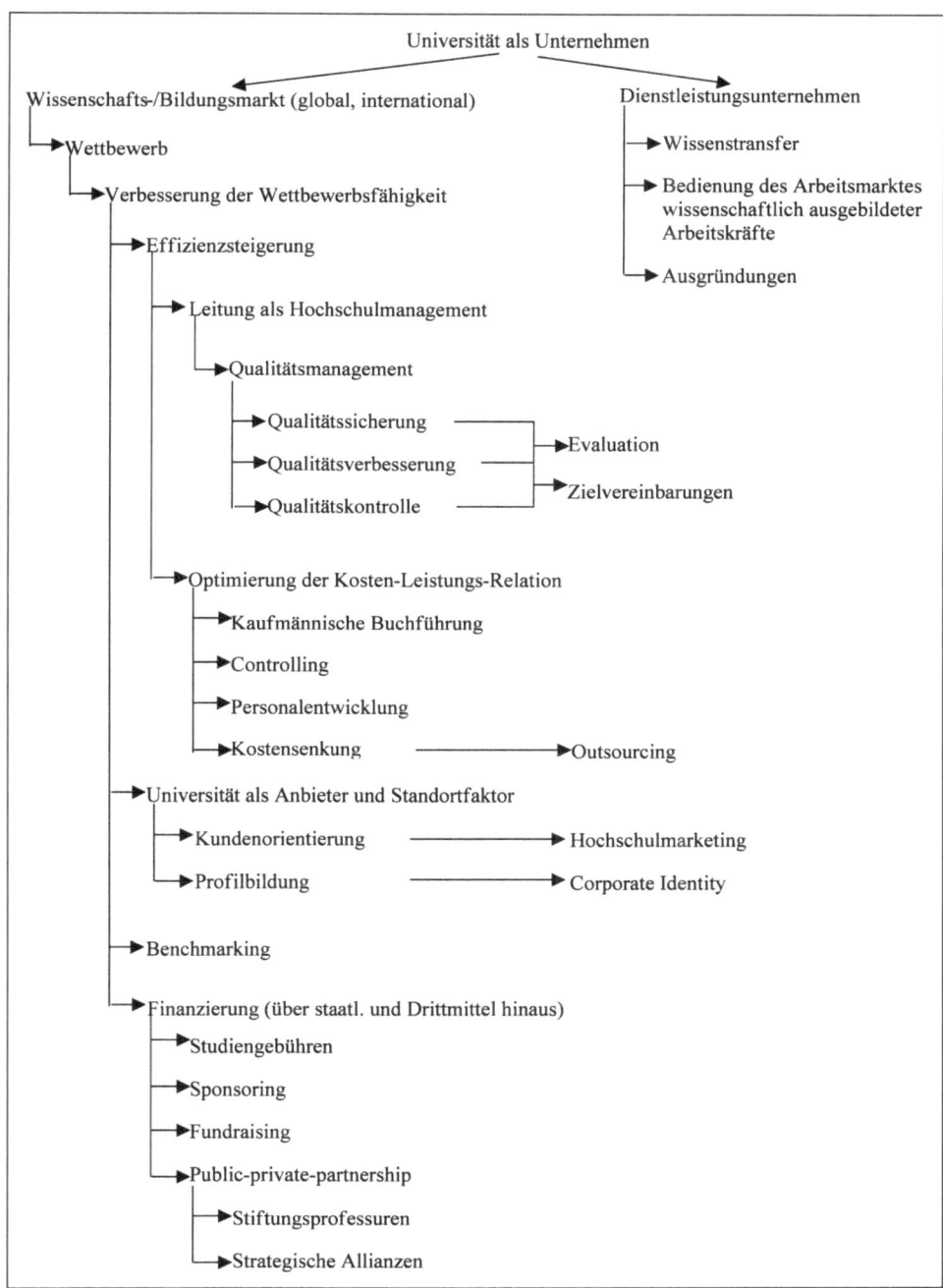

Abbildung 3:
Ökonomisch inspiriertes Leitbild
(Quelle: Klein 2003, 121)

Unabhängig von der jeweiligen gesellschafts- und bildungspolitischen Position zu diesem Paradigma könnte man der skizzierten Vorstellung der Ökonomisierung entgegenhalten, dass sich – vor allem öffentliche – Bildungseinrichtungen in der Regel aber nicht auf einem freien Markt bewegen, sie weiterhin vornehmlich von staatlichen Finanzmitteln abhängig sind und viele der in der freien Wirtschaft entwickelten Instrumente der Kosten- und insbesondere der Leistungsbemessung nicht so einfach auf Bildungseinrichtungen übertragen werden können (wir haben einige der möglichen Probleme bereits angesprochen). Die Lösung, die das New Public Management für dieses offensichtliche Problem, das Bildungseinrichtungen mit vielen anderen Bereichen der öffentlichen Verwaltung teilen, gefunden hat, besteht in der Schaffung von künstlichen oder Quasi-Märkten (SCHEDLER/PROELLER 2009, 200). Auf diesen konkurrieren die öffentlichen Einrichtungen um die staatlichen Gelder. „Behörden und Ministerien nehmen die Rolle eines Auftraggebers ein, der bestimmte Leistungen, wie. z. B. Lehre und Forschung, bei dafür qualifizierten Organisationen, also Universitäten, Fachhochschulen, Forschungseinrichtungen etc., in Auftrag gibt" (NICKEL 2007, 53). Um diese ‚Aufträge' (sprich: öffentliche Mittel) auch zu erhalten, müssen die Einrichtungen ihre Qualifikation durch Evaluationen und Zertifizierungen belegen und ihre Wettbewerbsfähigkeit durch Rechenschaftslegung über das Verhältnis von Aufwendungen und Erträgen, die Einhaltung von Zielvereinbarungen oder in Wettbewerben (z.B. in der Exzellenzinitiative für Universitäten) nachweisen.

Ein weiteres Element der ‚Vermarktlichung' des Bildungssektors stellt die verstärkte Gewährung von Autonomie für die Bildungseinrichtungen dar. Anstatt jede einzelne Maßnahme der Bildungseinrichtung durch politische Organe beschließen zu lassen, werden diesen nun allgemeine Vorgaben gemacht bzw. in der Form von Ziel- oder Leistungsvereinbarungen zwischen der Politik und Einrichtung ausgehandelt. Im finanziellen Bereich wird den Einrichtungen durch ein Globalbudget ein Rahmen abgesteckt, in dem sie sich bewegen müssen. Dabei stehen die Leistungsvereinbarungen und das zur Verfügung gestellte Budget in enger Verbindung: Zum einen haben die vereinbarten Ziele und Leistungen maßgeblichen Einfluss darauf, in welchem Umfang die Einrichtung finanzielle Mittel seitens des Staates fordern kann. Zum anderen wird die Mittelzuweisung oft von dem Ausmaß abhängig gemacht, in dem die Einrichtung die vereinbarten Ziele erreicht hat. Die Analogie zur Belohnung bzw. Bestrafung durch den Markt bei Erreichung bzw. Verfehlung der Ziele liegt hier auf der Hand.

Eine weitere Form der an Marktmechanismen angelehnten Sanktionierung von Einrichtungen stellt die indikatorgesteuerte Mittelvergabe (ZIEGELE 2008) dar, wenn diese nicht bedarfs- sondern leistungsorientiert erfolgt. Die bedarfsorientierte, an Indikatoren ausgerichtete Mittelvergabe hat im Bildungsbereich eine längere Tradition: Hochschulen konnten bei steigenden Studierendenzahlen auf erhöhte Personalmittel hoffen und andere Bildungseinrichtungen konnten bei verstärktem Andrang ebenfalls auf mehr Personal und Unterstützungen bei dem sich ergebenden erhöhten Bedarf an Räumen und Unterrichtsmitteln setzen. Bei der leistungsorientierten indikatorgestützten Mittelvergabe werden dagegen Indikatoren herangezogen, die den Output der Einrichtung beschreiben sollen. Das können sein: Anzahl der Absolventen, durchschnittliche Verweildauer in der Einrichtung oder – bei Hochschulen – Kennzahlen aus dem Bereich der Forschung (eingeworbene Drittmittel, Anzahl der Publikationen, etc.).

Schließlich gehen mit dem weitgehenden Rückzug des Staates aus der operativen Steuerung der Bildungseinrichtungen die Schaffung neuer Steuerungs- bzw. Managementorgane bzw. die Stärkung vorhandener Steuerungspositionen innerhalb der Einrichtungen einher. Präsident/inn/en, Dekane und Dekaninnen und Fakultätsgeschäftsführer/innen in Universitäten, Direktor/inn/en in Schulen, generell den Leitungsgremien in Bildungseinrichtungen wachsen im Rahmen des New Public Management neue Aufgaben zu: Sie müssen im Außenverhältnis der Einrichtung die Ziel- und Leistungsvereinbarungen mit den staatlichen Stellen aushandeln und im Binnenverhältnis möglichst für ihre Einhaltung und Umsetzung sorgen. Unhängig davon, wie sie dies konkret tun, resultiert aus dieser Verantwortlichkeit in der Regel eine Stärkung des Steuerungsaspektes ihres Handelns, verbunden mit der stärkeren Betonung hierarchischer Elemente in den Beziehungen zu den anderen Mitgliedern der Einrichtung. Dies steht oft im starken Widerspruch zu traditionellen Prinzipien wie der Kollegialität und stößt sich auch an typischen Strukturen von Bildungseinrichtungen. Zeichnen sich diese doch zumeist durch eine ausgeprägte Selbstorganisation aus, die einher geht mit einer losen Kopplung ihrer Bereiche (Nickel 2007, 69 ff.; vgl. hierzu auch Abs. 4.1).

Eine großangelegte empirische Untersuchung zur Umsetzung des neuen Steuerungssystems an den deutschen Universitäten (Bogumil et al. 2013) kommt zu einem zwiespältigen Bild (ebd., 225 f.): Einerseits sehen die Autoren die Bedeutung der staatlichen Regulierung als unverändert stark an, andererseits stehen dieser Regulierungsmacht nun verstärkte Möglichkeiten der Selbststeuerung und Intervention der Universitäten durch Globalbudgets, Berufungsrechte und organisatorische Eigenständigkeiten gegenüber. Diese Selbststeuerung geschieht aber weniger durch die ‚klassischen' Formen der akademischen Selbstverwaltung – diese wurde im Rahmen der Reformen geschwächt, sondern vermehrt hierarchisch-administrativ. Über die zwischen den Ländern und den Hochschulen abgeschlossenen Zielvereinbarungen hat sich der Staat als starker Stakeholder in der Außensteuerung der Universitäten etabliert.

In Bezug auf die Performanz der Universitäten konstatieren die Autoren (ebd., 227 f.) positive Effekte der verwendeten Steuerungsinstrumente, wie etwa der indikatorengesteuerten Mittelvergabe im Hinblick auf die jeweiligen Zielvorgaben. Diese positiven Effekte fallen allerdings in der Lehre wesentlich geringer aus als in der Forschung und werden ‚erkauft' mit einem „enormen Anstieg[s] des Verwaltungs- und Controllingaufwands auf den zentralen und dezentralen Ebenen" (ebd., 227). Die im Rahmen der Untersuchung befragten Professoren hinterfragen die Sinnhaftigkeit eines als überbordend empfundenen Wettbewerbs um Drittmittel und beklagen den ebenfalls als enorm empfundenen Anstieg an Bürokratie.

Zu keiner Veränderung hat der Einsatz des neuen Steuerungsmodells in Bezug auf die Bindung der Professoren an ihre Universitäten geführt:

„Tiefere Kenntnisse über Budgetierungsverfahren finden sich auf der Ebene der Professoren nicht. Universitätsinterne Entscheidungsprozesse sind häufig nicht bekannt, zum Teil gibt es aber kein Interesse daran, alle Prozesse zu verstehen, da die Hauptkonzentration auf dem eigenen Lehrgebiet und gegebenenfalls noch der Fakultät liegt" (ebd., 228).

1.7.2 Der Bologna-Prozess

Auch wenn der Bologna-Prozess unmittelbar nur Hochschulen betrifft, entfaltet er dort gerade in Deutschland so tiefgreifende Wirkungen, dass eine kurze Würdigung des Prozesses, seiner Ziele und seiner Auswirkungen an dieser Stelle angezeigt ist.

Der sogenannte Bologna-Prozess hat seinen Ursprung in Paris. Dort unterzeichneten im Mai 1998 die Bildungsminister von Frankreich, Italien, Großbritannien und Deutschland die sogenannte Sorbonne-Erklärung. In dieser erklärten sie ihren Willen die Grundlagen für eine verbesserte Zusammenarbeit der Hochschulen im europäischen Raum zu schaffen und bestehende Hemmnisse abzubauen. Ein Jahr später waren es in Bologna bereits 29 europäische Staaten, die sich am 19. Juni 1999 in der bekannten Bologna-Erklärung zu dem Ziel bekannten, bis 2010 einen gemeinsamen europäischen Hochschulraum zu schaffen. Zu diesem Zweck wurde ein Katalog von Zielen verabschiedet, die in diesem Zeitraum umzusetzen seien.

Damit wurden in Bologna die Grundsteine gelegt für die Einführung des Kreditpunktsystems für Prüfungsleistungen und für die weitgehende Abschaffung des Diploms als Studienabschluss zugunsten des zweistufigen Abschluss-Systems von Bachelor und Master.

Auf einer Reihe von Nachfolgekonferenzen in Prag (2001), Berlin (2003), Bergen (2005), London (2007) und Bukarest (2012) wurden die bei der Umsetzung der Bologna-Ziele erreichten Fortschritte bilanziert und um weitere ergänzt. Diese Ergänzungen umfassten unter anderem:

- die Förderung lebenslangen Lernens (Prag 2001)
- Förderung der Qualitätssicherung auf institutioneller, nationaler und europäischer Ebene (Berlin 2003)
- Umsetzung der Bachelor-/Master-Struktur und des Leistungspunktesystems (Berlin 2003)
- Verbesserung der Anerkennung von Abschlüssen (einschließlich Promotionen) (Berlin 2003; Bergen 2005)
- Förderung der Mobilität im Studium und Schaffung von gemeinsamen Studiengängen mit ausländischen Hochschulen (London 2007)
- Verbesserung der Beschäftigungsfähigkeit durch vermehrte Zusammenarbeit mit Arbeitgebern (Bukarest 2012)

- Einführung eines Systems leicht verständlicher und vergleichbarer Abschlüsse, auch durch die Einführung des Diplomzusatzes (Diploma Supplement) mit dem Ziel, die arbeitsmarktrelevanten Qualifikationen der europäischen Bürger ebenso wie die internationale Wettbewerbsfähigkeit des europäischen Hochschulsystems zu fördern.
- Einführung eines Systems, das sich im Wesentlichen auf zwei Hauptzyklen stützt: einen Zyklus bis zum ersten Abschluss (undergraduate) und einen Zyklus nach dem ersten Abschluss (graduate). Regelvoraussetzung für die Zulassung zum zweiten Zyklus ist der erfolgreiche Abschluss des ersten Studienzyklus, der mindestens drei Jahre dauert. Der nach dem ersten Zyklus erworbene Abschluss attestiert eine für den europäischen Arbeitsmarkt relevante Qualifikationsebene. Der zweite Zyklus sollte, wie in vielen europäischen Ländern, mit dem Master und/oder der Promotion abschließen.
- Einführung eines Leistungspunktesystems – ähnlich dem ECTS – als geeignetes Mittel der Förderung größtmöglicher Mobilität der Studierenden. Punkte sollten auch außerhalb der Hochschulen, beispielsweise durch lebenslange Lernen, erworben werden können, vorausgesetzt, sie werden durch die jeweiligen aufnehmenden Hochschulen anerkannt.
- Förderung der Mobilität durch Überwindung der Hindernisse, die der Freizügigkeit in der Praxis im Wege stehen, insbesondere
  - für Studierende: Zugang zu Studien- und Ausbildungsangeboten und zu entsprechenden Dienstleistungen
  - für Lehrer, Wissenschaftler und Verwaltungspersonal: Anerkennung und Anrechnung von Auslandsaufenthalten zu Forschungs-, Lehr- oder Ausbildungszwecken, unbeschadet der gesetzlichen Rechte dieser Personengruppen.
- Förderung der europäischen Zusammenarbeit bei der Qualitätssicherung im Hinblick auf die Erarbeitung vergleichbarer Kriterien und Methoden.
- Förderung der erforderlichen europäischen Dimensionen im Hochschulbereich, insbesondere in Bezug auf Curriculum-Entwicklung, Zusammenarbeit zwischen Hochschulen, Mobilitätsprojekte und integrierte Studien-, Ausbildungs- und Forschungsprogramme.

Abbildung 4:
Zielkatalog der Bologna-Erklärung vom 19. Juni 1999
(Quelle: BMBF (o.J.))

Ferner wurden Maßnahmen zur Einbeziehung der Studierenden in den Bologna-Prozess und zur Steigerung der Attraktivität des europäischen Hochschulraumes beschlossen.

Schaut man sich die in der Bologna-Deklaration formulierten Ziele genauer an, erkennt man bezüglich der Aussagen zu den Studieninhalten und Abschlüssen eine Tendenz wieder, die bereits im Kontext des New Public Management angesprochen wurde: Der Arbeitsmarkt und die Nützlichkeit der in der Lehre vermittelten Inhalte werden die ausschlaggebenden Bewertungskriterien. „Employability" (Beschäftigungsfähigkeit) wird das Leitbild, an dem sich das Studium orientieren soll. An der Hochschule wird von den Studierenden möglichst nur das Humankapital akkumuliert, das sie später auf dem Arbeitsmarkt ein- und in Beschäftigung umsetzen können. Das Studium, zumindest für den Bachelor, wird zur direkten Berufsqualifizierung (KMK 2003/2010). Dementsprechend wird von politischer Seite auch erwartet, dass ein größerer Teil der Studierenden – analog zu den Verhältnissen im angloamerikanischen Bereich, das Studium nach dem Bachelor abschließt und der Master sowie eventuelle Doktoratsstudiengänge vornehmlich der Vertiefung und Spezialisierung dienen (NICKEL 2007, 26)

Diese zunächst primär auf der bildungspolitischen Ebene anzusiedelnden Veränderungen haben weitreichende Auswirkungen für die personellen und räumlichen Ressourcen der Hochschulen. So wird in der Bachelor-Ausbildung durchgängig von den Akkreditierungsagenturen eine intensivere Betreuung der Studierenden erwartet als dies zumindest in den traditionellen Massenstudiengängen in den Geisteswissenschaften in der Vergangenheit häufig der Fall war. Um in diesem Studienabschnitt die Studienabbrecherquote zu senken, sollen die Vorlesungen kleiner und durch Tutorien oder Übungen ergänzt werden. Der damit verbundene Bedarf an Unterrichtsräumen, finanziellen Ressourcen und vor allem Lehrpersonal ist nicht zu unterschätzen.

Weitere Anforderungen auf der Ebene des Managements der Lehre ergeben sich beispielsweise aus den im Bologna-Prozess erhobenen Anforderungen bezüglich der Förderung der Mobilität der Studierenden. Die bezieht zum Teil Praxissemester und Auslandsaufenthalte ein. Verbunden mit der Anforderung, den Studierenden die Möglichkeit zu garantieren, ihr Studium in der Regelstudienzeit abzuschließen und angesichts der erwähnten Kapazitätsengpässe bei Personal und Ausstattung, können Auslandssemester zu erheblichen Koordinationsproblemen bei der Planung des Curriculums und der konkreten Lehrveranstaltungen führen. Die Notwendigkeit, diese zu bewältigen, hat zu neuen Berufsfeldern an den Hochschulen geführt: Studiengangsmanager/innen, Fachbereichsmanager/innen und Qualitätsmanager/innen. „Vor allem das zuletzt genannte Berufsfeld boomt, was der Tatsache geschuldet ist, dass aufgrund europäischer und nationaler Vorgaben der Einsatz von Qualitätssicherungsverfahren bezogen auf Studium und Lehre immens zugenommen hat" (NICKEL 2011, 10). War es zuvor – insbesondere an Universitäten – weitgehend den einzelnen Studierenden überlassen, wie sie ihr Studium – möglichst in der Regelstudienzeit – bewältigen, so ist dieses Management der Studienabläufe nun zum Thema für die Bildungseinrichtungen geworden.

Die ursprünglich von politischer Seite formulierte Vorstellung, dass sich der Bachelor-Abschluss als der typische berufsqualifizierende Abschluss etablieren würde, kann angesichts der bisherigen Erfahrungen mit dem Studierverhalten von Studierenden in dem gestuften System der Abschlüsse als überholt angesehen werden: Nach der HIS-Absolventenbefragung 2009 (REHN ET AL. 2011, 122) beabsichtigen 66 % der Absolventen des Jahrgangs 2009 mit einem FH-Bachelor weitere akademische Qualifikationen anzustreben oder haben mit diesen bereits begonnen, beim Universitätsbachelor sind es 85 %. Die angesichts der hier erkennbaren Studienneigung erwartbare Nachfrage nach Masterangeboten wird die Hochschulen, die einerseits zurzeit mit der Bewältigung der doppelten Abiturjahrgänge beschäftigt sind und andererseits, angesichts des ursprünglichen Plans, den Bachelor zum Regelabschluss zu machen, in der Regel nur vergleichsweise kleine

Kapazitäten für die Masterstudiengänge vorgesehen haben, in den nächsten Jahren vor größere organisatorische Herausforderungen stellen.

Ein weiteres ‚neues' Thema, das mit dem Bologna-Prozess auf die Hochschulen zugekommen ist, ist die mit der Ausrichtung von Ausbildung am Arbeitsmarkt notwendig gewordene Bedarfsermittlung, d.h. die empirische Erfassung der Inhalte und Qualifikationen, die Absolventen am Arbeitsmarkt benötigen, um ‚beschäftigungsfähig' zu sein. Solche Bedarfsermittlungen finden zurzeit eher selten und wenn, dann nicht systematisch statt (vgl. z.B. ZIMMER 2012).

Fragen zum Themenbereich Strategisches Management von Bildungseinrichtungen?!

- Das neue Steuerungsmodell und der Bologna-Prozess stehen beide für eine vermehrte Orientierung von Bildungseinrichtungen und Bildungsprozessen an wirtschaftlichen Notwendigkeiten. Diese Orientierung existiert nicht nur für Hochschulen, sondern nahezu flächendeckend für die Bildung. Welcher ‚Preis' ist für die Ausrichtung von Bildung an den wirtschaftlichen Verwertungsmöglichkeiten zu zahlen, wenn man dieser Orientierung beispielsweise den Humboldt'schen Bildungsbegriff gegenüberstellt?
- Bildungseinrichtungen werden heutzutage in der betriebswirtschaftlichen Diskussion gerne als Dienstleistungsorganisationen klassifiziert: Verwaltung und Lehrende sind die Anbieter der Dienstleistung, die Lernenden sind die Kunden. Überlegen Sie, wie weit diese Analogie trägt und an welchen Stellen sich systematische Unterschiede auftun zwischen den Beziehungen von Lernenden und Bildungseinrichtung auf der einen Seite und beispielsweise einem Kunden in einem Friseursalon und dem Personal des Salons.
- Die Anwendung des neue Steuerungsmodells (NSM) auf öffentliche Einrichtungen wird zum Teil verstanden als die Gewährung neuer Freiheiten für diese Einrichtungen – das entsprechend dem NSM reformierte Hochschulgesetz in NRW firmiert unter dem Titel ‚Hochschulfreiheitsgesetz' und auch Sachsen nennt sein Hochschulgesetz so. Gehen Sie der Frage nach, ob mit dem neuen Steuerungsmodell öffentlichen Einrichtungen, insbesondere Bildungseinrichtungen, wirklich mehr Freiheiten gegeben werden oder ob nicht nur die Form der Einflussnahme verändert wird.

Literatur zur Vertiefung

Nickel. S. (2007): Partizipatives Management von Universitäten, München und Mering, 47–68
Generell ein anregendes Werk zur Frage der Möglichkeiten, Bildungseinrichtungen – nicht nur Universitäten – zu managen. Auf den angegebenen Seiten wird insbesondere auf die Auswirkungen des neuen Steuerungsmodells eingegangen.

Bogumil, J. et al. (2013): Modernisierung der Universitäten. Umsetzungsstand und Wirkungen der neuen Steuerungsinstrumente, Berlin, insb. 225–231.

Eine der wenigen umfassenden empirischen Untersuchungen zu der Art der Umsetzung des neuen Steuerungsmodells an Hochschulen und seinen Auswirkungen.

Nickel, S. (Hrsg.) (2011): Der Bologna-Prozess aus Sicht der Hochschulforschung. Analysen und Impulse für die Praxis. CHE-Arbeitspapier Nr. 148, Gütersloh.

Ein Tagungsband, dessen besonderer Reiz unter anderem darin besteht, dass er unterschiedlichste Perspektiven auf und Aspekte von ‚Bologna' in komprimierter Form versammelt.

2 Grundlagen strategischen Managements

In diesem Kapitel werden die Grundlagen strategischen Managements, insbesondere die beiden dominierenden Ansätze – Marktorientierung und Ressourcenorientierung – dargestellt. Dabei werden zunächst die allgemeinen Grundlagen skizziert, um in einem zweiten Schritt diese Überlegungen auf die spezielle Situation von Bildungseinrichtungen – teilweise exemplarisch – anzuwenden.

2.1 Geschichte des strategischen Managements als Disziplin

Die Wurzeln strategischen Managements als Disziplin liegen in den USA und sind verbunden mit den Namen ALFRED CHANDLER (1962), einem ökonomischen Historiker, IGOR ANSOFF (1965), einem Strategietheoretiker und ALFRED SLOAN (1963), einem Manager und ehemaligen Präsidenten von General Motors (WHITTINGTON 1993, 11 f.). Eine weitere, für die Entwicklung der Disziplin bedeutsame Rolle spielen die amerikanischen Business-Schools, die bereits früh ihren Absolventen in Fallstudien strategische Fragestellungen nahe brachten und diese Studien häufig in Lehrbüchern (vgl. z.B. LEARNED ET AL. 1965) veröffentlichten. Die älteste dieser Business-Schools ist die der 1908 gegründeten Harvard-Universität, die im Wintersemester 1911/1912 ihren ersten Kurs in Business-Policy anbietet, der schnell zum Kern des Ausbildungsprogramms avanciert (CHANDLER 1977, 467) und damit einen Grundstock für die in den 1960er Jahren entstehende Disziplin „Strategisches Management" legt.

Während in den Anfängen an den Business-Schools primär die Investitionsplanung im Zentrum des Interesses steht, rücken in den sechziger Jahren vergangenen Jahrhunderts langfristige Planungen und die Strategiebildung in den Mittelpunkt des Interesses. Letztere stellt auf die Entwicklung eines integrierten Totalplanes ab, der die langfristige Erfolgsperspektive des Gesamtunternehmens mit Funktionsplänen für einzelne Bereiche zu einem stimmigen Gebilde verknüpfen soll. Wie SCHREYÖGG (1984, 78) feststellt, enthalten diese frühen Empfehlungen „bereits alle wesentlichen Elemente der heutigen strategischen Planungssysteme, nämlich die Analyse der Umwelt und der Unternehmensressourcen, die Entwicklung von zukunftsgerichteten Strategien sowie deren Umsetzung in Aktionsprogramme und Budgets". In den siebziger Jahren des vergangenen Jahrhunderts kommt es dann zu einer regelrechten Explosion der Publikationen zum strategischen Management.

Diese „klassischen Schulen" strategischen Managements, von SCHREYÖGG (1984) als „präskriptive Ansätze" bezeichnet, sehen das von ihnen vertretene Konzept von Strategie in einer militärischen Tradition (ANSOFF 1965) und übernehmen die militärisch geprägte Unterscheidung von strategischen und taktischen Maßnahmen Geprägt durch diese Ausrichtung werden in den präskriptiven Ansätzen vornehmlich Top-Down-Ansätze strategischen Managements propagiert, die von der Unternehmensleitung entwickelt und dann in den unteren Hierarchieebenen nahezu bruchlos umgesetzt werden sollen. Sofern potenzielle Probleme bei der Umsetzung thematisiert werden, ist ihnen durch effizientere und rigidere Kontrollen beizukommen. Die Frage, ob andere Vorgehensweisen ggf. zielführender zur Erlangung von Wettbewerbsvorteilen sein könnten, insbesondere eine stärkere Einbindung von unteren Hierarchieebenen bereits bei der Entwicklung der Strategie und die Möglichkeit, Strategien aufgrund von Rückmeldungen im Laufe der Umsetzung zu verändern, wird in diesen Ansätzen kaum thematisiert.

Ganz anders ist dies in einer anderen Tradition von Ansätzen zum strategischen Management: Da bei Erhebungen der Umsetzung und des Erfolges von strategischen Empfehlungen immer wieder unbefriedigende Resümees gezogen werden, wird gegen Ende der 1960iger Jahre die Forderung nach empirischer Fundierung der Theorien strategischen Managements immer lauter. Gefordert werden deskriptive Ansätze, die nicht nur klären, was getan werden soll (wie in den präskriptiven Ansätzen), sondern sich vielmehr der Frage widmen, was in Unternehmen wirklich geschieht und warum (SCHREYÖGG 1984, 139 ff.). Vielfach sind diese deskriptiven Studien Fallanalysen, die die faktischen Bedingungen von Strategiebildung und -implementierung beschreiben und so versuchen, die Ursachen bestimmter Prozessverläufe herauszuarbeiten. Zum Teil wird auch versucht, aus der Analyse von empirischen Prozessen Gestaltungshinweise abzuleiten.

Die empirische Fundierung der Forschung über strategisches Management geht einher mit einer verstärkten Beachtung von Erkenntnissen und Forschungsergebnissen aus anderen Disziplinen. So werden unter anderem die empirische Entscheidungsforschung, Motivationstheorien, Kognitionstheorien und insbesondere organisationstheoretische Ansätze als relevant für das Verständnis des Ablaufes strategischer Prozesse angesehen. Einige der im Rahmen der deskriptiven Analyse bekannt gewordenen Modelle von Organisationen werden später im Text noch einmal vorkommen – so etwa die Vorstellung von Organisationen als Arenen von politisch agierenden Akteuren (Abs. 4.3) oder das Modell der organisierten Anarchie in Organisationen (Abs. 4.2). Insgesamt werden im Rahmen der deskriptiven Analyse Unternehmen und die Akteure in ihnen als eigenständige und relevante Einflussgrößen für strategische Prozesse betrachtet und nicht nur als rein ausführende und umsetzende Organe einer in der Unternehmensleitung entwickelten Strategie behandelt. Damit einher geht eine stärkere Beachtung des Einzelfalls: Anstatt Normstrategien zu propagieren, die weitgehend unabhängig von den speziellen Umständen in einem Unternehmen eingesetzt werden sollten, werden die Eigenarten eines Unternehmens und seiner Mitarbeiter relevante Parameter für die Strategien. Strategische Maßnahmen sollen auf diese Eigenarten Rücksicht nehmen und sogar auf ihnen aufbauen.

Nur so, so das Credo der deskriptiven Analyse, kann die für die Erlangung von Wettbewerbsvorteilen notwendige Einzigartigkeit von Unternehmen erreicht und verteidigt werden. Denn dort, „wo alle dieselbe Strategie verfolgen, wird aus einer Erfolgsstrategie zwangsläufig eine Misserfolgsstrategie (jedenfalls für die meisten Beteiligten)". (SCHREYÖGG 1992, 207). Begleitet und erleichtert wird dieser Wechsel in der Perspektive durch eine andere Form der Erklärung von Wettbewerbsvorteilen: Statt der Produkt-/Marktperspektive, die weitgehend von den Eigenarten des einzelnen Unternehmens abstrahiert, setzt sich in den achtziger Jahren mit der ressourcenbasierten Perspektive ein Modell zur Erklärung von Wettbewerbsvorteilen durch, das die Quelle von Wettbewerbsvorteilen gerade in der Unterschiedlichkeit von Unternehmen hinsichtlich der Ressourcen sieht, die sie nutzen können.

Auch in der Übertragung der Ideen des strategischen Managements auf Bildungseinrichtungen, insbesondere Universitäten nehmen die USA eine Vorreiterrolle ein. Dies lässt sich aus der Geschichte insbesondere der Universitäten dort erklären, die traditionell über eine sehr große Autonomie in der Gestaltung von Studienprogrammen, Berufung von Professoren und der Beschaffung und Verteilung von Finanzmitteln verfügen (SCHEIDEGGER 2001, 34). In den 1980er Jahren wurde von Keller eine Monographie (KELLER 1983) vorgelegt, die als Ausgangspunkt der Auseinandersetzung mit Strategien von Bildungseinrichtungen gilt, und CHAFFEE (1985) entwickelte eine Typologie universitärer Strategieprozesse. Keller greift in seinen Überlegungen – zumindest implizit – das von dem amerikanischen Business Schools entwickelte Schema der gleichzeitigen Analyse der internen Gegebenheiten in der Organisation und der Umwelt auf, das im strategischen Management unter dem Begriff der SWOT-Analyse bekannt ist (vgl. Abs. 2.6). SWOT steht dabei für die Stärken (strengths) und Schwächen (weaknesses) der Organisation und die Chancen (opportunities) und Bedrohungen (threats), die sich aus der Umwelt ergeben.

Im deutschsprachigen Bereich hat insbesondere das Centrum für Hochschulentwicklung (CHE) die Diskussion um strategisches Management an Hochschulen beeinflusst (vgl. z. B. MÜLLER-BÖLING/KRASNY 1998; BERTHOLD ET AL. 2011) gleichzeitig sind seit Ende der neunziger Jahre einige Dissertationen zu diesem Thema erschienen (u.a. STREIT 1997; SCHEIDEGGER 2001; ERHARDT 2011; KOHRMANN 2012).

Bevor wir uns den unterschiedlichen Erklärungsmodellen für die Genese und Erhaltung von Wettbewerbsvorteilen widmen, soll zunächst im nächsten Abschnitt der dem strategischen Management zugrundeliegende Begriff der Strategie etwas genauer betrachtet werden.

2.2 Was heißt Strategie im strategischen Management?

Die Frage, was der Begriff der Strategie im strategischen Management bedeutet, kann höchst unterschiedlich beantwortet werden. Man kann Strategien nach der Art ihres Zustandekommens unterscheiden, sie danach differenzieren, ob der Prozess der Strategiegenerierung vollständig von der obersten Hierarchieebene gesteuert verläuft oder sich die Strategie – häufig erst im Nachhinein – als Ergebnis mehr oder weniger unkoordiniert stattfindender Handlungen und Entscheidungen in einer Organisation ergibt. Diesen Aspekt behandeln wir gleich unter den Stichworten **Top-Down-** oder **Bottom-Up-Ansätze** der Strategiegenerierung.

Ein weiterer Aspekt, der eng mit dem gerade genannten verknüpft ist, ist die Möglichkeit des **strategischen Lernens**. Bekanntlich lernt man nur aus Fehlern bzw. wenn das Ergebnis von den Erwartungen abweicht. Wie sich zeigen wird, erlauben bestimmte Formen der Strategiegenerierung strategisches Lernen eher als andere. Die dritte Unterscheidung, die im Folgenden behandelt wird, fragt nach den **Zielen von Strategien** im strategischen Management. Hier lassen sich Ansätze, die Gewinnmaximierung als das letztendliche Ziel strategischen Managements ansehen, von solchen unterscheiden, die davon ausgehen, dass im strategischen Management immer auch andere Ziele verfolgt werden bzw. zum Teil sogar die Berücksichtigung weiterer Ziele neben der Profitorientierung fordern. Die Frage nach den Zielen strategischen Managements ist insofern für Bildungseinrichtungen relevant, da diese sich zumeist auch in einer gesellschaftlichen Verpflichtung sehen oder sogar mit einem expliziten bildungspolitischen Auftrag versehen sind.

Jenseits dieser Differenzierungen gibt es aber auch in einigen Punkten weitgehende Einigkeit darüber, was Strategie meint. Diese betrifft zum einen die zeitliche Perspektive: Strategien werden in der Regel als langfristig orientiert angesehen und in dieser Hinsicht unterschieden von taktischen und operativen Maßnahmen, denen eher ein mittelfristiger bzw. kurzfristiger Charakter zugeschrieben wird. Dabei werden strategische, taktische und operative Maßnahmen zumindest im Rahmen des unten behandelten Top-Down-Verständnisses von Strategie als in einem hierarchischen Verhältnis stehend betrachtet. Während die Strategie das langfristige Ziel vorgibt, beschreiben taktische Maßnahmen mittelfristige Veränderungsprozesse, die zur Erreichung dieses Zieles notwendig sind. Die operationalen Maßnahmen beinhalten konkrete Handlungsanweisungen, die zur Umsetzung der taktischen Maßnahmen und damit zur Stützung der strategischen Ziele notwendig sind. Wenn beispielsweise eine Schule längerfristig die Profilierung mit einem Schwerpunkt in der informationstechnischen Ausbildung anstrebt, so wäre der Aufbau von Kooperationsbeziehungen mit lokalen EDV-Unternehmen eine mittelfristige (taktische) Aufgabe, die auf der operationalen Ebene unter anderem durch Besuche der Fachlehrer dieser Schule bei den betreffenden Firmen unterstützt werden könnte.

Zum zweiten wird mit Strategien in der Betriebswirtschaftslehre in der Regel die Vorstellung der Ganzheitlichkeit und Umfassendheit verbunden: Unternehmen oder größere – in sich geschlossene – Teilbereiche von Unternehmen haben Strategien. Im Gegensatz zum alltäglichen Sprachgebrauch oder auch zu der Organisationstheorie, die auch Individuen oder Gruppen Strategien und strategisches Handeln zuschreiben, bezieht sich Strategie im Rahmen strategischen Managements in der Regel auf größere Einheiten. Strategie so verstanden umfasst alle Bereiche einer Organisation und beschränkt sich nicht auf bestimmte Funktionsbereiche. Selbst wenn sie nur für einen Bereich entwickelt wird, wie etwa eine bestimmte Vermarktungsstrategie, sollte sie die Wechselwirkungen der anderen Unternehmensbereiche mit diesem beachten, um der Gefahr zu entgehen, dass aktuelle Verfahrensweisen oder angestrebte Veränderungen in den anderen Bereichen, die Zielerreichung in dem fokussierten Bereich be- oder sogar verhindern.

2.2.1 Top-Down- und Bottom-Up-Ansätze der Strategiegenerierung

Strategien und strategische Ziele fallen nicht vom Himmel und ergeben sich nur in den seltensten Fällen direkt aus den Problemen, mit denen eine Organisation in der Realität konfrontiert ist. Sie müssen geschaffen, generiert werden. Ein (fiktives) Beispiel mag dies verdeutlichen:

Beispiel:
Eine privatwirtschaftlich geführte Weiterbildungseinrichtung in einer Großstadt hat in den letzten Jahren einen großen Teil ihrer Erlöse mit der Durchführung von Deutschkursen für Ausländer, insbesondere für Aussiedler, erwirtschaftet. Diese Kurse wurden weitgehend durch die öffentliche Hand finanziert. Aktuell nähren nun Signale aus dem politischen Raum bei der Leitung der Einrichtung die Befürchtung, dass die Finanzierung dieser Deutschkurse in näherer Zukunft eingestellt werden wird. Da nicht davon ausgegangen werden kann, dass die Betroffenen selbst die Kurse in dem Umfang finanzieren können und wollen, wie es bisher durch die öffentliche Hand geschah, droht einer der größten Geschäftszweige der Weiterbildungseinrichtung und damit ein Großteil der Einnahmen wegzubrechen. Die Leitung sieht zunächst keinen Ausweg aus dieser unabwendbar scheinenden Entwicklung und zieht sich an einem Wochenende zu einem Strategieworkshop zurück, um Antworten auf diese Herausforderung zu finden. Das Ergebnis dieses Workshops sind drei Alternativen:

1. Abwarten
Die Einrichtung unternimmt nichts, führt die Deutschkurse solange durch, wie sie finanziert werden und wartet ab, ob es nicht doch noch zur Rücknahme der entsprechenden politischen Entscheidungen kommt oder ob sich andere Finanziers für die Kurse ergeben. Falls nicht, werden die Lehrkräfte aus den Deutschkursen nicht mehr weiterbeschäftigt, was den Verlust durch die Einnahmeausfälle mindert.

2. Effizienzsteigerung
Angesichts der wegfallenden öffentlichen Finanzierung wird die Effizienz der Kurse (unter anderem durch Erhöhung der Anzahl der Kursteilnehmer) so gesteigert, dass die Kurse kostengünstiger angeboten werden können, so dass die Chancen steigen, dass die Betroffenen die Kurse selbst finanzieren können. Gleichzeitig soll im politischen Bereich aktiv nach Möglichkeiten gesucht werden, durch Zuschüsse die Kursgebühren für die Teilnehmer weiter zu verringern.

3. Strategische Neuorientierung
In der noch verbleibenden Zeit bis zum Auslaufen der öffentlichen Finanzierung wird versucht, den vorhandenen, bislang sehr kleinen Fachbereich Informationstechnik zu einem neuen Schwerpunkt im Bereich EDV-Schulung im Lehrbetrieb aufzubauen. Dazu müssen Lehrkräfte angeworben, ein erweitertes Kursangebot entwickelt, die technische Infrastruktur aufgebaut und die vorhandenen Möglichkeiten der öffentlichen Förderung recherchiert werden. Ferner soll versucht werden, diesen Schwerpunkt von vornherein so auszugestalten, dass er auch ohne öffentliche Förderung rentabel arbeitet.

Die Generierung von Strategien kann zwar nicht unabhängig von den Ereignissen in der Umwelt des Unternehmens und den Stärken und Schwächen des Unternehmens selbst geschehen, doch verfügt ein Unternehmen häufig über Möglichkeiten, sowohl seine Umwelt als auch in noch stärkerem Maße seine Stärken und Schwächen zu beeinflussen, so dass strategisches Agieren durch die jeweils vorhandenen Gegebenheiten nur beeinflusst, aber nicht determiniert ist. Diese Wahlmöglichkeiten werden in der Literatur unter dem Stichwort „strategic choice" (CHILD 1972; 1997; HANFT ET AL. 2008, 164 ff.) diskutiert.

Die Generierung von Strategien kann idealtypisch in zwei Formen geschehen: In einem Top-Down-Verfahren und einem Bottom-Up-Ansatz.

Beim **Top-Down-Verfahren** der strategischen Planung werden zunächst die langfristigen Organisationsziele bestimmt und dann werden von ihnen aus unter der Berücksichtigung der aktuellen Situation der Organisation und ihrer potenziellen Entwicklungsmöglichkeiten alternative Strategien analysiert und die beste wird ausgewählt. Von dieser Basis werden immer kurzfristigere und konkretere Maßnahmenbündel abgeleitet, bis es auf der operativen Ebene zur Aktionsplanung und Budgetierung sowie Einrichtung eines der Strategie entsprechenden Organisations- und Führungssystems kommt. Die Kontrolle der Erreichung der angestrebten Ziele schließt einen Planungszyklus ab und ist Grundlage für eine erneute strategische Analyse (vgl. Abb. 5).

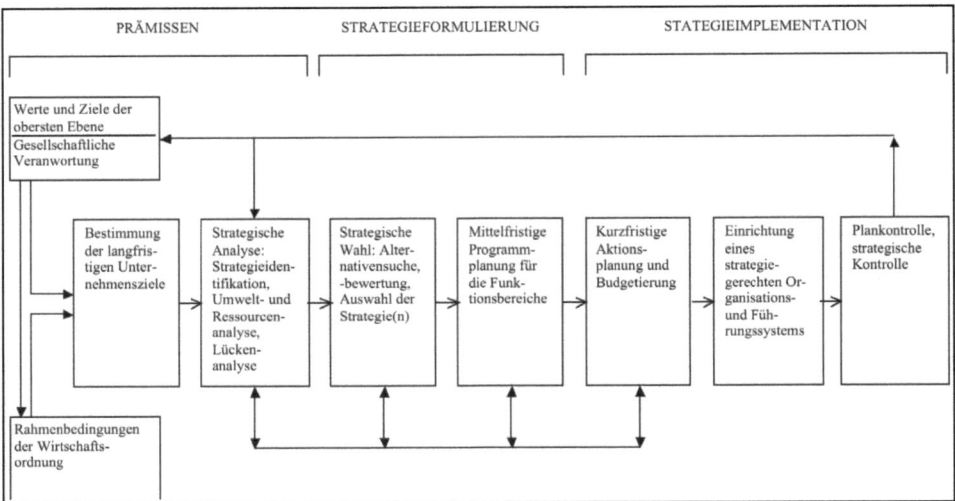

Abbildung 5:
Elemente und Schrittfolge der strategischen Planung im Top-Down-Verfahren
(Quelle: Schreyögg 1984, 85)

Die Bezeichnung „Top-Down-Verfahren" für dieses Vorgehen bei der Generierung und Implementierung von Strategien hat in zweifacher Hinsicht ihre Berechtigung. Zum einen werden alle strategischen Maßnahmen und Unterziele von einem Satz von langfristigen Zielen abgeleitet, wobei es zwar eventuell zu Rückkopplungen auf den nachgeordneten Ebenen der Strategieformulierung kommen kann, die Oberziele aber unverändert bleiben. Zum anderen wird davon ausgegangen, dass die Festlegung dieser Oberziele Aufgabe der obersten Leitungsebene einer Organisation ist, während die zunehmende Konkretisierung und Operationalisierung hierarchisch tiefer stehenden Ebenen obliegt. Damit erfolgt die Strategiegenerierung streng entlang der Hierarchie.

Einladung zum Nachdenken:

Diese Form der Planung findet sich natürlich nicht nur in Unternehmen. Wenn Sie umziehen wollen oder müssen, einen neuen Arbeitsplatz suchen oder etwa die Bekanntschaft einer Ihnen sympathischen, aber zurzeit noch unbekannten Person suchen, werden Sie häufig auch solche Pläne erstellen. Sie werden versuchen, von dem jeweiligen (Ober-)Ziel Maßnahmen und/oder Teilziele und die dazu notwendigen Maßnahmen abzuleiten. Ist die Planung perfekt, läuft sie auf die termingerechte Erreichung des eigentlichen Zieles heraus. Dabei sind die einzelnen Maßnahmen nichts anderes als Konkretisierungen und Operationalisierungen dieses Ziels. Überlegen Sie bitte einmal, ob und wie häufig Sie solche Pläne realisieren konnten oder ob Sie doch improvisieren mussten.

Diese Form der Strategiegenerierung wird auch als synoptische Planung (SCHREY-ÖGG 1984, 134 ff.) bezeichnet, um so auf die ihr zugrundeliegende umfassende Betrachtung hinzuweisen. Sie ist durch eine Anzahl von – zum Teil impliziten – Annahmen geprägt, deren Realitätsnähe für Unternehmen im Allgemeinen in der Literatur bezweifelt wird und die auch für Bildungseinrichtungen als fraglich angesehen werden kann:

- Es wird davon ausgegangen, dass den strategischen Entscheidern alle möglichen Handlungsalternativen, ihre Folgen und die Wahrscheinlichkeit des Eintretens dieser Folgen bekannt sind, da nur so eine Bewertung und rationale Auswahl der besten Alternative möglich ist. Dem wird entgegengehalten, dass häufig eben nicht alle gegenwärtig verfügbaren Handlungsoptionen bekannt sind und sich künftige Alternativen zum Teil erst durch die Aktionen des Unternehmens ergeben können.
- Es wird von einer weitgehenden Ableitbarkeit von mehr oder weniger operationalen Unterzielen und -strategien aus den einmal ausgewählten Strategien ausgegangen. Dagegen spricht, dass es häufig mehrere Handlungsalternativen gibt, die einem angestrebten Ziel dienlich sind, wovon einige aber wiederum Rückwirkungen zeigen können, die übergeordneten Ziele konterkarieren. So wird beispielsweise in Evaluationen von Hochschulen häufig die Länge der durchschnittlichen Studienzeiten als Kriterium angeführt. Das Ziel einer Verkürzung der Studienzeiten kann auf unterschiedlichste Weise verfolgt werden: Eine Möglichkeit wäre eine Verbesserung der Koordination des Lehrangebotes

und seine quantitative Erhöhung. Eine andere Möglichkeit besteht in der Absenkung des Anspruchsniveaus bei Prüfungen, was aufgrund geringerer Wiederholerraten ebenfalls vermutlich zu einer Verkürzung der Studienzeiten führen würde. Jedoch würden solche Discountnoten der ebenfalls in Evaluationen verlangten Qualität der Ausbildung widersprechen. Eine solche Wahl von in ihren Auswirkungen sich widersprechenden Handlungsalternativen kann relativ leicht geschehen, da mit steigender Konkretisierung der Maßnahmen die Auswahl der Handlungsalternativen auf immer mehr Akteure und deren Zuständigkeitsbereiche verteilt wird, die die jeweiligen Oberziele unterschiedlich gewichten und interpretieren können.

- Die bereits erwähnten Handlungsspielräume der hierarchisch tieferstehenden Akteure und ihre Definitionsmacht bezüglich der Möglichkeiten und des Grades der Zielerreichung werden ignoriert. In der Regel kennt aber der Dekan eines Fachbereichs die Verhältnisse in diesem besser als die Universitätsleitung und der Lehrer einer Klasse kann deren Möglichkeiten besser beurteilen als der Schulrektor. Dies ist ein Grund dafür, dass die konkrete Ausgestaltung und Umsetzung von allgemeinen strategischen Zielen in der Regel diesen Akteuren, die Experten für ihren Bereich sind, überlassen bleibt. Damit verbunden ist jedoch auch, dass diese Experten häufig in einer für die Leitung nur schwerlich kontrollierbaren Weise darüber bestimmen, welche Ziele auf welche Art und in welchem Umfang erreichbar sind, welche Maßnahmen dafür angemessen sind und in welchem Umfang diese Maßnahmen umgesetzt werden. Leicht polemisch formuliert wird sich etwa ein Hochschullehrer immer darauf zurückziehen können, dass er die Qualität seiner Lehre verbessert habe und die weiterhin hohe Durchfallquote bei Prüfungen durch die mangelnde Studierfähigkeiten der Lernenden bedingt sei, die ja durch die PISA-Studie belegt sei.

Als Grund dafür, dass diese Art der Strategiegenerierung trotz der gerade skizzierten Problematiken sowohl in der Wissenschaft als auch in der (Beratungs-)Praxis große Verbreitung gefunden hat, wird in der Regel die ihr innewohnende Systematik und Logik angesehen, die in ihrer Herangehensweise an das Vorgehen in den Naturwissenschaften erinnert und, zumindest auf den ersten Blick, den Eindruck der Beherrsch- und Kontrollierbarkeit eines sehr komplexen Bereiches vermittelt: der künftigen strategischen Ausrichtung einer gesamten Organisation.

Weitgehend anders sieht es bei den Bottom-Up-Ansätzen der Strategieformierung aus. Entstanden aus empirischen Untersuchungen von strategischen Projekten, die in ihrem faktischen Ergebnis häufig nicht mehr viel mit den Zielen zu tun hatten, die zu Beginn des Projektes formuliert wurden, begreifen diese Ansätze Strategie als weitgehend emergentes Phänomen. Strategien von Organisationen entstehen, wenn die einzelnen Handlungen der Akteure in der Organisation und die Handlungen der Organisation sich zu einem Muster formen. Strategien werden also nicht von einer Stelle in der Organisation vorgegeben, sondern ergeben sich durch das konkrete Handeln und Entscheiden in und von Organisationen. Damit können Strategien auch grundsätzlich nur im Nachhinein identifiziert werden. Im Extremfall verzichten Organisationen weitgehend auf inhaltliche Vorgaben, wie sie bei den Top-Down-Ansätzen üblich sind, lassen die Mitglieder der Organisation in ihren nur durch Budgets und interne und externe Verpflichtungen begrenzten Freiräumen freie Hand und warten ab, was geschieht. Mit einem solchen Vorgehen ist natürlich das Risiko verbunden, dass sich überhaupt kein Muster mehr aus den Handlungen der einzelnen Akteure ergibt, deren Aktionen einander widersprechen und behindern und die Organisation als widersprüchlich und zerrissen erscheint. Ein derartiger vollständiger Verlust einer Organisationsstrategie ist allerdings eher selten, da vorhandene Budgets und existierende (vertragliche) Verpflichtungen in der Regel für eine gewisse Kohärenz der Handlungen der Organisationsmitglieder sorgen. Darüber hinaus bleibt die hierarchisch bedingte unterschiedlich große Wirksamkeit von Entscheidungen und Handlungen unberührt, so dass die Entscheidungen der Fachbereichsleitung einer Weiterbildungseinrichtung in der Regel größere Auswirkungen haben werden als die einer Lehrkraft. Diesem Risiko stehen jedoch einige Vorteile gegenüber, die mit einer Strategiegenerierung „von unten" verbunden sein können:

- Die „Expertise" der Organisationsmitglieder wird wesentlich intensiver genutzt, als es bei einer Top-Down-Strategiegenerierung möglich ist. Die einzelnen Mitglieder der Organisation können ihre Erfahrungen und Einschätzungen bezüglich Stärken und Schwächen der Organisation in dem ihnen bekannten Teilbereich und den Chancen und Risiken, die der Umwelt der Organisation in dem Ausschnitt, mit dem sie zu tun haben, direkt in ihre Handlungen und Vorschläge einfließen lassen. Damit entfallen die durch lange Kommunikationswege und die Verdichtung von Informationen hervorgerufenen Verzerrungen. Ferner kann auch eher vermieden werden, dass Organisationsmitglieder bestimmte Informationen gar nicht an die höhere Ebene weitergeben, da diese nicht angefordert wurden und/oder der Eindruck vorherrscht, „die da oben" interessiert das ohnehin nicht. Schließlich kann diese Form der Strategiegenerierung auch die Motivation der Mitarbeiter steigern, ihre Expertise einzubringen, da sie das Gefühl bekommen, etwas bewirken zu können. Beispiele hierfür finden sich in Qualitätszirkeln, einer zunächst im produzierenden Gewerbe erprobten Einrichtung, die im Zuge des Qualitätsmanagements zunehmend auch in Bildungseinrichtungen installiert werden (LIEBALD 2000, 108 ff.). Hier entwickeln die Mitarbeiter Verbesserungsvorschläge für ihre eigenen Arbeitsbereiche, die zum Teil bereits durch kleine Maßnahmen spürbare Veränderungen im gesamten Erscheinungsbild des Arbeitsbereichs oder sogar der Organisation bewirken können.
- Die genauere Kenntnis, die die Organisationsmitglieder über die Verhältnisse vor Ort besitzen, kann auch ein bei der Top-Down-Strategiegenerierung leicht auftretendes Problem vermeiden helfen: Dass strategische Ziele formuliert werden, deren praktische Umsetzbarkeit an den Möglichkeiten und Potenzialen der Einrichtung scheitert. Da die Entwickler von Ideen und Konzepten beim Bottom-Up-Ansatz weitgehend mit den Akteuren identisch sind, die diese Ideen auch umsetzen müssten, kann davon ausgegangen werden, dass deren Zielbildung immer auch im Hinblick auf die Möglichkeiten der Umset-

zung geschieht. Ferner wird das Risiko verringert, dass Strategien aufgrund mangelnder Einsicht in den Sinn dieser Ziele durch die Mitarbeiter hintertrieben werden. Es handelt sich schließlich weitgehend um von den Mitarbeitern formulierte Ziele. Nicht verschwiegen werden soll an dieser Stelle eine Gefahr, die mit diesen Vorteilen verbunden ist: Das Risiko, dass die (Entwicklungs-)Möglichkeiten der Organisation unterschätzt werden und deshalb nur Vorschläge und Ideen entwickelt werden, die den Status quo weitgehend unverändert lassen. Dies kann die Wandlungs- und Innovationsfähigkeit der Organisation verringern und deswegen die Intervention der Leitungsorgane sinnvoll erscheinen lassen. Auf die Frage, wie sich solche Interventionen sinnvoll mit einem Bottom-Up-Ansatz verbinden lassen, wird später noch eingegangen.

- Ein weiteres potenzielles Problem, das mit den „großen Plänen" der Top-Down-Ansätze verbunden ist, ist ihre in der Regel große Komplexität und Laufzeit. Im Bottom-Up-Verfahren wird nicht ein großer ausdifferenzierter Plan umgesetzt, sondern es existieren viele kleinere Einzelpläne, die bei entsprechender Globalsteuerung durch das Management zwar in einander greifen, aber loser gekoppelt sind. Scheitert einer dieser Einzelpläne oder ändern sich die Umstände in einer Weise, dass er nicht als angemessen erscheint, kann der Einzelplan geändert oder ggf. verworfen werden, ohne zwangsläufig die Gesamtstrategie zu gefährden. Dies führt zu einer Erhöhung der Flexibilität. Diese wird noch dadurch gesteigert, dass die Ergebniskontrolle bezüglich der Umsetzung der Pläne in der Regel schneller und unmittelbarer geschieht. Im idealtypischen Top-Down-Ansatz erfolgt erst nach vollständiger Umsetzung des Gesamtplans die Kontrolle darüber, ob die angestrebten Ziele erreicht wurden – bei entsprechender Ausdifferenzierung des Plans kann sie häufig auch frühestens dann erfolgen. Dagegen können bei der Formierung der Strategie ‚von unten' bereits Teilziele im Hinblick auf ihre Erreichbarkeit überprüft werden, was ggf. ein frühzeitiges Umsteuern erlaubt. Bezugnehmend auf das Beispiel am Beginn dieses Abschnittes könnte die strategische Neuorientierung der Weiterbildungseinrichtung auch in der Form geschehen, dass der vorhandene EDV-Fachbereich versuchsweise beginnt, sein Programm auszuweiten, Kontakte mit Unternehmen knüpft und in kleinen Schritten die technische Infrastruktur ausbaut. Ist dieses Vorgehen erfolgreich, dann kann der Ausbau des Bereichs zu einem neuen Schwerpunkt der Einrichtung weiterbetrieben werden. Werden dagegen die leicht erweiterten Angebote vom Markt nicht angenommen, so ist bei diesem Vorgehen ein frühes Umsteuern möglich.

- Schließlich erhöht ein Bottom-Up-Vorgehen auch die Vielfalt an Ideen und Konzepten, die in die Strategie der Organisation einfließen. Es nehmen viele Organisationsmitglieder mit ihren unterschiedlichen Erfahrungshintergründen und ihren unterschiedlichen Berührungspunkten zur Organisationsumwelt an dem Prozess teil. Dies birgt zwar die bereits erwähnte Gefahr des Chaos, der durch entsprechende Eingriffe der Leitungsebene entgegengewirkt werden kann. Der Prozess und seine Ergebnisse können aber kreativer sein als ein auf die Leitungsebene konzentrierter Prozess der Strategiegenerierung. Die so entstehende Vielfalt an Handlungen und Zielen wird oft eher der Unterschiedlichkeit der verschiedenen Umwelten gerecht werden, mit denen die unterschiedlichen Bereiche der Bildungseinrichtung zu tun haben. So muss die Verwaltung häufig im Außenverhältnis mit staatlichen Bürokratien kooperieren und die Fachbereiche bzw. die Lehrenden haben es dagegen mit den Lernenden zu tun, die je nach Art der Bildungseinrichtung auch in sehr heterogene Gruppen mit unterschiedlichen Ansprüchen und Notwendigkeiten zerfallen können. Man denke hier nur an eine Weiterbildungseinrichtung, die auf der einen Seite Alphabetisierungskurse für Inländer anbietet und auf der anderen Seite Sprachkurse, die auf international anerkannte Zertifikate vorbereiten oder an eine Universität, bei der beispielsweise die Art und Notwendigkeit der Betreuung der Studierenden von Fachbereich zu Fachbereich aus fachlichen Gründen stark differieren kann.

Die beiden skizzierten Ansätze sind weitgehend identisch mit einer Unterscheidung, die der US-amerikanische Management-Theoretiker HENRY MINTZBERG bekannt gemacht hat: Die Unterscheidung zwischen bewusst gewählten Strategien – MINTZBERG bezeichnet sie als „deliberate strategies" (MINTZBERG 1978) – und emergenten Strategien, die sich erst im Nachhinein als solche erweisen. Es ist deutlich geworden, dass keine der beiden Ansätze den Königsweg bei der Strategiegenerierung darstellen. Die deliberate Strategie des Top-Down-Ansatzes geht in der Regel von unrealistischen Annahmen bezüglich der Planbarkeit aus und die im Bottom-Up-Verfahren entstandene emergente Strategie kann zum Chaos führen. Es bedarf eines Mittelweges, bei dem auf der einen Seite Vorgaben bezüglich der zu erreichenden Ziele gemacht werden, der aber auf der anderen Seite auch offen ist: sowohl für das potenzielle Scheitern von Planungen, als auch für die nicht intendierten Ergebnisse, die aus fehlerhaften Planungen oder ungeplanten Handlungen resultieren. So argumentiert auch MINTZBERG: „strategy formation walks on two feet, one deliberate, the other emergent" (MINTZBERG/WATERS 1985, 271). Die Kunst des strategischen Managements liegt dann darin, so zu führen, dass die Intentionen realisiert werden können, während gleichzeitig auch auf sich entfaltende Handlungs- und Verhaltensmuster reagiert wird.

Wie MINTZBERG (1994, 10) betont:

> „Planung hat stets mit Analyse zu tun – damit, eine Zielvorgabe oder eine Reihe von Absichten in Einzelschritte zu zerlegen, diese Schritte zu formalisieren, damit sie dann nahezu automatisch erfolgen können [...] Ganz anders ist echtes strategisches Denken. Dabei geht es um Synthese, um Intuition und Kreativität, um die Entwicklung eines zusammenhängenden, perspektivischen Bildes vom Unternehmen, einer nicht unbedingt restlos präzisen Vision seines künftigen Weges."

2.2.2 Strategisches Lernen

Die im vorangehenden Abschnitt eingeführte Unterscheidung zwischen deliberaten, geplanten Strategien und solchen, die aus den in der Organisation stattfindenden Handlungen emergieren, beschreibt zwei Extremformen, die in Reinform kaum in Organisationen vorkommen werden: Eine Strategie wird selten vollständig durchgeplant sein bzw. wird ein solcher Plan in der Regel nicht vollständig umgesetzt werden – die Gründe hierfür wurden oben skizziert. Auf der anderen Seite werden Strategien aber auch nur in den seltensten Fällen ohne steuernden Eingriff der Leitungsebene emergieren.

Reale Strategien werden zwischen diesen beiden Polen liegen: Eine strategische Vorgabe wird auf der Leitungsebene – ggf. unter Berücksichtigung von Initiativen und Vorschlägen, die von hierarchisch niedriger stehenden Mitarbeitern kommen – entwickelt und diese wird in konkretere strategische Maßnahmenplanungen umgesetzt. Von diesen Planungen scheitern einige, einige weitere zeitigen unerwartete Ergebnisse und einige werden plangemäß umgesetzt. Darüber hinaus führen weitere Handlungen der Organisation und in der Organisation zu Ergebnissen, die in der Form einer emergent entstandenen Strategie ebenfalls Einfluss auf die Situation der Organisation nehmen. Die schließlich realisierte Strategie erscheint dann als eine Mischung aus geplanten und emergenten Elementen (vgl. Abb. 6).

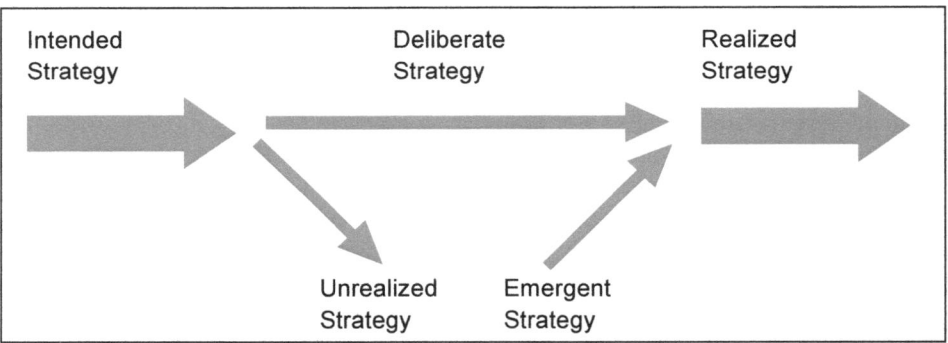

Abbildung 6:
Typen von Strategien nach Mintzberg: von den intendierten Strategien bleiben einige unrealisiert, andere werden umgesetzt, ggf. mit unerwarteten Ergebnissen, und schließlich tragen auch emergente Strategien zu der realisierten Strategie bei.

(Quelle: Mintzberg 1978, 945)

Dass realisierte Strategien in der Regel solche Mischungen aus von der Leitung intendierten und nicht-intendierten Elementen darstellen, braucht nun nicht als notwendiges – der Komplexität der Materie, der mangelnden Rationalität der Entscheider oder sonstigen Gründen geschuldetes – Übel betrachtet zu werden. Die emergenten Elemente stehen schließlich unter anderem für den Einfluss, den andere Akteure und Ideen in der Organisation auf die Strategie genommen haben.

Damit können sie auch für erweiterte Perspektiven stehen, die bei der Strategieformierung eine Rolle spielten: für eine unmittelbarere Berücksichtigung von bereichsspezifischen Möglichkeiten und Notwendigkeiten, die bei einer globalen Betrachtung ggf. unter den Tisch gefallen wären.

Die bereits erwähnten Qualitätszirkel in Weiterbildungseinrichtungen sind nur ein Beispiel dafür, dass es auf der obersten Leitungsebene schwer fallen muss, alle potenziell relevanten strategischen Optionen, die den einzelnen Bereichen eines Unternehmens offen stehen, zu kennen geschweige denn zu beurteilen. Ein weiteres Argument, das für solche Mischformen der Strategieformierung spricht, ist, dass ihre Umsetzbarkeit in der Regel eher gegeben ist, als bei den nur am grünen (Geschäftsführungs-)Tisch geplanten. Der sprichwörtliche Teufel liegt auch bei Strategien im Detail und kann aufgrund sachlich begründeter oder von den verantwortlichen Akteuren vorgegaukelter Probleme bei der Umsetzung den ausgefeiltesten Plan scheitern lassen.

Das Ergebnis sind realisierte Strategien, die zumindest in Teilen ggf. auch die Organisationsleitung überraschen. Das bekannteste Beispiel dafür, dass solche Überraschungen nicht unbedingt negativ sein müssen, ist der Erfolg des SMS-Dienstes der Mobilfunkbetreiber: Ursprünglich als mehr unwichtiges technisch bedingtes Beiwerk zu den Telefondiensten gedacht, entwickelte sich die Nutzung der SMS-Dienste zumindest in Deutschland zu einer der wichtigsten Einnahmequellen der Netzbetreiber, wobei die Kosten für den Versand der Kurznachrichten insbesondere bei jugendlichen Handy-Nutzern häufig den größten Posten auf der monatlichen Abrechnung ihres Netzbetreibers darstellten. Zunächst überrascht von diesem Erfolg reagierten die Anbieter relativ schnell mit speziell auf diese Nutzungsart der Mobiltelefone zugeschnittenen Werbekampagnen und Angeboten.

Damit solche „Überraschungen" stattfinden können, muss den Akteuren in Organisation ein gewisser Freiraum gegeben werden, innerhalb dessen sie Neues ausprobieren können. MINTZBERG bezeichnet ein solches Vorgehen seitens des Managements als „umbrella"-Strategie (MINTZBERG/WATERS 1985, 263): Die Unternehmensführung gibt allgemeine Richtlinien vor, definiert die Grenzen der Handlungsspielräume der Akteure und lässt sie dann innerhalb dieser Spielräume agieren. Verlassen die Akteure die Grenzen des Schirms aufgrund eigener Handlungen (ebd., 264) oder weil Veränderungen in der Umwelt der Unternehmung die Begrenzungen des Schirms verändern, dann gilt:

> „the central leadership has three choices: to stop them, ignore them (perhaps for time, to see what will happen), or to adjust to them. [...] In the last case, the leadership exercises the option of altering its own vision in response to the behaviour of other. Indeed, this would appear to be the place, where much effective strategic learning takes place – through leadership response to the initiatives of others" (ebd., 264. Hervorheb. MZ).

Ein solches Vorgehen erleichtert das Aufkommen und Ausprobieren neuer Ideen, die für ein Unternehmen oder eine Weiterbildungseinrichtung neue Wege eröffnen oder ihr zumindest publizistische Aufmerksamkeit sichern können, wie etwa

das Angebot von „Benimm-Unterricht" an einer Bremer Schule. Gerade Bildungseinrichtungen mit ihrer – insbesondere in Hochschulen ausgeprägten – Experten-
kultur (PELLERT 1999; BERTHOLD ET AL. 2011, 22 ff.) auf der einen Seite und der
häufig durch inhaltliche Anforderungen verursachten internen Heterogenität auf
der anderen Seite (vgl. auch die Ausführungen zur Struktur von Bildungseinrichtungen weiter unten) lassen eine zentralistische Form der Strategiegenerierung
wenig angemessen erscheinen und bieten eher Raum und Anlass für die gerade skizzierte „Schirm"-Form der strategischen Steuerung. In diese Richtung argumentieren auch TAVERNIER (2005) und BUCKLAND (2009, 533), die sich auf der
Basis der Erfahrungen an Universitäten in Großbritannien (BUCKLAND) bzw. einer
Universität in Belgien (Tavernier) gegen zentralistische und direktive Planungs-
ansätze im strategischen Management von Universitäten richten. Beide betonen die Bedeutung von Lernprozessen im strategischen Management und insbesondere BUCKLAND (2009, 533) redet einer prozessualen Strategieformierung im
MINTZBERG'schen Sinne das Wort, die die spezifische Geschichte und den Kontext,
die spezifischen Fähigkeiten der Bildungseinrichtung und ihrer Mitarbeiter sowie
die sich aus diesen Faktoren ergebenden Pfadabhängigkeiten aufnimmt und berücksichtigt. Und auch MINTZBERG kommt bei einer Rekonstruktion der faktischen
strategischen Entwicklung seiner eigenen Universität über einen Zeitraum von
110 Jahren (MINTZBERG/ROSE 2003) zu dem Ergebnis, dass sich diese vornehmlich
durch eine stetige Entwicklung als durch dramatische strategische Wechsel aus-
zeichnete. Eine Entwicklung, die stattfand in der Wechselwirkung zwischen den
Aktivitäten der Hochschulmitglieder (nicht nur der Organisationsleitung) und
den Entwicklungen im Umfeld der Universität: „Structural reorganizations occu-
red frequently. But it is not clear that they made an difference to the overall func-
tioning of the university" (ebd., 283.).

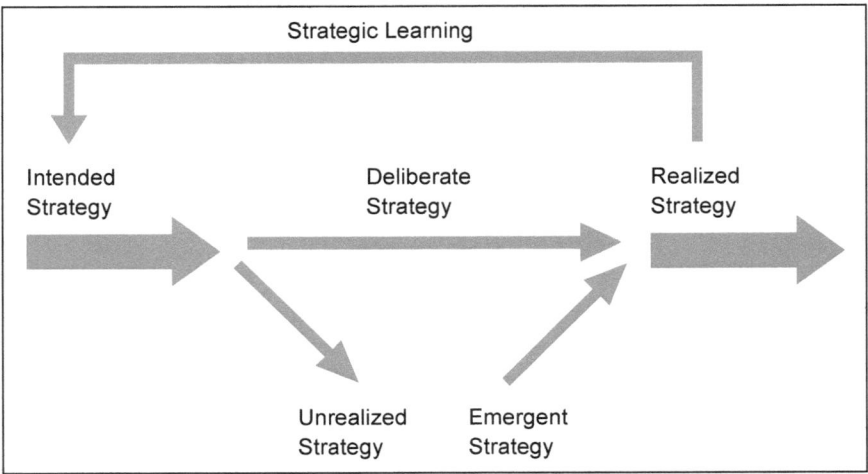

Abbildung 7:
Strategisches Lernen auf der Basis von intendierten und emergenten Strategien, die
gemeinsam in die tatsächlich realisierten Strategien einfließen
(Quelle: Mintzberg/Waters 1985, 271)

Angesichts der bereits erwähnten Überraschungsträchtigkeit der Umbrella-Form der Strategiegenerierung, die natürlich auch negativ sein können, wird eine permanente Kontrolle der Aktivitäten als sehr wichtig angesehen. Diese Kontrolle ist aber nicht so gemeint, dass alle, die ursprünglich formulierten Grenzen überschreitenden Handlungen zwangsläufig unterbunden werden, sondern dass sie und ihre potenziellen Ergebnisse daraufhin überprüft werden, ob sie einen wertvollen Beitrag zum Erfolg der Organisation leisten können. Wie in dem obigen Zitat ausgeführt, müssen solche Kontrollen nicht nur zur Unterbindung dieser Regelverletzungen führen, sondern können auch darin bestehen, dass man die Grenzen des strategischen Schirms, der allgemeinen Zielrichtung der Strategie, verlagert, erweitert oder die Grenzverletzungen noch eine gewisse Zeit toleriert, um zu sehen, ob sie zu wünschenswerten Ergebnissen führen. Die Leitung einer durch die öffentliche Hand finanzierten Bildungseinrichtung könnte beispielsweise zunächst die Versuche eines Fachbereichs, durch Sponsoring Gelder einzuwerben, tolerieren, um zu sehen, wie erfolgreich diese Versuche sind, um dann ggf. später auf der Basis der Erfahrungen dieses Fachbereichs eine offizielle Strategie und ggf. auch Handlungsanweisungen bezüglich Umgang mit Sponsoren zu entwickeln.

Insofern bietet eine Form der Strategieformierung, die neben den deliberaten Strategien auch Raum für emergente Strategien lässt, mehr Raum für **strategisches Lernen** als eine rein dem Planungsgedanken entsprechende Form der Top-Down-Strategiegenerierung. Dabei werden im Rahmen des strategischen Lernens die Erfahrungen, die aufgrund der realisierten Strategien gemacht wurden – die neben den umgesetzten intendierten Strategien immer auch emergente Elemente enthalten – zur Basis neuer intendierter Strategien. Die Länge der Planungs- und Kontrollzyklen wird im Gegensatz zu einer reinen Top-Down-Strategie in der Regel kürzer sein, so dass Anpassungen der strategischen Planung schneller geschehen können und ihre Flexibilität erhöht wird.

2.2.3 Die Ziele von strategischem Management

Wie bereits in Kapitel 1 erwähnt, ist das Ziel strategischen Managements in der Betriebswirtschaftslehre in der Regel die Maximierung des Gewinns des Unternehmens. Der ehemalige General-Motors-Manager ALFRED SLOAN (1963, 49) formulierte dies in seiner einflussreichen Biographie so:

> „the strategic aim of a business is to earn a return on capital, and in any particular case the return in the long run is not satisfactory, the defiency should be corrected or the activity abdandoned for a more favorable one".

Dieses Ziel ist auf die meisten Bildungseinrichtungen nicht übertragbar. Sei es, weil es sich um direkt öffentlich finanzierte Einrichtungen handelt, die von vornherein als politisch gewollter Zuschussbetrieb angelegt sind, sei es, weil es sich um gemeinnützige Träger handelt, die keinen Gewinn erwirtschaften dürfen, oder sei es, weil ein großer Teil der Lehrenden in Bildungseinrichtungen – und auch der Bildungseinrichtungen selbst – ganz andere Ziele verfolgt und Gewinnmaximierung als unverträglich mit dem eigenen Selbstverständnis ansieht. Es stellt sich dann aber die Frage, ob es trotz dieser Einwände gegen die Vorstellung und Sinnhaftigkeit des Zieles der Gewinnmaximierung bei Bildungseinrichtungen nicht doch für das strategische Management ein vergleichbar allgemeines Ziel geben kann und sollte. Kann, weil die sich Gründe für den Einsatz strategischen Managements bei Bildungseinrichtungen bei allen Unterschieden im Detail einander im Großen und Ganzen ähneln (vgl. Abs. 1.1). Sollte, weil ohne ein anzustrebendes Ziel strategische Planung unmöglich wird und Hinweise zur inhaltlichen Gestaltung der Strategie und ihrer Prozesse nicht mehr gegeben werden können.

Ein möglicher Zugang zu der Antwort auf die gerade gestellte Frage liegt in den in der Betriebswirtschaftslehre diskutierten Voraussetzungen zur Erzielung möglichst großer Gewinne – im effizienten und effektiven Wirtschaften:

- Mit Effizienz wird in der Ökonomie in der Regel die Relation zwischen Input und Output, also die Wirtschaftlichkeit bezeichnet. Ein Unternehmen arbeitet effizienter als andere, wenn es ihm gelingt, mit einem bestimmten (messbaren) Input einen größeren (messbaren) Output als andere Unternehmen zu erzeugen. „Doing the things right" – also effizientes Handeln – wird als Voraussetzung für wirtschaftlichen Erfolg angesehen und die Existenz von Effizienzvorteilen kann strategische Vorteilspositionen begründen, wie wir in den nächsten Abschnitten sehen werden. Für Bildungseinrichtungen stellt die (quantitative) Bestimmung des Outputs allerdings häufig ein Problem dar, so dass der Grad der Effizienz des Handelns der Einrichtung nicht oder zumindest nicht eindeutig bestimmt werden kann. Trotzdem gibt es seit den 1960iger Jahren immer wieder Entwürfe für Kennzahlensysteme zur Messung des Outputs (BEHRENS 1996), die mittlerweile vornehmlich im Kontext des Controllings diskutiert werden (KÜPPER 2005, 499).
- Doch bedeutet effizientes Wirtschaften noch lange nicht auch erfolgreiches Wirtschaften. So kann man höchst effizient Dienstleistungen bereitstellen, für die es keine Nachfrage (mehr) gibt. Der Frage, was ein Unternehmen tun sollte, welche Produkte und Dienstleistungen es herstellen sollte, widmet sich das Konzept der Effektivität. Hier geht es um „doing the right things". Was die richtigen Dinge sind, die zu tun sind, kann in der Regel nur bei Beachtung der Anforderungen festgestellt werden, die die Umwelt des Unternehmens bzw. die für das Unternehmen relevanten Organisationen und Gruppen in seiner Umwelt (Stakeholder) stellen. Für Bildungseinrichtungen sind solche Gruppen und Organisationen unter anderem: die (potenziellen oder künftigen) Lernenden, politische Organe, die für die Regulation und häufig auch für die Finanzierung zuständig sind, die Geldgeber außerhalb der Politik und andere Bildungseinrichtungen. All diese haben und formulieren Anforderungen an Bildungseinrichtungen, denen sie genügen muss, will sie den Zufluss der von ihr benötigten Ressourcen sicher stellen bzw. für ihre Produkte und Dienstleistungen einen Markt finden (PFEFFER/SALANCIK 1978). Genügt sie diesen Ansprüchen, kann sie das mehr oder weniger effizient tun.

Bereits diese kurzen Bemerkungen zeigen, dass sich auf der einen Seite zwar die beiden zentralen Voraussetzungen für Gewinnmaximierung – Effizienz und Effektivität – sehr wohl prinzipiell auf Bildungseinrichtungen übertragen lassen, der Versuch der Übertragung auf der anderen Seite aber einige Fragen aufwirft:

- In Bezug auf Effizienz bleibt die Messung des Output unklar. Sind Absolventenzahlen, Durchschnittsnoten, Durchfallquoten oder – im Fall von Hochschulen – Studienzeiten verlässliche Indikatoren für die Größe und Güte der Lehrleistung, die mit einem bestimmten Input – an Lehrkräften, Koordination des Lehrangebotes sowie räumlicher technischer Ausrüstung – erreicht werden kann? Solche Größen werden wegen ihrer leichten Messbarkeit gerne zur Bestimmung des Output von Bildungseinrichtungen herangezogen, doch bleibt ihre Bedeutung häufig unklar. So können gute Durchschnittsnoten für eine qualitativ gute Lehre oder auch für ein sehr niedriges Anspruchsniveau bei Prüfungen stehen. Ungeachtet dieser bestehenden Unklarheiten werden zunehmend outputorientierte Kennzahlen herangezogen, wenn es darum geht, a) die öffentlichen Mittel Bildungseinrichtungen über Indikatorensteuerung zuzuteilen und b) diese Mittel innerhalb der Einrichtung zu verteilen (ZIMMER 2008, 121 ff., 135 ff.)

- Ebenfalls ist bei Anwendung eines Effizienzmaßstabs zu fragen, „für wen im Hinblick worauf etwas effizient ist" (HAUNSCHILD 2001, 94). Angesichts unklarer, nicht durch den Gegenstand Lehre an sich vorgegebener Antworten auf Fragen wie: Was zählt für wen als Input oder Output? Wie werden die jeweiligen Größen bewertet? Stellt die Bestimmung der Effizienz immer auch eine politische Größe dar, deren Ausgestaltung durch Interessengruppen bestimmt wird? Dieses gilt zwar allgemein für Effizienz, trifft aber besonders für den Bereich der Lehre zu, deren Erfolg zum einen nie nur allein vom Lehrenden abhängt, sondern sich immer auch in Abhängigkeit von den Lernenden bzw. in Abhängigkeit von den Wechselwirkungen zwischen Lernenden und Lehrenden ergibt. So können hohe Durchfallquoten oder lange Studienzeiten entweder der Qualität der Lehre – und damit dem prinzipiell beeinflussbaren Input – oder eben den mangelhaften Voraussetzungen seitens der Lernenden zugerechnet werden. Ferner sind insbesondere Lehrende in der Regel mit relativ großen Spielräumen bezüglich der Gestaltung ihrer Tätigkeiten ausgestaltet – und ob das aufwendige Skript des Hochschullehrers oder die freiwillig durchgeführten Übungsstunden des Lehrers an einer weiterführenden Schule bei einer Effizienzbestimmung zum Input gezählt werden, wird nicht nur von Erfassungsproblemen, sondern auch von den Interessen der Messenden abhängen. Allgemein wird, wie die Auseinandersetzungen um die Ergebnisse der Pisastudie in Deutschland gezeigt haben, die Art und Weise, wie der Output – und auch der Input – gemessen und bewertet wird, häufig von politischen Interessen geprägt sein.

- Die Frage nach der Effektivität der Lehre ist ähnlich problematisch zu beantworten, wie die obigen Bemerkungen zum Produkt von Bildungseinrichtungen (Abs. 1.4) zeigen. Was die richtige Lehre – sowohl vom Inhalt her als auch in der Form – ist, hängt in starkem Maße von den Zielen ab, die mit der Lehre verfolgt werden. Und diese Ziele können vielfältig sein. Diese Vielfalt rührt nicht zuletzt auch daher, dass nicht nur Interessengruppen, die häufig auch die Finanziers von Bildungseinrichtungen sind, ihre Interessen bezüglich der Lehre von diesen Einrichtungen verwirklicht sehen wollen, sondern auch daher, dass innerhalb der Einrichtungen selbst häufig unterschiedliche Zielvorstellungen aufeinander prallen. So können innerhalb einer Einrichtung gleichzeitig die Zielvorstellungen von Ausbildung als einer arbeitsmarktbezogenen Qualifikation sowie einer eher aufklärerisch, humanistisch orientierten Bildung verfolgt werden. Mehr noch als die Vorstellungen der Lehrenden sind jedoch für die meisten Bildungseinrichtungen die Ziele relevant und bestimmen Form und insbesondere auch die Inhalte der Lehre, die die für sie relevanten Stakeholder formulieren. So wird eine Corporate University ihre Lehrinhalte nach den Interessen der Muttergesellschaft auswählen und eine Weiterbildungseinrichtung ihr Angebot nicht zuletzt danach ausrichten, welche Bildungsinhalte aktuell von Unternehmen oder von staatlicher Seite gefordert und gefördert werden.

- Ungeachtet der bereits genannten Aspekte besteht ein grundlegendes Problem bei der Beurteilung der Effektivität von Lehre darin, dass sie – unabhängig davon, ob sie Bildung oder Qualifikationen vermitteln soll – immer nur in der Gegenwart beurteilt werden kann, ihre Wirkung sich aber erst in der Zukunft entfaltet. Schließlich werden durch Lehre Handlungspotenziale erzeugt, geweckt oder beeinflusst, die sich erst in der Zukunft auswirken können und deren Angemessenheit durch die dann existierenden Rahmenbedingungen beeinflusst werden wird. Weder die spätere Entfaltung der angelegten Potenziale noch deren künftige Angemessenheit steht zum Zeitpunkt der Beurteilung fest und kann deshalb in der Regel auch nicht sinnvoll prognostiziert werden.

- Eine zusätzliche Komplikation erfährt die Anwendung der Konzepte Effizienz und Effektivität dadurch, dass ihr Verhältnis zueinander relativ unklar ist. Während sie auf der einen Seite weitgehend unabhängig voneinander zu sein scheinen – so kann man ineffektives sehr effizient erledigen und effektives uneffizient –, wird in der aktuellen Diskussion Effizienz, insbesondere ökonomische Effizienz bzw. das, was von relevanten Stakeholdern für ökonomisch effizient gehalten wird, teilweise zum Maßstab für Effektivität erhoben (HAUNSCHILD 2001, 95). Schließlich kann man auch argumentieren, dass Effektivität der Effizienz übergeordnet ist, da die Bereitstellung eines von den Nachfragern bzw. den Finanziers akzeptierten Angebotes die Grundvoraussetzung dafür ist, dass man mit einer effizienten Angebotserstellung überhaupt Einnahmen erzielen kann.

- Und also ob, die Verhältnisse nicht schon verwickelt genug wären, zeigt sich auch, dass die Beantwortung der Frage, ob Instrumente, die im Rahmen des (strategischen) Managements von Bildungseinrichtungen zur Steigerung der Effektivität und der Effizienz eingesetzt werden – wie beispielsweise die Steuerungsinstrumente des Neuen Steuerungsmodells – effektiv sind, stark von den individuellen bzw. organisational-strukturell geprägten Interessen der jeweils Befragten abhängt: „Offensichtlich ist es nicht dasselbe, ob man leistungsbezogener Mittelverteilung generell eine Wirkung zuspricht oder ob man diese für die letzte Entscheidung in der eigenen Fakultät annimmt", wie ANDRES FRIEDRICHSMEIER (2012, 321) im Resümee seiner Untersuchung der Wirkung universitärer Steuerungsinstrumente schreibt.

Eingedenk der gerade geschilderten Problematiken auf die Nutzung der Konzepte Effizienz und Effektivität verzichten zu wollen, hieße jedoch, das Kind mit dem Bade auszuschütten. Die Gründe, die gegen einen solchen Verzicht sprechen, sind vielfältig:

- Beide Konzepte haben sich in der Ökonomie als sinnvoll im Umgang mit Knappheitssituationen bewährt, da ihre Anwendung – auch unabhängig von einem Streben nach Gewinnmaximierung – den Blick schärft für einen wirtschaftlichen Umgang mit und Einsatz von knappen Ressourcen. Und knapp sind die Ressourcen von Bildungseinrichtungen!
- Beide Konzepte sind bei den meisten der relevanten Stakeholdern und Finanziers von Bildungseinrichtungen anerkannt. Nachdem Unternehmen sich seit langem in ihrem Handeln nach diesen Konzepten richten – oder ihr Handeln zumindest so in der Öffentlichkeit legitimieren –, haben sie in jüngerer Vergangenheit auch im Bereich der öffentlichen Verwaltung und der Politik im Rahmen des neuen Steuerungsmodells (New Public Management) Einzug gehalten und finden dort Anerkennung. Bildungseinrichtungen, die ihre strategischen Ziele mit Effizienz- und Effektivitätsüberlegungen motivieren können, werden deshalb zumindest auf dieser Ebene weniger Legitimationsprobleme haben.
- Beiden Konzepten ist trotz der scheinbar klaren Zielrichtungen eine gewisse Offenheit zu eigen, wie die obigen Ausführungen gezeigt haben. Diese Offenheit oder auch Unklarheit braucht nicht nur als problematisch verstanden zu werden, sondern kann auch ein Vorteil sein. Erlaubt sie es doch den Einrichtungen, diese Konzepte innerhalb eines bestimmten Rahmens nach den jeweiligen Gegebenheiten zu füllen, ohne dabei zwangsläufig einförmig zu werden. Das heißt, dass trotz vergleichbarer (Ober-)Ziele von Strategien die individuelle Profilierung von Einrichtungen möglich bleibt.

Was zu tun ist, ist die beiden zentralen Begriffe in dem eingangs dieses Abschnittes angeführten Zitat von Sloan mit Inhalt zu füllen, nämlich die Fragen zu beantworten, was für eine Bildungseinrichtung der „return on capital" ist, der erhalten werden soll, und was das Kapital ist, das investiert wurde bzw. investiert werden soll. Wie die vorangehenden Ausführungen gezeigt haben, haben die relevanten Stakeholder und Finanziers von Bildungseinrichtungen bei der inhaltlichen Bestimmung in der Regel großen Einfluss, doch sollte nicht vergessen werden, dass Bildungseinrichtungen immer auch als Experten in eigener Sache auftreten können und selbst eine gewisse Definitionsmacht bezüglich der hier angesprochenen Fragen haben – sei es nun als Gruppe, wenn sich beispielsweise die Hochschulrektorenkonferenz in bildungspolitische Auseinandersetzungen zur Qualität der Lehre einschaltet, oder als einzelne Einrichtung, die in Kooperation mit einem Geldgeber Ziele und Maßstäbe für ein Lehrprogramm entwickelt, an die sie sich später halten muss.

Deutlich geworden ist auch, dass eine Orientierung an Effizienz- und insbesondere Effektivitätszielen sich nicht auf die Betrachtung von leicht messbaren Größen – wie Kosten der Lehre und Absolventenzahlen – beschränken kann. Sie muss allgemeinere bildungspolitische Ziele mit berücksichtigen (Abs. 1.3; 1.7.2), will sie den Anforderungen der relevanten (politischen) Stakeholdern gerecht werden, und sie muss auch das Selbstverständnis derjenigen treffen, die die Strategien mit Leben füllen und ausführen sollen: der Lehrenden. Dies ist nicht zu verstehen als Appell für eine ethisch oder politisch begründete Ausweitung des Zielraumes von Bildungseinrichtungen, sondern als Hinweis auf die Notwendigkeit der Berücksichtigung auch solcher Ziele zum Zwecke der Steigerung von Effizienz und insbesondere Effektivität. Der Urheber des sogenannten Stakeholder-Ansatzes im strategischen Management, FREEMAN, auf den ein Teil der vorangehenden Überlegungen zurückgeht, drückt dies so aus:

„It is very easy to misinterpret the foregoing analysis as yet another call for corporate social responsibility or business ethics. While these issues are important in their own right, enterprise level strategy is a different concept. We need to worry about enterprise level strategy for the simple fact that corporate survival depends in part on there being some 'fit' between the values of the corporation and its managers, the expectations of stakeholders in the firm and the societal issues which will determine the ability of the firm to sell its products". (FREEMAN 1984, 107).

2.3 Marktorientierte Ansätze

Gegenstand der in diesem Abschnitt behandelten Ansätze strategischen Managements ist die Erklärung der Existenz von Wettbewerbsvorteilen bei Organisationen. Es handelt sich dabei um Versuche, Gründe dafür zu finden, dass manche Organisationen auf dem Markt größeren Erfolg haben und einen höheren Gewinn erzielen als andere. Aus diesen Erklärungen werden allgemeine Handlungsempfehlungen abgeleitet, die Organisationen befähigen sollen, möglichst zielgerichtet wirksame Wettbewerbsstrategien zu entwickeln. Die zunächst dargestellten marktorientierten Ansätze sehen die Quelle von Wettbewerbsvorteilen vornehmlich in der Positionierung einer Organisation auf den Märkten, auf denen sie agiert und abstrahieren dabei weitgehend von den Gegebenheiten und Prozessen innerhalb der Organisation.

Nach der Skizzierung der Grundgedanken der marktorientierten Ansätze werden einige Überlegungen bezüglich potenzieller Marktstrategien von Bildungseinrichtungen angestellt.

2.3.1 Grundzüge der marktorientierten Ansätze

Die marktorientierten Ansätze gehen zurück auf wettbewerbstheoretische Analysen, die beginnend in den dreißiger Jahren vornehmlich in der zweiten Hälfte des 20. Jahrhunderts angestellt werden. Auf der amerikanischen Seite sucht der Wettbewerbstheoretiker BAIN die Gründe dafür, dass Unternehmen eine Vormachtstellung auf Märkten erlangen können und sich gegen neue Wettbewerber schützen können, in Deutschland widmet sich KANTZENBACH den Möglichkeiten, in vermachteten Märkten einen funktionsfähigen Wettbewerb zu erzeugen bzw. aufrecht zu erhalten.

Während KANTZENBACHS Arbeiten zur „Funktionsfähigkeit des Wettbewerbs" (1967) prägend für die bundesdeutsche Kartellgesetzgebung werden, begründen BAINS Analysen zur „Industrial Organization" (1968) eine bis heute andauernde Tradition der Marktanalyse – in Deutschland auch unter dem Namen Industrieökonomik bekannt –, die nach Gründen fragt, warum Unternehmen auf einem Markt über unterschiedliche wirtschaftliche Macht verfügen, und die daraus die für die Unternehmen resultierenden Handlungsspielräume zu erklären sucht.

Die Industrial Organization analysiert aus volkswirtschaftlicher Perspektive die gesamtwirtschaftlichen Wohlfahrtswirkungen. In den achtziger Jahren greift ein anderer Autor, MICHAEL PORTER, diese Überlegungen auf und wählt einen anderen Blickwinkel: den des einzelnen Unternehmens. Was potenziell schädlich für den Wettbewerb ist, kann nützlich für das einzelne Unternehmen sein: Die Möglichkeit, sich vor neuen Konkurrenten zu schützen und bei eingeschränkter Konkurrenz höhere Gewinne zu erzielen, mag für die Wohlfahrt einer Volkswirtschaft problematisch sein, ist aber durchaus wünschenswert für das einzelne Unternehmen. Insbesondere mit seinen Büchern über Wettbewerbsstrategie (1983) und Wettbewerbsvorteile (1986) wird PORTER in Praktikerkreisen bekannt und begründet mit dem Market-Based-View einen maßgeblichen Ansatz strategischen Managements.

Der Market-Based-View erklärt Wettbewerbsvorteile über die Positionierung von Unternehmen auf den Märkten, auf denen sie agieren und hat dabei insbesondere den Aufbau von Marktbarrieren im Blick, die die einmal erreichte Marktposition sichern und potenzielle Konkurrenten am Eintritt in den Markt hindern.

Den Markt – und damit auch die Konkurrenten eines Unternehmens – bestimmt der Ansatz aus der Sicht des potenziellen Abnehmers der Güter oder Leistungen des Unternehmens. Die Güter und Leistungen, die die potenziellen Abnehmer als vergleichbar bzw. als Substitute betrachten, werden auf einem Markt gehandelt. Als Maßstab für das Ausmaß, in dem Güter und Dienstleistungen von den Abnehmern als Substitute betrachtet werden, wird auf die Kreuzpreiselastizität der Angebote zurückgegriffen. Unter der Kreuzpreiselastizität zweier Produkte wird das Verhältnis der relativen Preisänderung eines Produktes zur relativen Nachfrageänderung nach dem zweiten Produkt verstanden. Wenn beispielsweise eine Bildungsorganisation die Gebühren für ein bestimmtes Kursangebot erhöht und dadurch die Nachfrage nach einem anderen Bildungsangebot einer zweiten Bildungseinrichtung steigt, so werden die beiden Bildungsangebote von den potenziellen Kunden offensichtlich als Substitute angesehen und die beiden Bildungseinrichtungen sind mit diesen Angeboten Konkurrenten auf einem Markt.

Deutlich wird, dass eine Bildungseinrichtung mit ihren Angeboten auf höchst unterschiedlichen Märkten agieren und es dementsprechend gleichzeitig auch mit sehr unterschiedlichen Konkurrenten zu tun haben kann. So konkurriert eine Volkshochschule ggf. bei den Kursangeboten zu Gesundheitsfragen mit Angeboten von Krankenkassen, Sportvereinen oder Familienbildungsstellen, während ihre Konkurrenten bei Sprachkursen möglicherweise eher im Bereich der kommerziellen Sprachschulen zu finden sind. Dies bedeutet auch, dass eine Markt- und Konkurrentenanalyse nicht einfach auf der Basis der Annahmen der Organisationsleitung vorgenommen werden kann, sondern die Abnehmer der Leistung über ihre Reaktionen auf Veränderungen in der Angebotsstruktur oder in Teilnehmergebühren definieren, auf welchen Märkten sich eine Bildungseinrichtung mit welchen Angeboten bewegt und wer die relevanten Konkurrenten für die jeweiligen Angebote sind.

Märkte und ihre Gestalt werden im Rahmen der Industrial Organization vornehmlich nach folgenden Gesichtspunkten unterschieden (BAIN 1968, 27 ff.):
- dem Grad der Anbieterkonzentration,
- dem Grad der Produktdifferenzierung und
- der Höhe der Marktbarrieren.

Die Anbieterkonzentration auf einem Markt ist vornehmlich deswegen wichtig, weil bei einer höheren Anbieterkonzentration der Anreiz für den einzelnen Wettbewerber steigt, mit seinen Konkurrenten zu kooperieren, um gemeinsam einen profiterhöhenden ‚Industriepreis', der einem monopolistischen Preis entspricht oder sich zumindest diesem annähern kann, und entsprechende Produktionsmengen festzulegen. Parallel sinkt für den einzelnen Wettbewerber der Anreiz, durch eigenständige Wettbewerbspolitik eine Vergrößerung des eigenen Marktanteils und Gewinns anzustreben, die bei gesättigten Märkten nur auf Kosten der Konkurrenten gehen können. Vereinfacht wird ein solches Vorgehen dadurch, dass es in einer kleineren Gruppe prinzipiell einfacher ist, Vereinbarungen über kollusives, d.h. wettbewerbsbehinderndes, abgestimmtes Verhalten (offener oder stiller Natur) zu treffen und durchzusetzen. Mit sinkender Anzahl der Anbieter steigt ferner die Gefahr, dass erfolgreiche, eigenständige Wettbewerbsmaßnahmen, die einzelne Unternehmungen z.B. zur Steigerung ihres Marktanteils vornehmen, von den Konkurrenten bemerkt werden und zu Vergeltungsmaßnahmen führen.

Durch Produktdifferenzierung können sich Unternehmen für bestimmte Produkte quasi eigene Märkte schaffen, wenn es ihnen gelingt, ein Produkt in den Augen der potenziellen Abnehmer so erscheinen zu lassen, dass es wenig oder keine Konkurrenzprodukte mehr hat. Solche Alleinstellungsstrategien geben den Unternehmen die Möglichkeit höhere Preise als in einer Wettbewerbssituation zu verlangen. Produktdifferenzierungen lassen sich in der Regel auf vier Ursachen zurückführen:

1. Unterschiede in Gestaltung und Qualität der Produkte.
2. Mangelnde Kenntnis relevanter Qualitätsmerkmale eines Produktes auf Seiten der Käufer, die häufig dazu führt, dass diese sich auf die Reputation des Produktes oder seines Herstellers verlassen.
3. Marketing- und Werbeanstrengungen der Anbieter, die auf den Aufbau von Produkt- oder Markenpräferenzen abzielen. Solche Anstrengungen findet man in besonders großen Ausmaß (und mit besonders großen Erfolgschancen) bei Prestigegütern, also Gütern, deren Qualität in den Augen der Käufer zum großen Teil daher rührt, dass der Besitz solcher Güter mit einem gewissen Prestige verbunden ist; häufig allein deshalb, weil man weiß, dass diese Güter vergleichsweise teuer sind.
4. Die geographische Verteilung der Anbieter, wenn sie dazu führt, dass die Käufer zu den unterschiedlichen Anbietern unterschiedliche Distanzen zu überwinden haben.

Es deutet sich an, dass Bildungseinrichtungen angesichts der bereits mehrfach erwähnten Qualitätsunsicherheiten auf Seiten der potenziellen Lernenden über eine entsprechende Vermarktung ihrer Bildungsangebote und den Aufbau einer angebots- oder einrichtungsbezogenen Reputation Produktdifferenzierungsvorteile aufbauen können. Diese gewähren ihnen nicht nur einen größeren Spielraum bei der Preisgestaltung, sondern auch einen gewissen Schutz vor weiterer Konkurrenz, da Produktdifferenzierung – wie sich gleich zeigen wird – ein wichtiger Faktor für die Existenz und Höhe von Marktbarrieren ist.

Marktbarrieren sind Barrieren, die Unternehmen zu überwinden haben, wenn sie sich auf einem Markt etablieren wollen, mit denen sie aber auch zu tun haben können, wenn sie einen Markt wieder verlassen wollen. Sie resultieren – im weitesten Sinne – aus Kostenvorteilen, die auf einem Markt etablierte Unternehmen gegenüber potenziellen Newcomern genießen. Diese Eintrittsbarrieren können sich aber auch gegen ihre Nutznießer, die etablierten Unternehmen wenden, wenn diese versuchen den Markt wieder zu verlassen. Dann werden aus den Eintrittsbarrieren häufig Austrittsbarrieren und konfrontieren die austrittswilligen Unternehmen mit zusätzlichen Kosten. Die Existenz von Marktbarrieren lässt sich auf drei Ursachen zurückführen (BÖBEL 1984, 27):

1. Etablierte Anbieter kommen häufig in den Genuss von Skalenvorteilen. Viele Kosten, die bei der Generierung des Angebots anfallen, sind in einem gewissen Rahmen von der Höhe des Absatzes und damit der Einnahmen unabhängig. Am Beispiel einer Weiterbildungseinrichtung verdeutlicht: eine – wenn auch minimale – Verwaltungsstruktur muss immer vorgehalten werden, Unterrichtsräume müssen vorhanden und bezahlt werden, eine Lehrkraft kostet gleichviel, ob sie 5 oder 15 Teilnehmern gegenübersteht, und es entstehen weitere fixe Kosten. Haben sich Anbieter auf einem Markt etabliert und verfügen über eine größere Nachfrage, können sie ihre Preise auf der Basis dieser Nachfrage kalkulieren und ihre fixen oder quasi-fixen Kosten auf eine größere Zahl von Teilnehmern umrechnen, was pro Teilnehmer zu geringen Kursgebühren führen kann. Potenzielle Newcomer stehen vor der Schwierigkeit, mit

diesen Preisen angesichts geringer und meistens unklarer Teilnehmerzahlen konkurrieren zu müssen. Weitere Größenvorteile können sich etwa aus Marketingaktionen ergeben, die erst ab einer bestimmte Größe der Einrichtung finanzierbar sind und sich von den potenziellen Konkurrenten nur unter Aufwendung von vorfinanziertem Startkapital imitieren lassen würden.

2. Neben diesen größenabhängigen Kostenvorteilen können etablierte Anbieter auch in den Genuss absoluter Kostenvorteile kommen. Absolute Kostenvorteile sind vorhanden, wenn die etablierten Anbieter bei jedem vergleichbaren Produktionsniveau geringere Produktions- und Vertriebskosten haben als ihre potenziellen Wettbewerber. Solche Vorteile können ihre Ursache in Faktoren haben, wie

   • der exklusiven Nutzung bestimmter Verfahren und Techniken, bei Bildungseinrichtungen der alleinigen Vergabe bestimmter Zertifikate oder der Ausnutzung von Erfahrungskurveneffekten;

   • eventuellen Möglichkeiten der etablierten Anbieter benötigte Ressourcen zu günstigeren Konditionen zu beziehen als potenzielle Newcomer. Dies kann sich auch auf günstigere Kreditlinien beziehen, die etablierte Unternehmen häufig bei Banken erhalten.

   • der Knappheit bestimmter Ressourcen, die beim Markteintritt neuer Wettbewerber zu Preissteigerungen führen würden. Haben die etablierten Bildungseinrichtungen beispielsweise die auf dem Arbeitsmarkt verfügbaren Lehrkräfte für ein bestimmtes Fach weitgehend abgeschöpft, könnte ein Newcomer seine Lehrkräfte nur zu höheren Kosten (etwa aufgrund von Schulungen) bekommen.

3. Etablierte Anbieter können darüber hinaus häufig noch von Vorteilen profitieren, die aus einer vorgenommenen Produktdifferenzierung resultieren. Sie können sich in der Regel auf eine größere Bekanntheit ihres Produktes stützen, die für die Errichtung von Eintrittsbarrieren besonders hilfreich ist, wenn sie zu einer Markenloyalität (eines größeren Teiles) der Abnehmer führt. Gerade angesichts der zwangsläufigen Qualitätsunsicherheit, mit der die potenziellen Teilnehmer von Bildungsmaßnahmen bei der Wahl des Anbieters immer konfrontiert sind, kann das Vorhandensein eines bestimmtes Rufes der Einrichtung oder eines bestimmten Bildungsangebotes eine hohe Barriere für Newcomer auf dem jeweiligen Markt darstellen.

Das Auftreten der gerade skizzierten Faktoren und damit die Höhe der Markteintrittsbarrieren können von Organisationen beeinflusst werden. Wenn es ihnen gelingt, Eintrittsbarrieren zu etablieren, haben sie damit ein Mittel an der Hand, sich gegen zusätzliche Konkurrenz auf dem Absatzmarkt zu schützen oder sich sogar durch weitere Produktdifferenzierung in eine quasi monopolartige Position zu bringen. Dabei ist der Aufbau solcher Eintrittsbarrieren selbstverständlich für die etablierten Unternehmen nicht kostenlos. Er verlangt Aufwendungen für die Infrastruktur, für Marketingkampagnen zur Etablierung der Einrichtung oder des Produktes, ein Lehrangebot muss entwickelt und Lehrkräfte angeworben werden. Kurz: Der Aufbau von Eintrittsbarrieren braucht Investitionen.

Diese sind in der Regel verloren, wenn das Geschäft, die Tätigkeit, für die sie getätigt wurden, aufgegeben wird: Eine Werbekampagne zur Etablierung eines Lehrangebotes ist nichts mehr wert, wenn das Lehrangebot aufgegeben wird und die Infrastruktur zur Durchführung von EDV-Schulungen kann kaum für Sprachkurse verwendet werden. Investitionen, die so speziell sind, dass sie außerhalb des ursprünglich anvisierten Verwendungszweckes nicht oder nur sehr ineffizient nutzbar sind, werden in der Betriebswirtschaftslehre als versunkene Kosten (sunk costs) bezeichnet. Sie begründen die Existenz von Markaustrittsbarrieren (CAVES/PORTER 1976).

Marktsaustrittsbarrieren sind häufig untrennbar mit Eintrittsbarrieren verknüpft, da das, was den etablierten Bildungseinrichtungen ihre Vorteile sichert – bestimmte, spezifische Formen der Leistungserstellung, ein besonderer Ruf oder die weitgehend exklusive Verfügung über besonders qualifizierte Lehrkräfte – außerhalb des jeweiligen Marktes nur noch wenig bis gar nichts wert ist. Es lässt sich feststellen, dass Austrittsbarrieren häufig aus den Aufwendungen resultieren, die die etablierten Anbieter betreiben, um Eintrittsbarrieren zu errichten. Sie können damit dämpfend auf die Motivation wirken, Eintrittsbarrieren zu errichten, da die etablierten Unternehmungen befürchten müssen, im Falle eines Marktaustritts ihren eigenen Barrieren zum Opfer zu fallen (ebd., 45).

Wendet man diese ursprünglich aus wettbewerbstheoretischer Sicht angestellten Überlegungen nun mit dem Ziel der Gewinnmaximierung auf das einzelne Unternehmen an, wie es Michael Porter im Rahmen des Market-Based-View (PORTER 1983) tut, und fragt nach den Bedingungen und Möglichkeiten der Erlangung vorteilhafter Wettbewerbspositionen, so gelangt man zu folgenden Faktoren:
- die Position der betrachteten Organisation im Verhältnis zu ihren etablierten Konkurrenten auf dem Absatzmarkt,
- die potentielle Bedrohung dieser Position, die durch neu auf den Markt drängende Anbieter verursacht werden kann,
- das Ausmaß an Kundenmacht, dem die Organisation gegenübersteht,
- das Risiko, Wettbewerbspositionen auf dem Absatzmarkt durch die Einführung von Substituten zu verlieren, und
- das Kräfteverhältnis, das zwischen der fokalen Organisation und ihren Zulieferern besteht.

Gelingt es einer Organisation in den gerade angeführten Bereichen dominierende Positionen aufzubauen und zu verteidigen, das heißt ein Wettbewerbsversagen herbeizuführen, so wird sie ihre Wettbewerbsposition halten oder verbessern können. Die von PORTER (1983, 62 ff.) propagierten generischen Wettbewerbsstrategien (umfassende Kostenführerschaft, Produktdifferenzierung und Konzentration auf Schwerpunkte) bewegen sich innerhalb des analytischen Rahmens der Industrieökonomik, in dem sie auf die klassischen Ursachen von Marktbarrieren Bezug nehmen. So stellt das Konzept der umfassenden Kostenführerschaft nichts anderes dar als die Erzeugung von Marktbarrieren (hierzu auch PORTER 1983, 180 ff.), die auf einer Kombination von absoluten Kostenvorteilen und Skalenerträgen basiert. Produktdifferenzierungsbedingte Barrieren werden in der Industrieökonomik unter dem gleichen Namen diskutiert und die Etablierung in Wettbewerbsnischen (die Konzentration auf Schwerpunkte) stellt eine Kombination von Produktdifferenzierung und Kostenführerschaft dar (PORTER 1983, 67 f.).

Den Eintritt in eine Branche teilt PORTER (1986, 604 f.) in vier Phasen ein:
1. Voreintrittsphase: Prüfung der Branche als Eintrittsziel durch potenziellen Anbieter, Investitionen in Marktuntersuchungen, Entwicklung der Produkt- und Verfahrenstechnologie, Kontaktaufnahme zu Investitionsbanken; schwer von außen zu beobachten.
2. Eintrittsphase: Aufbau einer Ausgangsposition durch neuen Anbieter – Weiterentwicklung von Produkt- und Verfahrenstechnologie, Aufbau eines Außendienstes – Bau von Werksanlagen, Markttests, landesweite Vorstellung des Produktes.
3. Abstufungsphase: Ggf. Übergang von einer Eintritts- zu einer Langfriststrategie: Falls innerhalb einer Branche strategische Gruppen existieren, wird zunächst der Eintritt in eine Gruppe mit relativ niedrigen Barrieren vorgenommen, von dort aus kann sich der neue Anbieter dann stufenweise zur letztendlich angestrebten Gruppe vorarbeiten. Vorteile: Verteilung der Gesamtkosten und Verringerung des Risikos gegenüber dem Versuch, die letztlich angestrebte Position in einem Schritt einzunehmen.
4. Nacheintrittsphase: Übergang zu Investitionen, die die erreichte Marktposition erhalten und verteidigen sollen.

Im Laufe dieses Prozess werden die eintrittsspezifischen – mehr oder weniger irreversiblen – Investitionen des neuen Anbieters immer mehr zunehmen und damit auch seine Marktaustritts- und Schrumpfungsschranken (ebd., 606).

Aus der Sicht des etablierten Anbieters empfiehlt Porter unterschiedliche Maßnahmen, je nachdem, ob bereits vor Markteintritt eines neuen Konkurrenten die Bereitschaft zur Verteidigung der erreichten Position signalisiert werden soll oder ob es sich um Verteidigungsmaßnahmen handelt, die nach erfolgtem Markteintritt des Konkurrenten stattfinden.

In den Bereich der pre-entry Maßnahmen, die ein Commitment zur Vergeltung signalisieren sollen, gehören folgende von PORTER (ebd., 618 ff.) genannten Maßnahmen:
- öffentliches Signalisieren der Vergeltungsbereitschaft, z.B. durch Kundgabe der Absicht Kapazitätsausweitungen vorzunehmen,
- öffentliches Signalisieren entstehender Barrieren, z.B. durch Vorankündigung neuer Produktgenerationen oder Verfahrenstechnologien,
- Errichten von Riegelstellungen in Bereichen, die für die Rentabilität des neuen Anbieters relevant sind (Die Vergeltungsmaßnahme für den Marktzutritt eines Herausforderers wird auf einem anderen (gemeinsamen) Produkt- oder Regionalmarkt durchgeführt, auf dem idealer Weise der Herausforderer einen großen Teil seiner Profite erwirtschaftet, während die Bedeutung dieses Marktes für das etablierte Unternehmung eher gering und sein Marktanteil eher klein ist, so dass sich Preiskämpfe zu geringeren Kosten durchführen lassen. Eine

solche indirekte Form der Vergeltung bietet nach Porter außerdem den Vorteil, dass sie nicht so leicht eskaliert wie eine direkte (ebd., 454 f., 619),

- Selbstverpflichtung auf Meistbegünstigungs- und Konkurrenzpreisklauseln oder sogar eine Unterbietung der Preise der Konkurrenz,
- Erhöhung der eigenen Austrittsbarrieren durch irreversible Investitionen,
- Akkumulation von Vergeltungsmitteln für eine prompte Reaktion, z.B. durch überschüssige Liquidität oder neue Modelle und Produktgenerationen, deren Existenz man andeutet,
- Förderung guter – das heißt nicht störender – Wettbewerber, die auch als erstes Angriffsziel des Herausforderers dienen können,
- Durchführung eines Exempels, am besten an einem ungefährlichen Herausforderer,
- Bildung von Verteidigungskoalitionen.

Als Post-entry-Maßnahmen empfiehlt PORTER (ebd., 622) schnelle und nachdrückliche Reaktionen, die zum einen den neuen Konkurrenten davon überzeugen, dass man seine Marktposition nicht kampflos räumen will, und zum anderen möglichst so schnell greifen, dass seitens des Konkurrenten möglichst wenige sunk costs einem Marktaustritt oder zumindest einem Rückzug in bereits eroberte Bereiche entgegenstehen. Exemplarisch nennt Porter folgende Vergeltungsmaßnahmen:
- Störung der Einführungs- und Testmärkte, z.B. durch Intensivierung des Marketing, Verbesserung des After-sale-Services,
- Überschlagender Einsatz, in dem während der Einführungsphase des Herausforderers eine neue Produktgeneration oder Verfahrenstechnik eingeführt wird, die den Newcomer zu weiteren Investitionen zwingen soll,
- Initiierung von Rechtsstreitigkeiten, die die Risiken und Kosten weiterer Investitionen für den Herausforderer erhöhen, z.B. Patentprozesse, kartellrechtliche Verfahren.

2.3.2 Potenzielle Marktstrategien von Bildungseinrichtungen

Auch wenn die Übertragung der Empfehlungen der marktorientierten Ansätze auf Bildungseinrichtungen angesichts der Reguliertheit und der häufig weitgehenden Finanzierung durch die öffentliche Hand problematisch erscheint, lassen sich doch einige Lehren für die Marktpositionierung solcher Einrichtungen ziehen. Dass eine solche Positionierung häufig nicht nur gegenüber den Lernenden stattfindet, sondern angesichts der in Abschnitt 1.5 dargestellten Dreiecksbeziehung auch die Finanziers mit berücksichtigen muss, ändert nichts daran.

Wie bereits ausgeführt, lassen sich auch für Bildungseinrichtungen unterschiedliche Märkte identifizieren. Sie können unter anderem nicht nur anhand der Lehrinhalte unterschieden werden, sondern auch anhand der Kosten, die sie beim Lernenden verursachen und nach der Reputation, die die jeweilige Bildungsveranstaltung genießt. Dieser Ruf kann durch bekannte Referenzkunden oder Absolventen, wie auch durch etablierte Lehrende begründet und gestärkt werden. Und so wie ein bereits im Markt für Luxusautos etablierter Hersteller auch eher neue Luxusmodelle auf den Markt bringen kann – unter anderem weil ihm von den potenziellen Kunden die Fähigkeit solche Autos zu bauen zugetraut wird –, kann ein etablierter Anbieter professioneller EDV-Schulungen auch relativ problemlos weitere Schulungen dieser Art auf dem Markt etablieren. Ein Newcomer, der zuvor in anderen Bereichen tätig war, wird es u. U. schwerer haben, in diesen Markt einzudringen.

Diese allgemein bekannten Tatbestände lassen sich mithilfe des analytischen Werkzeugs der marktorientierten Ansätze genauer fassen und auf mögliche Aktionsparameter hin untersuchen. So lassen sich die Marktzutrittsbarrieren des erwähnten Newcomers zumindest teilweise auf die diskutierten Eintrittsbarrieren zurückführen, die zum Teil von den etablierten Anbietern bewusst erzeugt, teilweise aber auch schlicht aufgrund deren Etabliertheit existieren – ein Newcomer kann beispielsweise noch keine bekannten Referenzkunden oder Absolventen haben. Er kann nun versuchen, diese Schwächen zu überwinden, indem er beispielsweise bereits vor dem Markteintritt versucht, in Vorgesprächen bekannte Kunden zu gewinnen, oder indem er bekannte Lehrende verpflichtet und dieses entsprechend vermarktet.

Eine alternative Markteintrittsstrategie ergibt sich durch die skizzierte relativ starke Differenzierung der Märkte, die häufig ineinander verwoben sind. So gibt es in fast jedem durch die angebotenen Inhalte bestimmten Weiterbildungsmarkt – den Sprachangeboten, den EDV-Schulungsangeboten etc. – Teilmärkte, die sich nach Kriterien wie dem Preis, der Art der zu erzielenden Abschlüsse oder der Frage ob es sich um Ausbildungen oder Fort- und Weiterbildungen handelt, ausdifferenzieren. Strebt eine Einrichtung den Zugang zu einem neuen Markt an – will etwa eine Sprachenschule jetzt auch EDV-Kurse anbieten – kann sie versuchen, zunächst in einen Teilmarkt einzudringen, sich dort zu etablieren und von dort aus, über weitere Teilmärkte, den anvisierten Markt zu erreichen. Die Auswahl der zunächst zu bearbeitenden Teilmärkte sollte nach Maßgabe der jeweils vorhandenen Eintrittsbarrieren erfolgen, so dass zunächst ein Teilmarkt ausgewählt wird, der über relativ niedrige Barrieren verfügt, etwa bestimmte Weiterbildungen im EDV-Bereich, um dort einen Ruf aufzubauen und Erfahrungen zu sammeln, bevor der nächste Teilmarkt angesteuert wird. Eine solche Auswahl hat nicht nur den Vorteil, dass die zunächst zu überwindenden Eintrittsbarrieren niedriger sind, sondern sie birgt auch geringere Risiken im Fall des Scheiterns der Strategie. Da den Eintrittsbarrieren meist Austrittsbarrieren entsprechen und die finanziellen Mittel, die zu ihrer Überwindung notwendig sind, häufig sunk costs darstellen, sind die Verluste bei einem eventuell wieder notwendig werdenden Marktaustritt geringer, als wenn man versucht hätte, direkt den gesamtem Markt zu erobern. Unterstützt wird ein solches Vorgehen durch die Verfahrensweisen, mit denen beispielsweise in der beruflichen Fort- und Weiterbildung Bildungsträger durch die Unternehmen ausgewählt werden. Für Personalentwicklung Verantwortliche greifen gerne auf Anbieter zurück, mit denen sie in der Vergangenheit gute Erfahrungen gemacht haben (ZIMMER/WIEBKE 2013, 18 f.; ZIMMER ET AL. 2013, 81 ff.).

Auf der anderen Seite weist die erwähnte Differenzierung von Märkten auch auf mögliche Schwierigkeiten hin, die einer Expansion von einem Teilmarkt zum nächsten entgegenstehen können. So ist ein Fremdsprachenangebot in den Augen der potenziellen Abnehmer nicht unbedingt gleich dem anderen und die Tatsache, dass sich eine Einrichtung auf einem Teilmarkt, etwa mit relativ günstigen Angeboten für Privatleute etabliert hat, heißt nicht, dass sie auch problemlos Abnehmer für Angebote im Bereich der professionellen Sprachausbildung finden wird. Einer solchen Ausweitung des Angebotes können Barrieren entgegenstehen, die im konkreten Fall analysiert und auf die zu ihrer Überwindung notwendigen Maßnahmen hin beurteilt werden müssen.

Auch in Bezug auf die Positionierung einer Einrichtung auf einem (Teil-)Markt lassen sich Hinweise aus den marktorientierten Ansätzen ziehen. Die drei von Porter propagierten strategischen Ausrichtungen können – wenn auch in unterschiedlicher Ausprägung – auch von Bildungseinrichtungen verfolgt werden.

Eine Strategie der Kostenführerschaft kann in der Regel nur von Einrichtungen verfolgt werden, bei der die Lernenden oder Dritte (etwa Unternehmen oder das Arbeitsamt) direkt für die abgenommenen Leistungen zahlen. Hierbei wird es dann nicht darum gehen, einen bestimmten Lehrinhalt möglichst günstig anzubieten, sondern es geht um das preiswerteste Angebot auf einem Teilmarkt.

Die Strategie der Produktdifferenzierung versucht wie eine Nischenstrategie, sich durch besondere Angebote oder Angebotskombinationen möglichst von der (potenziellen) Konkurrenz abzuheben, um dadurch Wettbewerbsvorteile zu erzielen, wobei die Nischenstrategie zusätzlich noch die Kostenführerschaft in einem gewählten Schwerpunkt anstrebt. Diese Strategien können in einem Qualitätswettbewerb verfolgt werden oder durch die Bereitstellung relativ einzigartiger Bildungsangebote.

Im Gegensatz zur Kostenführerschaft können diese Strategien auch Einrichtungen verfolgen, deren Finanzierung nicht direkt oder indirekt durch die Teilnehmer an den Maßnahmen erfolgt, wie Schulen und öffentliche Hochschulen. Da es bei einem reinen Qualitätswettbewerb immer Gewinner und Verlierer – qualitativ bessere und schlechtere Angebote – geben muss, bietet es sich für viele Weiterbildungseinrichtungen an, sich durch besondere Angebote bzw. Schwerpunktsetzungen von der (potenziellen) Konkurrenz abzusetzen und dann in dem neuen kleineren Feld der Wettbewerber in eine Qualitätskonkurrenz einzusteigen. Beispiele hierfür u.a. an Hochschulen sind: Studiengänge wie Sicherheitstechnik in Wuppertal oder Kulturwissenschaften in Lüneburg, Schwerpunktsetzungen wie die ökologische Ausrichtung der Wirtschaftswissenschaften in Oldenburg oder im schulischen Bereich: außergewöhnliche Lehrangebote wie Russisch-Leistungskurse oder nicht in den Bereich der Lehre fallende Angebote wie Hausaufgabenhilfen und längere Betreuungszeiten.

Die gerade genannten Strategien entfalten dabei ihre Wirkung nicht nur in Richtung der Lernenden, sondern zielen auch auf die Institutionen und Organisationen ab, die den Bestand und die Finanzierung der Einrichtung bestimmen. So wird beispielsweise die ökologische Ausrichtung der Wirtschaftswissenschaften an der Universität Oldenburg in der Forschungsevaluation der niedersächsischen Hochschulen und Forschungseinrichtungen ausdrücklich als positives Profilierungsmerkmal, das ausgebaut werden sollte, erwähnt (WKN 2002a, 23).

2.4 Ressourcenbasierte Ansätze I: Resource-Based-View

Während die marktorientierten Ansätze die Ursachen von Wettbewerbsvorteilen in der Marktpositionierung von Unternehmen sehen, führen die ressourcenbasierten Ansätze Wettbewerbsvorteile auf die unterschiedliche Ausstattung von Unternehmen mit Ressourcen zurück. Dabei ist der Ressourcenbegriff sehr weitgefasst und umfasst neben materiellen auch immaterielle Ressourcen wie Wissen, Fähigkeiten und Fertigkeiten. Diese sollen entdeckt bzw. entwickelt und dann gepflegt und ausgebaut werden. Eine Spielart des ressourcenbasierten Ansatzes, der Kernkompetenzansatz, empfiehlt Unternehmen sogar, sich in ihren Aktivitäten weitgehend auf die Kompetenzen zu beschränken, die sie zum einen besonders gut beherrschen und die sie zum zweiten von ihren Konkurrenten abheben. Bevor jedoch dieser Ansatz behandelt wird, werden zunächst die allgemeinen Grundzüge des Resource-Based-View dargestellt und im nächsten Schritt die Frage aufgeworfen, wie die strategisch relevanten Ressourcen von Bildungseinrichtungen im Sinne dieses Ansatzes bestimmt werden können.

2.4.1 Grundzüge des Resource-Based-View

Wie der Market-Based-View ist der Resource-Based-View ein ökonomisch fundierter Ansatz strategischen Managements (für eine zusammenfassende Darstellung: Foss 1997). Auch ihm liegt die alltägliche Beobachtung zugrunde, dass Unternehmen auf einem Markt in unterschiedlichem Maße erfolgreich sind. Doch er führt dies auf die Unterschiedlichkeit der Ressourcen zurück, die den Unternehmen zur Verfügung stehen. Verfügt ein Unternehmen über strategisch relevante Ressourcen und gibt es auf längere Sicht möglichst wenige – im Idealfall keine – Wettbewerber, die auch über diese Ressourcen verfügen, so die zentrale Aussage des Ansatzes, dann kann sich dieses Unternehmen auf der Basis dieser Ressourcen Wettbewerbsvorteile sichern. Diese relativ abstrakte Aussage kann man sich anhand eines Beispiels verdeutlichen:

> **Beispiel:**
> Eine Weiterbildungseinrichtung, die zentral in einer Stadt liegt und dadurch mit öffentlichen Verkehrsmitteln gut zu erreichen ist und die gleichzeitig noch über genügend Parkplätze verfügt, hat einen Standortvorteil gegenüber ihren Konkurrenten, der sie attraktiv für potenzielle Teilnehmer macht, der vermutlich selten ist – da zentrale Standorte, die sowohl an den öffentlichen Nahverkehr angebunden sind und Parkmöglichkeiten aufweisen, in den meisten Städten rar sind – und dessen Exklusivität zumindest solange geschützt ist, solange nicht eine andere Immobilie ähnlicher Lage und mit vergleichbarer Verkehrsanbindung frei und von einem Konkurrenzunternehmen gemietet wird.

Aus dieser relativ abstrakten Aussage lassen sich folgende zentrale Fragestellungen des Resource-Based-View ableiten:
- Was sind Ressourcen im Sinne des Resource-Based-View bzw. können solche sein?
- Unter welchen Bedingungen ist eine Ressource strategisch wertvoll?
- Warum sollte sie selten sein?
- Welche Faktoren können die Seltenheit auf Dauer sichern?

Was sind Ressourcen im Sinne des Resource-Based-View?
Eine Ressource kann alles sein, was auf den Erfolg eines Unternehmens Auswirkungen hat und dessen Nutzung dem Unternehmen auf Dauer möglich ist. WERNERFELT (1984, 172), ein Strategietheoretiker, definiert Ressourcen als

> „anything which could be thought of as a strength or weakness of a given firm. More formally, a firm's resource at a given time could be defined as those (tangible and intangible) assets which are tied semipermanently to the firm [...]."

Damit reicht das Spektrum, dessen, was eine Ressource sein kann, von Immobilien und den mit ihnen verbundenen möglichen Vorteilen, wie etwa einer verkehrsgünstigen Lage, über bewegliche materielle Güter und Rechte (Patente, Eigentumsrechte) bis hin zu immateriellen Gütern und Werten wie Markennamen, Reputation, Wissen oder Fähigkeiten. Auch Möglichkeiten der politischen Einflussnahme, die etwa aus guten Kontakten von Organisationsmitgliedern zu Politikern oder zur zuständigen Verwaltung resultieren, können eine Ressource des Unternehmens sein, wenn es diese Kontakte nutzen kann, um seine Wettbewerbsposition zu beeinflussen.

Relevant ist dabei weniger der Besitz einer Ressource als die Art ihrer Nutzung. Zum einen kann eine Ressource erst dann ihre Wirkung entfalten, wenn sie im Rahmen der Her- und Bereitstellung von Gütern oder Dienstleistungen genutzt wird, zum zweiten können Ressourcen meistens in unterschiedlicher Art und Weise genutzt werden. So könnte, um auf das Beispiel vom Anfang dieses Abschnittes zurückzukommen, die Bildungseinrichtung ihre vorhandenen Freiflächen auch als Grünfläche nutzen und würde durch diese andere Nutzung einen Teil ihres Standortvorteils einbüßen. Dieser Verweis auf die Relevanz der jeweiligen Nutzung einer Ressource kann auch erklären, warum Unternehmen, die mit vergleichbaren Ressourcen ausgestattet sind, durchaus unterschiedliche Erfolge im Wettbewerb haben können, denn hier zählt weniger das was (was man hat), sondern das wie (wie man es nutzt). Umgekehrt weist diese Argumentation auch daraufhin, dass es auch bei nahezu identischer Ressourcenausstattung, wie sie beispielsweise häufig bei Schulen gegeben ist, möglich ist, diese unterschiedlich zu nutzen und damit unterschiedliche Wettbewerbspositionen einzunehmen.

Unter welchen Bedingungen ist eine Ressource strategisch wertvoll?
Die betriebswirtschaftliche Antwort auf diese Frage lautet: Eine Ressource ist (strategisch) wertvoll, wenn sie es dem Unternehmen erlaubt, Erfolgsmöglichkeiten zu nutzen oder Bedrohungen aus der Umwelt zu neutralisieren (BARNEY 1992, 42). Ökonomisch werden strategisch wertvolle Ressourcen als Quellen von Renten für die Unternehmungen betrachtet. Eine ökonomische Rente erzielt die Unternehmung, wenn die Erträge aus der Nutzung der Ressourcen höher sind als die Aufwendungen, die notwendig sind, um die Kontrolle über diese Ressourcen zu erlangen. Ohne auf den Begriff der Rente genauer einzugehen, kann festgehalten werden, dass die Existenz einer Rente ein Marktversagen im neoklassischen Sinne impliziert:

Auf Märkten mit vollkommen mobilen Ressourcen und vollständig über sich und die anderen Marktteilnehmer informierten Akteuren kann es keine Renten geben. Zumindest die Erwartungen der Marktteilnehmer bezüglich der aus der Ressourcennutzung zu erzielenden Gewinne müssen voneinander abweichen; haben alle Marktteilnehmer die gleichen Gewinnerwartungen und kommt es dann doch zur Erzielung übernormaler Gewinne durch einzelne, so kann dies nur durch Glück erklärt werden.

Warum sollte eine strategisch wertvolle Ressource selten sein?
Die Forderung nach der Einzigartigkeit oder zumindest Knappheit von strategisch wertvollen Ressourcen ergibt sich zwingend aus der Forderung, Wettbewerbsvorteile aus der Nutzung der Ressource ziehen zu wollen. Ist die Ressource unter den Konkurrenten weit verbreitet, so erhöht sich die Wahrscheinlichkeit, dass auch die Wettbewerber sie in gleicher Weise nutzen, so dass bestenfalls eine Situation wettbewerblicher „Waffengleichheit" erreicht wird. Während die Kunden bzw. die Abnehmer der Leistungen von der damit meist verbundenen Erhöhung der Qualität der Produkte oder Dienstleistungen profitieren können, schaden solche Prozesse teilweise den teilnehmenden Unternehmen, da sie zwar in die Nutzung der Ressource investieren – etwa ihre Dienstleistungen erweitern –, daraus aber keinen Nutzen in der Form steigender Nachfrage und Einnahmen ziehen können, da die Konkurrenz ähnlich vorgeht. Um sicherzustellen, dass die Nutzung der Ressource dem Unternehmen auf Dauer Wettbewerbsvorteile bringt, muss daher auch ihre möglichst **exklusive Nutzung** sichergestellt werden.

Welche Faktoren können die Seltenheit auf Dauer sichern?
Ressourcen können ver- und gekauft werden. Sie können kopiert und ggf. durch andere – in ihren Auswirkungen gleichwertige – Ressourcen ersetzt (substituiert) werden. Dementsprechend kann die Forderung nach Sicherung einer möglichst exklusiven Nutzung einer Ressource durch ein Unternehmen zerlegt werden in die Anforderungen, dass die Ressource
a) möglichst immobil,
b) schwer oder gar nicht zu imitieren und
c) schwer oder gar nicht zu substituieren sein soll (BARNEY 1991, 105 ff.)

Diese Anforderungen können Ressourcen aus unterschiedlichen Gründen genügen, die nun betrachtet werden.

a) Zur Immobilität von Ressourcen

Handelbare Ressourcen können keinen nachhaltigen Wettbewerbsvorteil begründen, da jeder interessierte Konkurrent sie sich auch aneignen und damit den Wettbewerbsvorsprung des ursprünglichen Nutzers ausgleichen kann. Ausnahmen von dieser Regel sind denkbar, wenn die Aufwendungen für den Aufbau oder Erwerb der Ressource für den ersten Nutzer und den Konkurrenten, der ihn später nachziehen will, unterschiedlich sind. Dies kann eintreten, wenn die Investitionen des ursprünglichen Nutzers geringer waren als der (strategische) Gegenwert der Ressource, während das Unternehmen, das diese Erfolgsstrategie nachzuahmen versucht, nun Aufwendungen in Höhe des „wirklichen" Wertes der Ressource tätigen muss. Diese spezielle Form von First-Mover Advantages kann zum Beispiel auftreten, wenn sich Einrichtungen bestimmte, auf dem Markt unterbewertete, aber erfolgversprechende Inputfaktoren oder auch günstig gelegene Standorte sichern. Ihnen nacheifernde Konkurrenten hätten dann, nachdem der Wert dieser Ressourcen sichtbar geworden ist, höhere Aufwendungen für ihren nachträglichen Aufbau oder Erwerb zu tätigen. Das bedeutet unter anderem, dass Mitarbeiter und ihre Fähigkeiten im Prinzip keine immobile Ressource darstellen. Sie können beispielsweise von der Konkurrenz abgeworben werden. Organisational eingebettete Fähigkeiten und Kenntnisse, die nicht an eine einzelne Person gebunden sind, stellen dagegen eher immobile Ressourcen dar. In einem gewissen Rahmen können aber auch prinzipiell mobile Ressourcen, wie etwa das Wissen um bestimmte Verfahrensweisen oder Markenzeichen durch Patente, Gebrauchsmuster oder eingetragene Warenzeichen zumindest für eine gewisse Zeit gegen den unkontrollierten Transfer geschützt werden.

b) Was kann die Imitation von Ressourcen verhindern?

Selbst wenn Ressourcen immobil sind, können Wettbewerbsvorteile, die durch sie begründet sind, wieder zunichte gemacht werden, wenn es Konkurrenten gelingt, diese Ressourcen zu imitieren. Die Imitation von Ressourcen kann durch verschiedene Faktoren be- oder verhindert werden:

So benötigen viele potenziell strategisch wertvolle Ressourcen eine bestimmte Zeit zu ihrer Entwicklung und entstehen in einer pfadabhängigen Folge von Entscheidungen und Handlungen (BARNEY 1991, 107 f.): Organisationen haben eine Geschichte aus sich aufeinander beziehenden Entscheidungen und Handlungen. Diese kann über die Zeit hinweg zum Beispiel zur Herausbildung einer Organisationskultur führen, die der Einrichtung einen strategischen Vorteil beschert und kaum kopierbar ist, weil sie in der jeweiligen Geschichte der Organisation verwurzelt ist.

Gleiches kann für die Entwicklung bestimmter organisationaler Fähigkeiten und Routinen gesagt werden. Hierbei handelt es sich um Ressourcen, deren Wachstum nur im Zeitablauf möglich ist und bei denen ein Versuch der zeitlich forcierten Imitation, wenn er nicht von vornherein zum Scheitern verurteilt ist, nur durch erhöhte Aufwendungen bei sehr ungewissen Erträgen („time compression diseconomies") möglich ist (DIERICKX/COOL 1989, 1507). Der im strategischen Management zum Teil angewandte Versuch, solche Verfahrensweisen im Rahmen einer Best-Practice-Analyse zu identifizieren (Benchmarks) und zu beschreiben – also diese Verfahrenweisen imitierbar zu machen –, ist häufig deswegen nur begrenzt erfolgreich, weil die in einer Einrichtung wertvollen Routinen eines bestimmten organisationalen Umfeldes, etwa einer bestimmten Organisationskultur, bedürfen, um ihren Wert zu entfalten.

Diese soziale Eingebundenheit von Ressourcen bzw. ihre soziale Komplexität stellt einen weiteren Schutz gegen die Imitation strategisch relevanter Ressourcen dar (BARNEY 1991, 110 f.). Soziale Komplexität ist insbesondere dann gegeben, wenn nicht eine einzelne Ressource, sondern eine bestimmte Kombination von Ressourcen in ihrer Gesamtheit für die Wettbewerbsposition einer Organisation verantwortlich zu machen ist. Die Verbindung von ‚harten' Ressourcen – wie Technologien, Infrastruktur – mit „weichen" – besonderen Fähigkeiten seitens der Mitarbeiter oder bestimmten organisationalen Routinen – kann aufgrund ihrer Komplexität schwer kopierbar sein. Gleiches gilt für vorteilhafte Stakeholder-Beziehungen – etwa zu politisch relevanten Akteuren – oder informelle Kommunikationsstrukturen, die sich zum Beispiel aufgrund einer bestimmten Organisationskultur entwickelt haben. Andere Beispiele für komplexe Ressourcenkombinationen liegen in synergetischen Effekten des Zusammenspiels unterschiedlicher Bereiche einer Organisation, wenn etwa unterschiedliche Fachbereiche einer Bildungseinrichtung besonders erfolgreich kooperieren.

Ist bei den gerade genannten Imitationshindernissen sowohl den Ressourcennutzern als auch ihren Konkurrenten deutlich, welche Ressourcen(-kombinationen) den strategischen Vorteil bringen, so ist dies bei Ressourcen, die durch unklare Kausalbeziehungen geschützt werden, nicht der Fall. Hier sind Ursachen des jeweiligen Wettbewerbsvorteils nicht oder nur fragmentarisch bekannt (ebd., 109). Die Unklarheit über die kausale Beziehung zwischen den Ressourcen eines Unternehmens und ihrem Wettbewerbsvorteil kann unterschiedliche Ursachen haben, die meist in der (sozialen) Komplexität begründet liegen. Unabhängig davon, aus welchen Gründen die Kausalbeziehungen nicht bekannt sind, ist ein solcher Schutz strategisch relevanter Ressourcen aus der Sicht des strategischen Managements wenig wünschenswert. Er hat nämlich einen leicht paradoxen Charakter. Prinzipiell sind zwei Situationen denkbar:

Entweder (I) kennt nur die ressourcennutzende Organisation A die wahren Kausalbeziehungen zwischen Ressourcen und Wettbewerbserfolg und der Konkurrenz sind diese Beziehungen unklar oder (II) weder A noch die Konkurrenz kennen die Kausalbeziehungen. Im Fall (I) kann A seinen Wissensvorsprung einsetzen, um seinen Wettbewerbsvorteil auszubauen und zu sichern. Es ist aber fraglich, ob A diesen Wissensvorsprung dauerhaft für sich behalten kann. Denn, wenn die Konkurrenz weiß, dass A die Gründe für seinen Wettbewerbsvorteil kennt, könnte sie Versuche starten, sich dieses Wissen – ggf. durch Abwerbung relevanter Organisationsmitglieder oder durch sorgfältige Untersuchung von A –

anzueignen. Gelingen diese Versuche, ist der Wettbewerbsvorteil kopierbar (RASCHE/WOLFRUM 1994, 505).

Im Fall (II) ist die Heterogenität der Ressourcenausstattung und -nutzung zwar nicht durch Imitation gefährdet, könnte also für A eine Quelle nachhaltigen Wettbewerbsvorteils sein, doch kann A diesen Wettbewerbsvorteil nicht bewusst pflegen, wird ihn häufig sogar nur durch glückliche Umstände erreicht haben. Damit existiert die Gefahr der Zerstörung des eigenen Wettbewerbsvorteils durch A, da seine Aufrechterhaltung aufgrund des Unwissens um seine Gründe nur durch sture Replikation des bisherigen Handelns möglich ist. Es ist bereits fraglich, ob dies angesichts der Schwierigkeiten der Replikation von Routinen, die viel implizites Wissen beinhalten, möglich ist und nicht mangels gezielter Pflege die relevanten Ressourcen auf die Dauer einer Erosion unterliegen werden. Ändert A nun aber sein Verhalten und/oder seine Ressourcennutzung, um zum Beispiel auf Veränderungen in seiner Umwelt zu reagieren, kann es zum unintendierten Verlust des durch unklare Kausalbeziehungen gekennzeichneten Wettbewerbsvorteils kommen. Ein – wiederum konstruiertes, aber relativ realitätsnahes – Beispiel mag die potenziellen Auswirkungen unklarer Kausalbeziehungen verdeutlichen:

Beispiel:

Um Einsparungsvorgaben des Landes zu genügen, reorganisiert eine Hochschule das Beschaffungswesen in ihrer Bibliothek. Die zuvor für die Auswahl und Beschaffung von Büchern und Zeitschriften in bestimmten Themengebieten zuständigen Fachreferenten werden anderen freiwerdenden Stellen zugeteilt und die Auswahl und Beschaffung von Büchern und Zeitschriften den einzelnen Fachbereichen bzw. den Lehrstühlen übertragen. Letztere erhalten hierfür ein gesondertes Budget, das in seiner Gesamthöhe weitgehend dem entspricht, was zuvor den Fachreferenten zur Verfügung stand.

In der Folgezeit beginnt sich der Bestand der Bibliothek in seiner Qualität zu verändern. Zeichnete sich die Bibliothek zuvor durch ein breites Spektrum von Titeln aus, die weitgehend das Spektrum der aktuell in den jeweiligen Disziplinen diskutierten Themen repräsentierte, wenngleich Schwerpunktsetzungen in den Arbeitsgebieten der Lehrstühle der Hochschule existierten, verengt sich das Spektrum der Neuanschaffungen stark. Es werden nämlich von den Lehrstühlen primär Titel angeschafft, die sich im Bereich der eigenen Arbeit bewegen, während andere Themengebiete vernachlässigt werden. Viele Studierende – und zum Teil auch die Lehrenden – sehen sich zunehmend gezwungen, für weitergehende Fragestellungen auf Fernleihen zurückzugreifen.

In diesem Beispiel wurde seitens der Hochschulleitung bei der Reform des Beschaffungswesen die Verbindung zwischen der Arbeit der Fachreferenten und der Bandbreite des Bibliotheksangebotes nicht bedacht und die zu erwartende Änderung der Art der bestellten Titel bei einer Übertragung der Auswahl auf die Lehrstühle nicht berücksichtigt.

> **Einladung zum Nachdenken:**
> Kennen Sie Fälle aus Ihrer Bildungseinrichtung, in denen diese sich selbst strategisch wertvoller Ressourcen beraubt hat, weil entweder bei Entscheidungen und Reorganisationen nicht auf die möglichen Aus- und Fernwirkungen dieser Entscheidungen geachtet wurde oder weil man sich nicht darüber klar war, worauf bestimmte wertvolle Ressourcen der Einrichtung beruhen?

Ein weiterer Schutz gegen die Imitation von Ressourcen kann in der Spezifität der Güter und Investitionen („asset specificity") liegen, auf die die Unternehmung sich stützt. Dieser der Transaktionskostentheorie entstammende Begriff beschreibt den Tatbestand, dass in einer Transaktion häufig von den Vertragsparteien transaktionsspezifische Investitionen getätigt werden, die auf der einen Seite die Transaktionskosten für zumindest eine der Parteien senken, aber auf der anderen Seite aufgrund ihrer Spezifität für eine anderweitige Verwendung kaum noch zur Verfügung stehen. Somit stellen sie für den Investor versunkene Kosten dar, so dass er „is effectively ‚locked into' the transaction to a certain degree" (WILLIAMSON 1979, 240) ist. So können etwa etablierte Kooperationsbeziehungen einer Bildungseinrichtung mit Unternehmen der freien Wirtschaft, die es der Einrichtung erlauben, den Lernenden bestimmte Praktika anzubieten, auf diese Art geschützt sein. Schließlich beruhen solche Kooperationen häufig auf vertrauensvollen Beziehungen, der wechselseitigen Kenntnis der relevanten Ansprechpartner und einem geteilten Verständnis bezüglich der Ansprüche und Vorteile, die beide Kooperationspartner in der Beziehung realisieren können. Der Aufbau solcher Beziehungen bedarf in der Regel eines bestimmten Aufwandes, der nicht ohne weiteres von Konkurrenten imitiert werden kann. In Kapitel 3.2 wird dargestellt, dass gerade Organisationen, die selbst nicht über die vom Resource-Based-View geforderte quasi monopolistische Kontrolle über strategisch wertvolle Ressourcen verfügen, aus solchen Kooperationsbeziehungen strategische Vorteile ziehen können.

c) Welche Faktoren können vor der Substitution von Ressourcen schützen?

Eine weitere Bedrohung seltener Ressourcen liegt in der Möglichkeit, dass Konkurrenten Substitute für diese Ressourcen entwickeln. Wenn es dadurch der Konkurrenz möglich ist, zu ähnlichen Ergebnissen zu gelangen, wird ein auf diesen Ressourcen basierender Wettbewerbsvorteil verschwinden, sobald die Substitute zum Einsatz kommen (BARNEY 1991, 111 f.).

Die Substituierung von strategisch wertvollen Ressourcen wirkt in der Form, dass Konkurrenten sich Ressourcen erschließen oder sie entwickeln, die in ihren Auswirkungen denen der zu substituierenden gleichen. So kann eine Weiterbildungseinrichtung versuchen, den Standortvorteil, den ihr Konkurrent aufgrund des Angebotes kostenloser Parkplätze besitzt, auszugleichen, indem sie den Schulungsteilnehmern eine Erstattung der Parkgebühren anbietet. Die in einer Bildungseinrichtung auf dem guten persönlichen Kontakt von Lehrkräften beruhende Kooperation von Fachbereichen mit ihren Auswirkungen auf die Lehrangebote kann in einer anderen Einrichtung dadurch angestrebt werden, dass Curricula und Prüfungsordnungen in einer Form geändert werden, dass strukturelle Zwänge zum Angebot interdisziplinärer Lehrveranstaltungen entstehen.

Der Schutz gegen den Verlust von Wettbewerbsvorteilen durch Substitution ist relativ problematisch, da sich bei den meisten durch die Nutzung bestimmter Ressourcen generierten Vorteilen andere Ressourcen finden lassen, die entsprechend eingesetzt vergleichbare Wettbewerbsvorteile verursachen können. Weitgehend geschützt gegen Substitution erscheinen vornehmlich die Reputation und der Ruf einer Bildungseinrichtung, wenn sie zu einer Art Marke – mit der eine gewisse Einzigartigkeit verbunden wird – geworden sind, wie es bei dem MIT, der Stanford University oder der Universität in Cambridge der Fall ist. Weiter stellen Lehrende, die über einen entsprechenden Ruf verfügen, eine schwer substituierbare Ressource von Bildungseinrichtungen dar. Allerdings werden solchen berühmten Lehrenden häufig viele Positionen an anderen Bildungseinrichtungen angeboten, dass die Immobilität dieser Ressource fraglich erscheint. Und selbst wenn die Lehrkräfte nicht vollständig abwandern, werden sie häufig über Mehrfachmitgliedschaften oder Lehrtätigkeiten an unterschiedlichen Bildungseinrichtungen die Einmaligkeit der Ressource, die sie selbst darstellen, für die Einrichtungen untergraben, wie sich insbesondere bei Hochschullehrern zeigt.

In Bezug auf die Wettbewerbsfolgen sind die gerade dargestellten Eigenschaften von Ressourcen nicht gleichwertig, sondern stehen in einer hierarchischen Beziehung. Eine Ressource, die nicht strategisch wertvoll ist, braucht beispielsweise nicht darauf hin überprüft zu werden, ob sie selten oder gar schwer zu imitieren ist. Sie ist wettbewerbsneutral, kann sogar unter bestimmten Umständen einen Wettbewerbsnachteil begründen. Letzteres kann der Fall sein, wenn die Ressource bzw. ihre Nutzung sich negativ auf die Fähigkeiten des Unternehmens zur Leistungserstellung auswirkt oder sich unterhalb des in der jeweiligen Branche üblichen Niveaus befindet. So kann sich beispielsweise der schlechte bauliche Zustand von Unterrichtsräumen oder eine veraltete technische Infrastruktur als Wettbewerbsnachteil von Bildungseinrichtungen erweisen.

Ist eine Ressource ...				Ergeben sich folgende Wettbewerbsfolgen
Strategisch wertvoll	Selten	Schwer zu imitieren	Ohne Substitute	
Nein	–	–	–	Keine oder Nachteile
Ja	Nein	–	–	Parität
Ja	Ja	Nein	–	Temporärer Vorteil
Ja	Ja	Ja	Nein	Parität
Ja	Ja	Ja	Ja	Nachhaltiger Vorteil

Abbildung 8:
Ressourceneigenschaften und Wettbewerbsfolgen im Resource-Based-View
(Quelle: BARNEY 1992, 43)

Ist die Ressource strategisch wertvoll, kann man überprüfen, ob sie bei den Wettbewerbern ebenfalls verfügbar ist. Ist sie das, erübrigen sich weitere Untersuchungen hinsichtlich der Imitierbarkeit der Ressource. Gleichermaßen braucht die Substituierbarkeit einer Ressource erst dann überprüft werden, wenn sich herausstellt, dass sie schwer zu imitieren ist. Es ergibt sich damit ein Prüfschema für die einem Unternehmen zur Verfügung stehenden Ressourcen (vgl. Abb. 8), wobei jeder Ausprägung der Eigenschaften einer Ressource entsprechende Wettbewerbsfolgen zugeordnet werden können.

2.4.2 Zur Bestimmung strategisch relevanter Ressourcen in Bildungseinrichtungen

Obwohl im vorangehenden Abschnitt bereits einige Beispiele für potenziell strategisch wertvolle Ressourcen von Bildungseinrichtungen genannt wurden, soll sich in diesem Abschnitt dieser Frage noch einmal systematisch gewidmet werden. Dabei ist zunächst festzustellen, dass sich in der Literatur relativ wenige Quellen mit der Frage beschäftigen, was die strategisch wertvollen Ressourcen von Bildungseinrichtungen sind und in welchem Ausmaß sie zum Wettbewerbserfolg der Einrichtungen beitragen, obwohl der Resource-Based-View als ein sinnvoller Ansatz für das strategische Management speziell von Hochschulen angesehen wird (BUCKLAND 2009, 531 f.). Eine dieser Untersuchungen stammt von LYNCH und BAINES (2004), die der Frage nachgehen, ob sich die erhöhten öffentlichen und privaten Zuwendungen, die die Universitäten Cambridge, Warwick und das Imperial College in London in den 1990iger Jahren erhielten, durch strategisch wertvolle Ressourcen erklären lassen, die diese Hochschulen im Gegensatz zu anderen in England besitzen. Obwohl sich der Resource-Based-View von seiner theoretischen Anlage her gegen allgemein gültige Erklärungen sperrt (siehe auch weiter unten), so können die Autoren doch einige Faktoren identifizieren, die typischerweise zur Quelle strategischer Wettbewerbsvorteile für Bildungseinrichtungen (speziell Hochschulen) werden können (Abb. 9).

RBV concept	Competitive advantage	Application to university sector
Reputation	Enables an organisation to communicate favourable information about itself to its stakeholders	Important to build 'long long learning' relationships with students to recruit to courses so that they undertake studies throughout their lives. Students also become employers, donors or partners at later points in their lives. Reputation important for the development of outreach activities and for commercial and public sponsors of research.
Architecture	The network of relationships, contracts, and alliances	This parameter includes relationships developed with other higher and further education institutions, local government, funding bodies, research councils, companies and partners (commercial or charitable) for recruitment of students onto courses (teaching), research (e.g. funding councils) and outreach/commercialisation (e.g. licensing agreements).
Innovative capability	The ability to undertake totally new initiatives that go beyond the current strategy	Perhaps the most difficult resource to develop in higher education institutions because of the need to maintain quality of provision without damaging academic standards but is equally applicable to teaching (learning and development process innovations – e.g. e-learning), research (e.g. patents) and outreach/commercialisation (e.g. new commercial products and services).
Core competencies	The group of production skills and technologies that enable an organisation to provide a particular benefit to customers	This could include a number of areas: the processes underpinning teaching, learning and assessment strategies; application of theory to practical problems (vocation) either for the development of teaching or consultancy products or for research purposes; student placement or final destination placement; fund-raising and/or alumni relations.
Knowledge-based advantages	Tacit and explicit proprietary knowledge possessed by an organisation	This is likely to include frameworks and methodologies in consultancy, copyrighted material, high-value Continuing Professional Development (CPD) courses and training competencies, and intellectual property arising from research.

Abbildung 9:
Typische strategisch wertvolle Ressourcen des Resource-Based-View und ihre Anwendung auf Hochschulen.

(Quelle: Lynch/Baines 2004, 180)

Gleichzeitig betonen sie, dass es sich dabei nur um Beispiele handelt, die keine Allgemeingültigkeit besitzen: „there are no rules for riches" (LYNCH/BAINES 2004, 183). Insofern stützt ihre Untersuchung eine Erkenntnis, die sich nach dem vorangehenden Abschnitt aufdrängt, dass der Versuch, die Frage nach strategisch wertvollen Ressourcen für Bildungseinrichtungen beantworten zu wollen, ein in mehrfacher Hinsicht problematisches Unterfangen ist:

1. **Der Resource-Based-View erlaubt keine generellen Empfehlungen**
   Wie oben dargestellt, basieren Wettbewerbsvorteile nach dem Resource-Based-View auf der Unterschiedlichkeit von Unternehmen, die es ihnen erlaubt, unterschiedliche Strategien zu verfolgen. Damit sperrt sich diese Erklärung von Wettbewerbsvorteilen gegen generelle strategische Empfehlungen, wie sie beispielsweise der Market-Based-View formuliert, und verweist stattdessen auf die Notwendigkeit, das einzelne Unternehmen, die seine Situation und seine

Ressourcen zu würdigen und auf der Basis dieser Würdigung Strategien für dieses Unternehmen zu entwickeln. Dem entsprechend können im Rahmen dieses Ansatzes auch nur mehr oder weniger allgemeine Prüfschemata entwickelt werden, die im Rahmen der Analyse eines Unternehmens angewendet werden können.

2. **Es kommt nicht nur auf die Ressourcen, sondern auch auf ihre Nutzung an**
Die Verfügung über eine potenziell strategisch wertvolle Ressource sichert noch keineswegs, dass sie auch in einer Art und Weise eingesetzt wird, die strategische Vorteile generiert. Anders gesagt, liegen die Wettbewerbsvorteile einer Einrichtung häufig eher in einer speziellen Nutzung vorhandener Ressourcen begründet als in der bloßen Verfügung über die Ressourcen. Dies bedeutet zwar auf der einen Seite, dass es auch für Einrichtungen, die mit vergleichbaren Ressourcen wie ihre Wettbewerber ausgestattet sind, wie etwa Schulen, möglich ist, sich gegenüber diesen Wettbewerbern zu profilieren, indem sie ihre Ressourcen anders nutzen, erschwert aber generelle Aussagen über den strategischen Wert von Ressourcen noch weiter. Schließlich muss nun nicht mehr nur die Ressourcenausstattung und ihre situativ bedingte strategische Relevanz gewürdigt werden, sondern es stellt sich auch noch die Frage nach den unterschiedlichen Nutzungsmöglichkeiten. Diese kann ebenfalls nur in Bezug auf die konkrete Organisation – ihre Stärken und Schwächen – und ihre Umwelt beantwortet werden und deshalb kaum generell.

3. **Bildungseinrichtungen sind heterogen**
Die Formulierung allgemeiner Aussagen über strategisch relevante Ressourcen von Bildungseinrichtungen ist aber auch deswegen problematisch, weil diese Einrichtungen sehr unterschiedlich sind. Diese Unterschiedlichkeit bezieht sich auf den Typ von Bildungseinrichtung und die Form ihrer Finanzierung: Primär staatlich direkt finanzierte Einrichtungen wie öffentliche Schulen und Hochschulen stehen nicht nur – und manchmal sogar weniger – im Wettbewerb um Lernende, sondern buhlen um staatliche Unterstützung. In diesem Wettbewerb zählen häufig andere Werte und Leistungen als in einer Konkurrenz um die Gunst der Lernenden.
So enthält die Checkliste zur Evaluation der Lehre des Verbundes Norddeutscher Universitäten neben vielen Fragestellungen, die auch für die Studierenden von großem Interesse sein dürften – wie Studienzeiten, Studienkoordination und Betreuung der Studierenden – auch Aspekte, die die meisten Studierenden nur sehr mittelbar berühren, wie die Förderung des wissenschaftlichen Nachwuchses oder die Verwaltung der Lehre und Reformvorhaben (VNU 2003). Und für die Evaluation der schulischen Ausbildung führt eine Handreichung des Landesbildungsservers Baden-Württemberg unter anderem Aspekte wie die Außendarstellung der Schule oder die interne Kooperation im Lehrerkollegium auf (EIS 2014). Solche Kriterien sind jeweils zu beachten, wenn eine Ressource auf ihren strategischen Wert hin untersucht werden soll.

Ferner richtet sich die Finanzierung von Hochschulen nicht nur nach der Qualität der Lehre, sondern auch nach der Bewertung ihrer Forschungsaktivitäten, wo wieder andere Maßstäbe angelegt werden (vgl. z.B. den Kriterienkatalog der Wissenschaftlichen Kommission Niedersachen, WKN 2002b, 4 f.) Dagegen müssen teilweise oder vollständig über Teilnehmergebühren finanzierte Weiterbildungseinrichtungen ihre Einnahmen dadurch erwirtschaften, dass sie die Lernenden oder die Unternehmen, die den Lernenden die Weiterbildung finanzieren – wobei die Finanzierung über Unternehmen über 50% der Einnahmen der Weiterbildungseinrichtungen ausmacht –, zufrieden stellen. Die Kriterien, an denen sich diese Zufriedenheit bemisst, können wieder höchst unterschiedlich sein und nicht nur danach differieren, wer die Bildungsmaßnahme finanziert – Lernender oder Arbeitgeber –, sondern auch danach, welche Ziele mit der Teilnahme an der Maßnahme verfolgt werden. (Dieser Aspekt wird in Abs. 3.3 erneut aufgegriffen.)

Aber nicht nur die unterschiedlichen Typen von Bildungseinrichtungen führen dazu, dass unterschiedliche Ressourcen potenziell strategisch relevant werden können. Auch innerhalb einer Kategorie von Bildungseinrichtungen können die Bedingungen, unter denen die konkreten Einrichtungen arbeiten, so unterschiedlich sein, dass jeweils andere Ressourcen relevant werden können. Die Gründe hierfür liegen zum einen in den unterschiedlichen Anforderungen, die an Bildungseinrichtungen von politischer Seite in den einzelnen Bundesländern gestellt werden, zum anderen aber auch in dem sozialen Umfeld, in dem die einzelne Einrichtung operiert. Die Anforderungen an eine Hochschule in einem Ballungsgebiet unterscheiden sich beispielsweise von denen, mit denen eine Pendler-Hochschule im eher ländlichen Raum konfrontiert ist. Eine Schule in einem sozialen Brennpunkt und mit einem großen Anteil ausländischer Schüler sieht sich anderen Problemen und Handlungsmöglichkeiten gegenüber, als eine Schule, die in einem wohlhabenderen Vorort einer Großstadt liegt. Da aber aus diesen konkreten Anforderungen häufig auch die Chancen erwachsen, sich durch die Nutzung bestimmter Ressourcen zu profilieren, die in einem anderen Kontext weitgehend irrelevant wären, kann auch deswegen die konkrete Bestimmung potenziell strategisch relevanter Ressourcen nur durch die Analyse der einzelnen Einrichtung geschehen.

Diese Einschränkungen berücksichtigend können an dieser Stelle auch keine generellen Aussagen bezüglich der strategisch relevanten Ressourcen von Bildungseinrichtungen gemacht werden, sondern es kann nur ein erweitertes Analyseraster skizziert werden, dass die besondere Situation von Bildungseinrichtungen im Allgemeinen berücksichtigt.

Diese Situation ist gekennzeichnet durch folgende Faktoren:
- **Die unumgängliche Mitwirkung des Leistungsempfängers am Leistungserfolg**
  Wenn als die Leistung von Bildungsorganisationen die erfolgreiche Lehre betrachtet wird, hat man es mit der bei anderen Dienstleistungen eher seltenen

Erscheinung zu tun, dass nicht nur der Erbringer der Leistung für ihren Erfolg verantwortlich ist, sondern in großem Maße auch der Lernende. Er muss fähig und willens sein, das Gelehrte aufzunehmen, damit es zu einer erfolgreichen Lehre kommt. Dies führt dazu, dass bei der Ausgestaltung der Leistung nicht wie in anderen Bereichen der Wirtschaft nur mit mehr oder weniger abstrakten Modelle eines typischen Leistungsempfängers gearbeitet werden kann, sondern in der Lehre immer die konkreten Lernenden berücksichtigt werden müssen. Häufig reicht es nicht einmal aus, nur diese zu berücksichtigen, sondern es spielt auch das soziale Umfeld der Lernenden für den Lernerfolg eine gewichtige Rolle.

Bildungseinrichtungen, die Ressourcen entwickeln und einsetzen, die auf diese Bedingungen in einer Form eingehen, dass die Möglichkeiten und Chancen erfolgreichen Lernens steigen, werden damit häufig auf strategisch wertvolle Ressourcen setzen. Allerdings muss einschränkend angemerkt werden, dass der Lernerfolg je nach Interessenlage sehr unterschiedlich definiert wird (vgl. auch Abs. 1.3).

- **Das häufige Auseinanderfallen von Leistungsempfänger und Finanzier**
  Im Fall von Schulen und Hochschulen, aber auch bei der durch Arbeitgeber oder die Arbeitsagentur finanzierten Weiterbildung sind die Empfänger der Leistungslehre nicht identisch mit den Akteuren, die die Bildungseinrichtungen für die Erbringung der Leistung bezahlen. Das bedeutet für die Bildungseinrichtungen, dass sie vermehrt auf die Interessen und Anforderungen eingehen müssen, die seitens der Finanziers der Bildungsmaßnahmen formuliert werden, auch wenn diese zu Lasten der Interessen der Lernenden gehen. Diese Interessen werden zumindest in Teilen in der Regel in einer Gewährleistung des Lehrerfolgs bestehen, können aber auch darüber hinaus gehen.

  Wenn beispielsweise Hochschulen als Instrument zur Steigerung der Wettbewerbsfähigkeit eines Landes betrachtet werden, staatliche finanzierte Weiterbildungsmaßnahmen als Mittel der sozialen Befriedung eingesetzt werden oder Schulen neben der Bildung der Schüler durch längere Betreuungszeiten die Vereinbarkeit von Beruf und Familie erhöhen sollen, eröffnen solche Anforderungen den Bildungseinrichtungen Spielräume zur Profilierung, in denen sie Ressourcen nutzbringend einsetzen können, die im reinen Lehrbetrieb geringere Bedeutung hätten. Dann werden beispielsweise die Forschungsaktivitäten an einer Universität und der daraus resultierende Ruf der Einrichtung zu einem wichtigen Faktor im Wettbewerb um staatliche Zuwendungen.

  In Bildungseinrichtungen, die nicht direkt durch die Lernenden finanziert werden, können Ressourcen strategisch relevant werden, die – auch wenn sie nichts oder nur wenig mit der Lehre zu tun haben – geeignet sind, den Anforderungen und Zielvorstellungen der Geldgeber der Einrichtung zu entsprechen.

- **Eine gewisse Entkopplung von Leistungserfolg und -bezahlung**
Generell ist es im Bildungsbereich üblich, dass die Bezahlung der Leistung Lehre nicht direkt daran geknüpft ist, ob diese auch erfolgreich ist in dem Sinne, dass der Lernende auch wirklich lernt. Einige Gründe hierfür wurden bereits mehrfach erwähnt. Diese Entkopplung tritt in zwei Formen auf: Zum einen bei der staatlich finanzierten Bildung, bei der die Bildungseinrichtungen die Zuwendungen global erhalten, und zum zweiten auch bei der direkten oder indirekten Finanzierung der Bildungsträger durch die Teilnehmer an Bildungsmaßnahmen – man bezahlt einen VHS-Kurs ohne Rücksicht darauf, ob man dort etwas lernt oder nicht.

In der Regel werden aber diejenigen, die die Bildungsmaßnahmen bezahlen – sei es der Staat, Unternehmen oder auch die teilnehmende Privatperson – ein Interesse daran haben, im Vorfeld eine gewisse Sicherheit bezüglich der Güte der Leistung zu erhalten, für die sie bezahlen. Um diese zu beurteilen zu können, werden Evaluationen verwendet oder es wird auf andere Merkmale zurückgegriffen, die als Indiz für die Qualität der Leistung und damit auch den zu erwartenden Lernerfolg angesehen werden. Diese können in Zertifizierungen – etwa nach ISO 9000 ff. – bestehen oder in einem besonderen Ruf der Einrichtung, der etwa durch bekannte Absolventen oder Referenzkunden begründet sein kann, aber auch von anderen – mit der Lehre wenig zu tun habenden – Aktivitäten wie dem karitativen Engagement der Einrichtung herrühren kann.

Solche Ressourcen durch die Gewinnung von namhaften Referenzkunden oder Kooperationspartners aufzubauen bzw. weiter zu entwickeln und zu vermarkten, kann eine Investition in eine strategisch wertvolle Ressource darstellen. (Dem aufmerksamen Leser wird auffallen, dass die gerade angeführten Ressourcen bereits bei den marktorientierten Ansätzen genannt wurden. Es ist in der Tat so, dass gerade im Bereich der Produktdifferenzierung viele Ursachen von Marktbarrieren darin zu sehen sind, dass das Unternehmen über bestimmte Ressourcen verfügt.)

- **Staatliche Finanzierung und Regulierung**
Der größte Teil der Bildungseinrichtungen wird zu mehr oder weniger großen Anteilen durch den Staat finanziert. Sehr viele Bildungseinrichtungen unterliegen darüber hinaus staatlicher Regulierung. Dies schränkt den autonomen strategischen Spielraum der Bildungseinrichtungen häufig relativ stark ein. So argumentieren etwa HÖDL und ZEGELIN (1999, 352) für die Hochschulen: „Durch die bestehenden vielfältigen Reglementierungen, die kaum Spielraum für eine Gestaltung der Personalstruktur und ein Anreizsystem geben, ist es umstritten, inwiefern strategische Planung in der derzeitigen Situation notwendig ist." und führen weiter aus, dass Autonomie zur Zeit nur bei der Wahl von Forschungsschwerpunkten, Sonderforschungsbereichen und interdisziplinären Forschungsvorhaben bestehe. Diese Einschätzung ist zwar vor dem Hintergrund der Erfahrungen mit dem neuen Steuerungsmodell ein Stück weit zu relativieren, doch argumentieren auch BOGUMIL ET AL. (2013, 226), dass

zwar die Selbststeuerung von Universitäten in den letzten Jahren zugenommen habe, gleichzeitig aber die Rolle des Staates als relevante Regulationsinstanz weitgehend unverändert geblieben sei.

Trotz oder vielmehr gerade wegen der nicht nur im Hochschulbereich bestehenden Einschränkungen durch die finanzielle Abhängigkeit und Regulierung kann der politische Bereich wichtiger Impulsgeber bei der Beantwortung der Frage sein, was strategisch relevante Ressourcen für eine Bildungseinrichtung sein könnten. Zielsetzungen und (Finanzierungs-)Schwerpunkte der Bildungspolitik ändern sich. Es kann für Bildungseinrichtungen sinnvoll sein, möglichst frühzeitig auf sich abzeichnende neue Schwerpunktsetzungen zu reagieren, die dafür notwendigen Ressourcen bereitzuhalten oder zu entwickeln, um zu dem Zeitpunkt, wenn das entsprechende politische Programm offiziell in Kraft tritt, in dem dann entstehenden Wettbewerbsprozess gut aufgestellt zu sein.

Dass selbst solche relativ allgemeinen Überlegungen in der Praxis in Bildungseinrichtungen nicht immer Beachtung finden und teilweise ganz andere Kriterien Entscheidungen zugrunde liegen, die im Sinne des Resource-Based-View als strategische zu bezeichnen sind, zeigt folgende Episode:

Beispiel:
Als an einer deutschen Hochschule einer der bekanntesten Hochschullehrer eines Fachbereichs diesen über seinen Ruf an eine andere Universität informiert, werden ihm seitens des Fachbereichs nur gute Wünsche für die neue Aufgabe übermittelt. Es findet noch nicht einmal der Versuch statt, den Hochschullehrer zu Bleibeverhandlungen zu bewegen, obwohl er über seine zahlreichen Publikationen einen nicht zu unterschätzenden Beitrag zur Bekanntheit und dem Renommee des Fachbereichs leistet. Hinter vorgehaltener Hand hört man aus dem Fachbereichsrat, dass ein Hauptgrund für die Bereitschaft, den Hochschullehrer ziehen zu lassen, darin lag, dass er die politischen Verhältnisse im Fachbereichsrat gestört habe.

2.5 Ressourcenbasierte Ansätze II: Kernkompetenzen

Wenn im Zuge einer Argumentation, die die Wettbewerbsvorteile einer Organisation auf die mehr oder weniger exklusive Nutzung bestimmter Ressourcen zurückführt, dazu geraten wird, diese zu pflegen und weiter zu entwickeln, liegt der Schluss nahe, Organisationen zu empfehlen, sich in ihren Aktivitäten weitgehend auf die Bereiche zu beschränken, in denen sie über herausragende, strategisch wertvolle Ressourcen verfügen. Solche Empfehlungen formuliert der sogenannte Kernkompetenzansatz des strategischen Managements. Da seine grundlegenden Überlegungen in weiten Teilen denen des Resource-Based-View gleichen, werden im Folgenden nur die Aspekte des Ansatzes dargestellt, in denen er sich von dem ressourcenbasierten Ansatz unterscheidet.

2.5.1 Grundzüge des Kernkompetenzansatzes

Wie der Resource-Based-View erklärt der Kernkompetenzansatz des strategischen Managements Wettbewerbsvorteile von Unternehmen mit der Nutzung von strategisch wertvollen Ressourcen und insbesondere von Fähigkeiten. Der Kernkompetenzansatz geht aber in seinen Empfehlungen noch über den Resource-Based-View hinaus, wenn er Unternehmen nahe legt, sich in ihrem geschäftlichen Aktivitäten auf die Bereiche zu konzentrieren, in denen sie über herausragende Fähigkeiten verfügen – also auf ihre Kernkompetenzen –, und die anderen Tätigkeitsbereiche auf das unbedingt notwendige Maß zu reduzieren bzw. ggf. auszulagern.

Hintergrund solcher Empfehlungen ist die Überlegung, dass Wettbewerbsvorteile vornehmlich durch die Ausnutzung der jeweiligen Kernkompetenzen einer Organisation erzielt werden können. Durch Tätigkeitsbereiche, in denen die Organisation nur durchschnittliche oder sogar unterdurchschnittliche Fähigkeiten aufweist, wird es in der Regel keine Vorteile gegenüber seinen Konkurrenten erzielen können. Im Gegenteil: Da diese Bereiche häufig ineffizienter arbeiten, als es beispielsweise einer anderen auf die jeweiligen Tätigkeiten spezialisierten Organisation möglich ist, kann eine Auslagerung der Tätigkeiten durch Beauftragung einer anderen Organisation (das „Outsourcing" dieser Tätigkeiten) sogar Kosten sparen, was sich positiv auf die Wirtschaftlichkeit der auslagernden Organisation auswirkt. Kurz gesagt, wird nach der Devise verfahren: Warum sollten wir etwas selber tun, wenn wir es billiger und ggf. auch besser einkaufen können. Beispiele für eine solche Vorgehensweise finden sich in Bildungseinrichtungen in der Auslagerung von Reinigungs- und Reparaturtätigkeiten an Drittfirmen.

Doch es sind nicht nur Kostenüberlegungen, die dem Kernkompetenzansatz zugrunde liegen: Durch die Entdeckung oder ggf. Definition von Kernkompetenzen – die dann den Charakter einer strategischen Vision annehmen – soll die Fähigkeit zur unternehmensinternen Koordination und Kooperation gestärkt werden. Die Konzentration auf die Entwicklung und Förderung von Kernkompetenzen erleichtert die Zusammenführung und Abstimmung von Erkenntnissen und Aktivitäten, die in unterschiedlichen Bereichen der Organisation gewonnen bzw. unternommen werden, da sie alle in einem ersten Schritt im Hinblick auf ihren Beitrag zur Entwicklung der Kernkompetenz überprüft und später daraufhin ausgerichtet werden können. Das Risiko, von allem etwas, aber nichts richtig zu machen, wird verringert und die Chancen steigen, durch die Konzentration der Kräfte auf die Kernkompetenzen in diesen Bereichen maßgebliche Erfolge und Fortschritte zu erzielen.

Bereits hieraus wird deutlich, dass es sich bei Kernkompetenzen nicht um einzelne Produkte oder Dienstleistungen handeln kann, sondern um generelle Fähigkeiten, die es einer Organisation erlauben, eine Vielzahl von unterschiedlichen Produkten auf den Markt zu bringen, die jedoch alle in einem Bezug zu den Kernkompetenzen stehen. So kann ein Unternehmen wie Canon seine Kompetenzen im Bereich der Bildbe- und -verarbeitung nutzen, um erfolgreich so unterschiedliche Produkte wie digitale und analoge Fotokameras, Fotokopierer und Drucker auf dem Markt zu platzieren. Dabei richtet sich der strategische Wert der Kompetenzen eines Unternehmens selbstverständlich nicht nur nach den jeweiligen Fähigkeiten eines Unternehmens, sondern vor allem nach dem „vom Kunden wahrgenommenen Nutzen" (HAMEL/PRAHALAD 1995, 339): Nur wenn eine Kompetenz eine Organisation befähigt, Produkte und Dienstleistungen auf dem Markt anzubieten, die in den Augen der Nachfrager herausragende nützliche Eigenschaften haben, die sie von Konkurrenzprodukten abheben, hat diese Kompetenz auch einen strategischen Wert.

Ändern sich die Nutzenvorstellungen des Kunden, können die aktuell angebotenen Güter und Dienstleistungen diesem nicht mehr so attraktiv erscheinen. Spätestens dann ist es Zeit für die Organisation, neue Produkte auf der Basis der existierenden Kernkompetenzen zu konzipieren. Diese Neuentwicklung wird erleichtert, wenn das Unternehmen – wie im Rahmen des Ansatzes gefordert – zum einen die vorhandenen Kernkompetenzen permanent unter Berücksichtigung von Entwicklungstendenzen im technischen und sozialen Bereich weiterentwickelt hat und zum anderen auch frühzeitig neue Kernkompetenzen aufbaut, um an sich entwickelnden neuen Märkten teilnehmen zu können.

Vor dem Hintergrund dieser Notwendigkeit der permanenten Anpassung an veränderte Gegebenheiten in der Umwelt werden zunehmend die Lern- und Entwicklungsfähigkeiten von Organisationen als zentrale Kompetenzen betont. Die Entwicklungsfähigkeiten sollen sie befähigen, in durch starke Wettbewerbsintensität und kurze Produktzyklen gekennzeichneten Umwelten schnell auf sich verändernde Anforderungen zu reagieren. Sie haben vornehmlich Potenzialcharakter (zu KNYPHAUSEN-AUFSESS 1995, 95) und erlauben es einer Organisation, die Nachhaltigkeit ihres Wettbewerbsvorteils auch in instabilen Umwelten nachhaltig durch die Generierung einer Serie von temporären Wettbewerbsvorteilen zu sichern. Der Katalog der in diesem Zusammenhang genannten Kernkompetenzen beinhaltet unter anderem (ebd., 100 f.):

- Die Fähigkeit zur Integration sowohl von Kundenwissen und -bedürfnissen, wie auch von unternehmensinternen Ideen und Entwicklungen, um effektive und effizient hergestellte Güter und Dienstleistungen am Markt platzieren zu können.
- Flexibilität und die Fähigkeit (und den Willen) zu experimentieren, um sich auf der einen Seite rasch neuen Anforderungen anpassen und Fehlerquellen sowohl in der Produktgestaltung (Effektivität) als in der Herstellung des Produktes (Effizienz) auffinden zu können.
- Lern-/Innovationsbereitschaften und -fähigkeiten, die sich wiederum auf die Reflexion über die Abläufe im eigenen Unternehmen und in dessen Umwelt beziehen.
- Die Fähigkeit zur Kategorisierung und Bündelung der in den organisationalen Verfahrensweisen, Projekten und Dienstleistungen enthaltenen Kenntnisse und Fähigkeiten, um daraus organisationale Identitäten und (die Grundlagen von) Kernkompetenzen bestimmen zu können.

Besondere Aufmerksamkeit genießen in diesem Zusammenhang Fähigkeiten und Kompetenzen, die nicht nur an bestimmte Personen in der Organisation gebunden sind, sondern organisationalen Charakter haben, sich also in von konkreten Personen in der Organisation unabhängigen Verfahrensweisen, Routinen und Ablaufregeln wiederfinden. Denn während personale Wissens- und Kompetenzträger nur schwer gegen die Abwerbung durch die Konkurrenz geschützt werden können, sind organisationale Kompetenzen durch ihre soziale Komplexität, ihre Abhängigkeit von organisationsspezifischen Entwicklungspfaden, ihre häufige Nicht-Greif- und -Sichtbarkeit, kurz: ihre Einbettung in der „Tiefenstruktur" (zu KNYPHAUSEN-AUFSESS 1995, 95) der Organisation besser gegen den Verlust an Konkurrenten oder gegen Imitation geschützt. Der strategisch relevante Kern einer Organisation erscheint dann als:

> „... a pool not of tangible but of intangible resources. Capabilities, in the end, are a matter of knowledge. Because of the nature of specialization and the limits of cognition, organizations as well as individuals are limited in what they know how to do effectively. Put the other way, organizations possess a pool of more-or-less embodied ‚how to' knowledge useful for particular classes of activities." (LANGLOIS 1992, 106).

Einige Gründe für den Charme, den der Kernkompetenzansatz für Bildungsorganisationen besitzt, liegen nach diesen Bemerkungen nahe: Wissen und Lernen sind schließlich die zentralen Tatbestände, mit denen es Bildungsorganisationen in ihrem täglichen Geschäft zu tun haben. Die Anpassung an wechselnde Anforderungen der Lernenden und des gesellschaftlichen Umfeldes gehört ebenfalls zu den Herausforderungen, die Bildungseinrichtungen allein wegen ihrer Tätigkeit vertraut sind: dem Lehren, das nur unter Einbeziehung des Lernenden und seines Umfeldes möglich ist. Und die Bestimmung von Kernkompetenzen ggf. sogar eines Kerngeschäfts mit anschließender Ausrichtung der Einrichtung auf diese Kompetenzen hin, wobei nichtintegrierbare Tätigkeitsbereiche ggf. ausgelagert werden, mag mancher Leitung einer Bildungseinrichtung angesichts der inhaltlichen und qualitativen Heterogenität ihrer Einrichtung und der unterschiedlichen Anforderungen dieser Bereiche nicht nur unter Wettbewerbsgesichtspunkten verlockend erscheinen. Vor allem aber geht es bei Bildungseinrichtungen um Qualität und warum sollte sich jede Einrichtung nicht auf die Bereiche spezialisieren, in denen sie herausragende Kompetenzen hat?

Bevor wir uns der Frage der Anwendung des Kernkompetenzansatzes auf Bildungsorganisationen näher widmen, sind zunächst jedoch einige kritische Bemerkungen zu diesem Ansatz angebracht.

2.5.2 Zur Problematik des Kernkompetenzansatzes

Die Empfehlungen des Kernkompetenzansatzes sind in manchen Aspekten durchaus kritisch zu sehen. Ohne diese Kritik hier ausführlich darstellen zu können (vgl. dazu RASCHE 1994), sind doch einige kritische Bemerkungen in Bezug auf für Bildungseinrichtungen relevante Bereiche angebracht.

So können sich zum Beispiel die angestrebten Kosteneinsparungen durch Auslagerung bestimmter Tätigkeiten an Drittfirmen auf längere Sicht als trügerisch erweisen. Zwar werden beispielsweise Gebäudereinigungsfirmen, um mit den Bildungseinrichtungen ins Geschäft zu kommen, in der Regel zunächst Angebote unterbreiten, die eine Auftragsvergabe für die Bildungseinrichtung lohnend erscheinen lassen. Doch zeigt sich immer wieder, dass, wenn die entsprechende Geschäftsbeziehung einmal etabliert ist, die Preise für die Gebäudereinigung in einem Ausmaß ansteigen, dass an dauerhaften realen Einsparungseffekten für die Bildungseinrichtungen gezweifelt werden kann. Zwar könnten Bildungseinrichtungen theoretisch in solchen Situationen auf andere günstigere Angebote auf dem Markt zurückgreifen, doch ist in der Praxis das Angebot an solchen Alternativen häufig begrenzt, da zum Beispiel vor Ort nur wenige andere Anbieter existieren oder, wenn mehrere Anbieter existieren, häufig nur wenige das von den Einrichtungen geforderte Leistungsspektrum anbieten können.

Der ggf. wirtschaftlicher erscheinende Weg zurück zur Leistungserstellung durch eigene Kräfte, d.h. – um bei dem Beispiel zu bleiben – die Reinigung durch eigene Kräfte, kann auf der anderen Seite durch unterschiedliche Faktoren versperrt sein: Die damit verbundene Ausweitung der Anzahl der Stellen ist (z.B. bei den Geldgebern) nicht durchsetzungsfähig – dies gilt häufig für öffentlich finanzierte Einrichtungen –, die für die Lagerung der Gerätschaften benötigten Räume sind anderweitig belegt worden und es stehen keine weiteren Raumkapazitäten zur Verfügung oder Überlegungen zur Rückverlagerung dieses Tätigkeitsbereiches in die Organisation werden schlicht aus politischen Gründen abgelehnt. Nur am Rande sei bemerkt, dass den ebenfalls strategisch agierenden externen Anbietern solche Faktoren in der Regel bewusst sind und ihre Preisgestaltung beeinflussen.

Noch schwerwiegender erscheinen Einwände, die im Hinblick auf die logische Schlüssigkeit des Konzeptes der Kernkompetenzen erhoben werden: Eine grundlegende Anforderung an Kernkompetenzen besteht darin, dass diese die Unternehmung dazu befähigen sollen, schnell auf wechselnde Anforderungen zu reagieren (PRAHALAD/HAMEL 1990, 81). Gleichzeitig müssen die Kernkompetenzen aber, um vor der Imitation durch die Konkurrenz geschützt zu sein, möglichst tief in den Strukturen der Unternehmung verankert sein. LEONARD-BARTON (1992) teilt diese Strukturen in eine Wissens- und Fähigkeit-, eine technische, eine Management- und eine Werte- und Normen-Dimension ein. Kernkompetenzen erscheinen dann als institutionalisierte Ausprägungen der unterschiedlichen Dimensionen:

„That is, they are part of the organization's taken-for-granted reality, which is an accretion of decisions made over time and events in the corporate history [...] the technology embodied in technical systems and skills usually traces its roots back the firm's first products. Managerial systems evolve over time in response to employees' evolving interpretation of their organizational roles (GIDDENS 1984) and to the need to reward particular actions. Values bear the 'imprint' of company founders and early leaders" (ebd., 114).

Diese Kernkompetenzen können auch zu **Kernrigiditäten** („core rigidities") werden, wenn der „fit" zwischen Kernkompetenzen und Umweltanforderungen nicht mehr gegeben ist, d.h. beide nicht mehr zueinander passen. Da die Kapazitäten jeder Organisation begrenzt sind, bedeuten besondere Kenntnisse und Fähigkeiten in einem Bereich in der Regel begrenzte in den anderen. So lassen sich spezialisierte technische Systeme nur begrenzt für andere Zwecke verwenden und ein eingefahrenes Managementsystem mit seinen Führungspersönlichkeiten und der gewachsenen Wertestruktur kann aufgrund seiner „dominant logic" (PRAHALAD/ BETTIS 1986) für neue, anders geartete Aufgabenstellungen nicht geeignet sein (LEONARD-BARTON 1992, 118 ff.). Solchen Schwierigkeiten können sich beispielsweise Bildungseinrichtungen gegenübersehen, die im Bereich der traditionellen Präsenzveranstaltungen erfahren und etabliert sind und nun versuchen, E-Learning-Angebote auf den Markt zu bringen.

Solche Bildungsangebote verlangen nicht nur andere didaktische Konzeptionen und Qualifikationen seitens der Lehrenden, sondern beinhalten zum Teil auch völlig neue Anforderungen auf der Ebene des Managements der Bildungsmaßnahmen, der Betreuung der Teilnehmer und der Überprüfung des Lernerfolgs. Sollte eine Einrichtung fähig sein, die damit häufig verbundene Abwendung von den „traditionellen" Kernkompetenzen bruchlos zu vollziehen, so ließe sich das nur erklären mit einer im leitenden Management vorhandenen übergeordneten Kompetenz zur Steuerung des Einsatzes vorhandener und der Entwicklung neuer Kernkompetenzen. Diese Meta-Kompetenz muss dann aber in Abkopplung von den sozialen Strukturen der Organisation existieren, denn sonst müsste sie ähnlichen Rigiditäten wie den oben beschriebenen unterliegen. Wie es zu einer solchen Abkopplung kommen kann, wird im Kernkompetenzansatz – und auch in den anderen ressourcenorientierten Ansätzen strategischen Managements – nicht erläutert. Damit bleibt aber das zentrale Element dieser Ansätze – die intendierte Erzeugung solcher Kompetenzen – unerklärt. So stellt zu KNYPHAUSEN-AUFSESS (1995, 107) fest:

> „Kurzum, auch für die Lernfähigkeit gelten nach diesen Überlegungen offenbar die Bedingungen, die für Organizational Capabilities insgesamt erfüllt sein müssen, um einen haltbaren Wettbewerbsvorteil zu begründen: Sie lässt sich nicht in voluntaristischer Manier erzeugen, sondern entwickelt sich in einem Prozess, der schwer durchschaubar und schon deshalb gegen Imitation gesichert ist."

Eng verwandt mit dem gerade angesprochenen Problem ist ein weiteres: Die zentrale Anforderung an Kernkompetenzen – „management's ability to consolidate corporatewide technologies and productions skills into competencies that empower individual businesses to adapt quickly to changing opportunities." (PRAHALAD/HAMEL 1990, 81) – stellt mehr auf die Fähigkeit zu lernen als auf konkrete Inhalte ab. Schließlich „können umwälzende Strukturveränderungen in einer Industrie den Wert der Kernkompetenzen einer Organisation erheblich verringern" (HAMEL/PRAHALAD 1995, 320). Die Antwort, die HAMEL und PRAHALAD auf diese Herausforderung geben, heißt Antizipation. Diese soll dazu dienen, durch Rekombination vorhandener Kernkompetenzen oder den Aufbau neuer Kernkompetenzen der Organisation neue Märkte zu erschließen bzw. ihre Stellung auf bereits besetzten Märkten zu halten (ebd., 342 ff.), was also wiederum eine Meta-Kompetenz darstellt. Damit wird die Suche nach den Ursachen von Wettbewerbsvorteilen auf eine neue Ebene gehoben. So wie bislang organisationale Kompetenzen (Ebene 2) als Ursache für Wettbewerbsvorteile, die durch die Nutzung strategisch relevanter Ressourcen (Ebene 1) entstehen, herausgearbeitet wurden, erscheint nun die Meta-Kompetenz (Ebene 3) zur richtigen Anwendung dieser Kompetenzen als übergeordnete Ursache der Wettbewerbsvorteile. Die auf einer Ebene erlangten Vorteilspositionen können dann jeweils ohne weiteres durch Konkurrenten, die die Mechanismen der nächsthöheren Ebene beherrschen, zunichte gemacht werden.

Es besteht nun kein Grund zur Annahme, dass diese Kette von Erklärungen von Wettbewerbsvorteilen auf der dritten Ebene zu Ende sein sollte. Ein Konkurrent, der schneller neue Kernkompetenzen entwickeln kann oder schneller in dem Erkennen neuer Chancen ist (Ebene 4), könnte eine auf Ebene 3 erfolgreiche Unternehmung überflügeln und selbst wieder ausmanövriert werden von einer Unternehmung, die seine Fähigkeiten durch wieder andere, höherrangige organisationale Kompetenzen neutralisieren kann und so fort. Dieser Prozess, in dem organisationale Fähigkeiten einer Stufe immer zurückgeführt werden können auf Fähigkeiten einer nächsthöheren Stufe, endet prinzipiell in einem **infiniten Regress** (COLLIS 1994, 148 f.). Das bedeutet aber nach COLLIS (ebd., 150) für den Anspruch der ressourcenorientierten Ansätze, Wettbewerbsvorteile von Unternehmen erklären zu können, dass heterogene Ressourcen- oder Kernkompetenzverteilungen mit Sicherheit nicht die endgültige Erklärung sein können, denn diese lassen sich selbst wieder auf andere Erklärungen höherer Ordnung zurückführen.

2.5.3 Beschränkung auf Kernkompetenzen in Bildungseinrichtungen?

Einige Gründe, die die Anwendung des Kernkompetenzansatzes für Bildungseinrichtungen als geeignet erscheinen lassen, sind bereits am Ende des vorletzten Abschnitts (2.5.1) genannt worden. Vor dem Hintergrund der gerade genannten Problematik dieses Ansatzes können nun einige Überlegungen bezüglich der Frage angestellt werden, welche Folgen eine Beschränkung auf Kernkompetenzen für Bildungseinrichtungen haben kann.

Dazu ist zunächst zu klären, was eine **Kernkompetenzorientierung** nicht meint: nämlich eine zu enge Konzentration auf ein **Kerngeschäft**. So wie Canon mit seinen Kompetenzen in der Handhabung von Abbildungen Fotokameras, Drucker und Kopierer herstellt oder das Chemieunternehmen 3M seine Fähigkeiten im Bereich von Kunststoffbändern und Beschichtungen für Produkte wie Farbbänder, selbstklebende Notizzettel und Schutzfolien nutzt, sollte eine Kernkompetenzorientierung eine Bildungseinrichtung befähigen, eine Reihe von Dienstleistungen bereitzustellen. Beschränkt sie sich nämlich auf einen einzelnen Bereich, so läuft sie Gefahr, sich bei einer Änderung der Ansprüche und Wünsche ihrer Kunden und Stakeholder aufgrund von existierenden Kernrigiditäten nicht schnell genug auf die neue Situation einstellen zu können und dadurch Nachteile zu erleiden. Kernkompetenzen haben also einen allgemeineren Charakter, sie befähigen zur Erstellung von mehr als einem Produkt. Es geht beispielsweise nicht um die exzellente Durchführung von Französisch-Sprachkursen, sondern um die Fähigkeit, Sprachkurse allgemein in herausragender Form anbieten zu können.

Zur Identifikation von Kernkompetenzen müssen die Produkte und Verfahrensweisen der Organisation auf ihre(n) gemeinsamen Kern(e) hin analysiert werden. Es müssen Fragen gestellt werden wie: Was befähigt uns, das zu tun, was wir tun? Und in welchen Bereichen sind diese Fähigkeiten herausragend im Vergleich zu unseren Wettbewerbern?

Die Antworten auf diese Frage können darauf Hinweise geben, welche Kompetenzen in einer Einrichtung vorhanden sind. Sie können aber auch gleichzeitig darauf hinweisen, dass die sich herauskristallisierenden Kompetenzen stärker an Personen gebunden sind, als der Einrichtung unter strategischen Gesichtspunkten lieb sein kann. Wenn beispielsweise exzellente Leistungen im Bereich der Lehre primär auf konkreten Lehrpersonen beruhen, wird eine solche Kompetenz nur schlecht auf Dauer zu schützen sein. Aber auch wenn es sich um eher der Organisation zuzurechnende Kompetenzen handelt, die in diesem Prozess identifiziert werden, ist in einem zweiten Schritt zu fragen, ob sie jetzt und in Zukunft auch das Potenzial besitzen (werden), einen zusätzlichen Nutzen bei den Kunden der Einrichtung zu erzeugen.

Hier treten zwei neue Probleme auf: Zum einen haben es Bildungseinrichtungen häufig mit unterschiedlichen Kundengruppen zu tun: neben den Lernenden sind in der Regel zumindest die Geldgeber der Einrichtung zu beachten und bei vielen Einrichtungen spielt auch die Politik als Stakeholder eine Rolle. Diese Gruppen können unterschiedliche Nutzenvorstellungen haben, die bereits in der Gegenwart widersprüchlich sind. Zum zweiten reicht es nicht aus, nur die aktuellen Erwartungen der Stakeholder zu berücksichtigen, sondern es müssen, wegen der für Kernkompetenzen benötigten längeren Entwicklungszeit, auch die künftigen Erwartungshaltungen prognostiziert werden. Eine solche Prognose begründet durchzuführen, wird häufig schwer fallen. Veränderungen in den wirtschaftlichen Rahmenbedingungen, politische Umschwünge oder technologische Innovationen können die Erwartungen der unterschiedlichen Kundengruppen und damit auch den Wert von Kompetenzen sehr schnell verändern.

Weitere Schwierigkeiten tauchen auf, wenn die aktuell wertvollen Kompetenzen identifiziert sind und Vorstellungen darüber entwickelt wurden, welche zusätzlichen Kompetenzen in der Zukunft noch wertvoll sein könnten und deshalb bereits jetzt angesteuert werden sollten. Einmal bereitet allgemein die intendierte Entwicklung von Kompetenzen Schwierigkeiten – täte sie es allerdings nicht, wären diese Kompetenzen einfach durch die Konkurrenz aufzubauen und könnten keinen Wettbewerbsvorteil begründen. Zum Zweiten ist die praktische Ausführung der vom Kernkompetenzansatz geforderten Ausrichtung der Aktivitäten einer Einrichtung auf die Kernkompetenzen problematisch. Es stellen sich ggf. Fragen wie: Was bedeutet unsere Stärke im Bereich der Vermittlung naturwissenschaftlicher Kenntnisse für den Rest des Bildungsangebotes unserer Volkshochschule? Sollen wir die anderen Kursbereiche (Sprachen, Heimatkunde etc.) jetzt einschränken oder auf den naturwissenschaftlichen Bereich ausrichten? Oder müssen wir nicht noch genauer fragen, was die Ursachen dafür sind, dass wir im naturwissenschaftlichen Bereich so gut sind, um daraus für die anderen Bereiche zu lernen? Solche Fragen lassen sich kaum allgemein beantworten, sondern – wenn überhaupt – nur in Bezug auf eine konkrete Einrichtung. Dabei ist eine Übertragung von Erfahrungen problematisch: Schließlich kann auch einrichtungsintern gelten, dass das, was in einem Bereich funktioniert, aufgrund seiner sozialen Komplexität und Verankertheit in diesem Bereich in einem anderen zu unbefriedigenden Ergebnissen führt.

Die ebenfalls angesprochene Alternative der Ausrichtung aller Angebote auf die Kernkompetenzen hin stößt häufig aber auch an praktische Probleme, etwa bei dem Versuch, ein Sprachbildungsangebot naturwissenschaftlich auszurichten. Aber selbst wenn es gelingt, stellt sich die Frage, ob es sich dabei um eine längerfristig sinnvolle Strategie handelt. Schließlich kann sich der Publikumsgeschmack ändern und in Zukunft eher an anderen Angeboten interessiert sein, so dass aus der ehemals erfolgsträchtigen Kernkompetenz eine hinderliche Kernrigidität wird.

Für viele Einrichtungen – insbesondere die öffentlich finanzierten – stellen sich solche Fragen aber erst überhaupt nicht. Sie sind durch politische Lehrplanvorgaben (bei Schulen), Satzungen (z.B. bei Volkshochschulen) oder sonstige gesetzliche Regelungen in der Gestaltung ihres Lehrangebotes in einer Form festgelegt, die wenig Raum lässt für Umorientierungen im Rahmen einer Entwicklung, Pflege und Nutzung von Kernkompetenzen.

Angesichts dieser regulierten Situation gibt es Überlegungen, für Gesetzesänderungen zu plädieren, die Schwerpunktbildungen und Diversifizierungen, etwa im Rahmen der Hochschulforschung und -ausbildung (SCHIMANK 2001, 238), erlauben oder diese sogar fördern. Diesen ist entgegenzuhalten, dass die Vielfältigkeit eines (Lehr-)Angebotes selbst ein strategischer Vorteil sein kann und solche Schwerpunktbildungen, die sich nicht nur auf die Konzentration auf einzelne Fächer beziehen, sondern teilweise auf Teilgebiete eines Faches, der immer wieder betonten gesellschaftlichen Notwendigkeit zu einer breiten Ausbildung zuwiderlaufen, die sich beispielsweise in den letzten Jahren in einer zunehmenden Rücknahme der Differenzierungsmöglichkeiten in der gymnasialen Oberstufe ausgewirkt hat. Ob Lernende oder die Politik unter solchen Vorzeichen eine derartige Ausdifferenzierung der Hochschulausbildung als sinnvoll ansehen werden, was eine Voraussetzung dafür wäre, dass sie zu einem strategischen Vorteil führt, kann bezweifelt werden.

2.6 Eine sinnvolle Synthese: Markt- und Ressourcenorientierung

Es ist bereits mehrfach angeklungen, dass sich der Wert von Ressourcen nicht nur aus ihrer Nutzung heraus bestimmt, sondern auch durch ihren Verwendungszusammenhang, d.h. den Markt, auf dem sie bzw. die mit ihrer Hilfe erstellten

Güter und Dienstleistungen abgesetzt werden sollen. Auf der anderen Seite bestimmen die Ressourcen einer Organisation mit, welche Marktbarrieren sie zum Schutz seiner Wettbewerbsposition auf einem Markt einsetzen kann. Dies weist auf eine gewisse Künstlichkeit der Trennung der Ursachen von Wettbewerbsvorteilen hin, wie sie in den marktorientierten und den ressourcenorientierten Ansätzen strategischen Managements vorgenommen wird. Bedenkt man die Aktualität dieser Ansätze, ist man versucht zu bemerken: Früher war man da aber weiter! Schließlich standen am Anfang der Disziplin strategischen Managements die Business-Schools, die ihre Fallstudien anhand eines Schemas analysierten, das auf der einen Seite die Stärken und Schwächen des jeweiligen Unternehmens (Strengths & Weaknesses) beachtete und auf der anderen Seite immer auch die Chancen und Risiken (Opportunities & Threats) im Blick behielt, die der Markt bietet. Eine Strategie für das Unternehmen, so das Credo dieser Herangehensweise, kann nur bei der Berücksichtigung beider Seiten bestimmt werden. Nun lassen sich die ressourcenorientierten Ansätze und die Produkt-Markt-Perspektive in diesem SWOT-Schema relativ eindeutig der internen Unternehmensanalyse einerseits und der externen Umweltanalyse anderseits zuordnen (Abb. 10) und ihre wechselseitige Ergänzungsfähigkeit, ihre Komplementarität, zeigt sich in mehreren Aspekten.

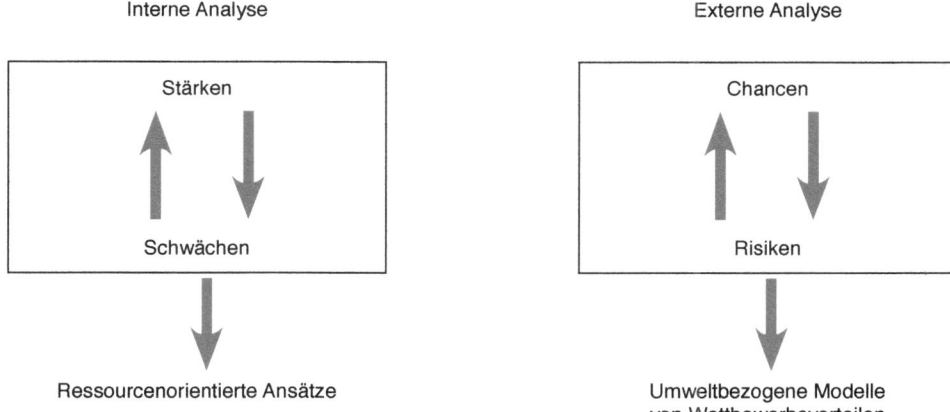

Abbildung 10:
Ressourcenorientierte und Produkt-Markt-orientierte Ansätze des strategischen Managements im SWOT-Schema
(Quelle: BARNEY 1991, 100).

Beide Schulen nutzen Marktunvollkommenheiten: Beziehen sich die marktbasierten Ansätze mehr auf die strategische Errichtung, Nutzung und Erhaltung von Unvollkommenheiten – vornehmlich in der Form von Marktbarrieren – auf den Produktmärkten, so liegt das Interesse des ressourcenorientierten Ansatzes vornehmlich in der Schaffung, Ausnutzung und Erhaltung von Unvollkommenheiten auf den Faktormärkten einer Unternehmung. Somit ergibt sich für beide Perspektiven nicht nur die bereits von WERNERFELT festgestellte jeweilige Ergänzung, dass

> „an entry barrier without a resource position barrier leaves the firm vulnerable to diversifying entrants, whereas a resource position without an entry barrier leaves the unable to exploit the barrier" (WERNERFELT 1984, 173),

sondern es findet sich auch eine Entsprechung in den eingesetzten Mitteln: In beiden Schulen werden Marktunvollkommenheiten genutzt, um strategischen Erfolg zu erzielen und zu sichern. Diese basieren in beiden Gruppen von Ansätzen auf Faktoren wie problematischer Imitierbarkeit – von Produktdifferenzierungen oder strategisch wertvollen Ressourcen –, ungleichmäßiger Information der Akteure, spezialisierten Gütern, Wechsel- und Suchkosten, Lernprozessen bei Herstellern und Verbrauchern, teamgebundene Fertigkeiten, speziellen Informationen und rechtlichen Marktzutrittsbeschränkungen.

Die beiden strategischen Schulen unterscheiden sich allerdings in der Ausrichtung der Maßnahmen, die sie zur Erreichung von Wettbewerbsvorteilen empfehlen: Die Produkt-Markt-Perspektive ist vornehmlich marktorientiert, während die ressourcenorientierten Ansätze strategische Entscheidungen stärker an den internen Ressourcen und Fähigkeiten einer Organisation ausrichten. Es finden sich im Resource-Based-View kaum Aussagen bezüglich einer etwaigen Abhängigkeit des strategischen Wertes von Ressourcen von Umwelt- oder Marktbedingungen. Verweise auf Marktbedingungen, die notwendig sind, damit aus einer einzigartigen Ressourcenausstattung ein stabiler Wettbewerbsvorteil erwächst, finden sich in den ressourcenbasierten Ansätzen nur in der Form des Hinweises auf den Kundennutzen (PRAHALAD/HAMEL 1990, 84), den eine Ressource stiften müsse. Insgesamt nimmt der Resource-Based-View insbesondere in Bezug auf den Absatzmarkt eine eher passive Position ein, während die Produkt-Markt-Perspektive sich kaum zu den strategisch notwendigen Ressourcen und Potenzialen eines Unternehmens äußert. Somit scheint im Spannungsfeld der beiden dominierenden Schulen des strategischen Managements die Frage der Orientierung mehr oder weniger zu einer Entweder-oder-Frage zu werden: Entweder orientiert sich eine Einrichtung in ihren strategischen Entscheidungen an marktlichen Gegebenheiten oder sie verlässt sich auf ihre Ressourcen(-potenziale). Angemessener erscheint es jedoch, die Chancen und Risiken auf dem Markt sowie die Stärken und Schwächen eines Unternehmens in einem gegenseitigen Konstitutionsverhältnis zu sehen – und das impliziert mehr als ein Sowohl-als-Auch.

Das rekursive Konstitutionsverhältnis lässt sich zum Beispiel feststellen in den Beziehungen der einzelnen Einrichtung zu den anderen Teilnehmern auf einem speziellen Markt und den Markstrukturen. Innerhalb eines Marktes gibt es immer nur einen bestimmten, marktspezifischen Satz von Faktoren, die Einfluss nehmen können auf die Profitabilität von Organisationen. Was die jeweiligen strategischen Marktfaktoren (AMIT/SCHOEMAKER 1993) sind, stellt sich dar als das Ergebnis der Wechselwirkungen zwischen den unterschiedlichsten Einflussgrößen, wie etwa Kunden, Zulieferern, regulierenden Institutionen, potentiellen Konkurrenten und der genutzten Technologie (AMIT/SCHOEMAKER 1993, 36 f.). Gemeinsam ist den strategischen Marktfaktoren, dass sie

a) Relevanz haben für den Erfolg einer Organisation und

b) nicht homogen innerhalb des Marktes verteilt sind

und damit zur Quelle von Profitabilitätsunterschieden werden können. Der strategische Wert der Ressourcen und Fähigkeiten einer einzelnen Organisation wird von den strategischen Marktfaktoren zumindest beeinflusst: Wandeln sich die Faktoren, so können Ressourcen und Fähigkeiten, die zuvor kaum strategische Relevanz besaßen, auf einmal wichtig werden. So werden beispielsweise im Bereich der Weiterbildung mit der zunehmenden Verbreitung des E-Learning EDV-Kenntnisse bei den Lehrenden und technische Ausstattungen für die Einrichtungen relevant, die zuvor häufig nur Bedeutung innerhalb des Lehrangebots zur Datenverarbeitung und ggf. noch in der Verwaltung hatten.

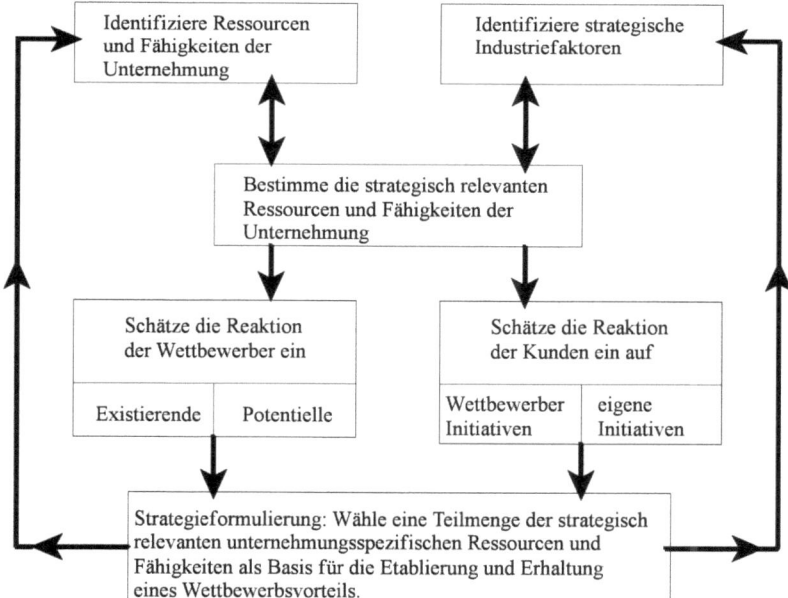

Abbildung 11:
Heuristik zur Auswahl der strategisch zu nutzenden Ressourcen und Fähigkeiten einer Unternehmung in Abhängigkeit von der Industrie
(Quelle: Schoemaker/Amit 1994, 27).

Organisationsindividuelle Entscheidungen über die strategischen Ressourcen und Kapazitäten, auf die in der Zukunft gesetzt werden soll, hängen in mehrfacher Weise von dem Markt ab, auf dem die Einrichtung agiert. In diesen Entscheidungen müssen die zu erwartenden, zukünftigen strategischen Marktfaktoren berücksichtigt werden. Es muss beachtet werden, welchen strategischen Wert die vorhandenen organisationsspezifischen Ressourcen innerhalb des neuen Sets an

Marktfaktoren haben, welche neuen Ressourcen zu entwickeln sind und mit welchem zeitlichen und finanziellen Aufwand dies verbunden ist. Schließlich ist ins Kalkül zu ziehen, dass nicht alle Konkurrenten auf die gleichen strategischen Ressourcen und Kapazitäten setzen sollten, da sonst die Erlangung individueller Wettbewerbsvorteile erschwert wird.

Letzteres impliziert aber auch die gedankliche Vorwegnahme ähnlicher Entscheidungen auf Seiten der Konkurrenz. SCHOEMAKER und AMIT (1994) haben eine spieltheoretische Heuristik entwickelt, die die obengenannten Einflussgrößen verknüpft, um aus einzelwirtschaftlicher Perspektive eine Entscheidungshilfe zu geben (Abb. 11). Gleichzeitig stellt diese aber auch ein Modell dar, das die Entstehung strategischer Marktfaktoren aus den Einschätzungen der Organisationen auf einem Markt erklären kann und damit die Schleife zwischen Marktfaktoren und Einrichtungsressourcen schließt. Verdeutlichen kann man diesen Mechanismus an einem bereits geschilderten Beispiel (vgl. Abs. 2.4.1): Sobald eine Weiterbildungseinrichtung erfolgreich damit beginnt, ihre Erreichbarkeit mit öffentlichen Verkehrsmitteln und die vorhandenen Parkmöglichkeiten in der Werbung für sich zu nutzen, legt sie den Grundstein dafür, dass diese Ressource zu einer kritischen Ressource im Rahmen der Produktdifferenzierung wird und andere Einrichtungen ebenfalls versuchen, in diesem Bereich mit ihrem Angebot gleichzuziehen. In einem bestimmten Umfang stellen die strategischen Maßnahmen von Einrichtungen also nicht nur Reaktionen auf die Anforderungen des Marktes dar, sondern gestalten ihre Rahmenbedingungen selbst. Die Tatsache, dass die Ergebnisse dieser Gestaltung nicht unbedingt den Intentionen derjenigen entsprechen, die sie angestoßen haben, ändert nichts an dieser Möglichkeit der aktiven Einwirkung.

Gerade bei Bildungseinrichtungen, die im Austausch mit sehr vielen unterschiedlichen Stakeholdern in unterschiedlichen Bereichen der Gesellschaft stehen, lässt sich gut nachvollziehen, dass Veränderungen im Bereich der Einrichtungen und die Veränderungen auf den Märkten, auf denen sie agieren, häufig in der Form einer Co-Evolution ablaufen, in der initiierende Handlung und Reaktion nicht klar bestimmten Akteursgruppen zuzuordnen sind, d.h. insbesondere die Bildungseinrichtungen nicht nur die Reagierenden sind. Zeichnet man etwa die Entwicklung des E-Learning von seinen Anfängen in den 1980er Jahren bis heute nach, so zeigt sich, dass die Entwicklung von technischen Lösungen, didaktischen Modellen und konkreten Kursinhalten nicht von einer Seite gesteuert war, sondern unter anderem im Wechselspiel zwischen EDV-Firmen, die die Software lieferten, Bildungseinrichtungen, die Inhalte und didaktische Konzepte beisteuerten und immer wieder praktisch erprobten, den Lernenden, die als Versuchskaninchen mit immer wieder neuen Lehrkonzepten und -programmen konfrontiert wurden, und der Politik, die über Forschungsprogramme die Entwicklung vorantrieb und -treibt, geschah.

Es zeigen sich an diesem Beispiel die Wechselwirkungen zwischen den Strukturen von Märkten und den Aktionen der Organisationen auf diesen Märkten, bei der die Gegebenheiten auf den Märkten Einfluss nehmen auf die Handlungen der Akteure auf den Märkten bzw. die Einrichtungen, die sich auf diese Strukturen beziehen und gleichzeitig die Einrichtungen durch ihre Handlungen eben diese

Strukturen schaffen, erhalten oder verändern. Darüber hinaus gibt es konstitutive Wirkungen zwischen den Marktstrukturen und organisationsspezifischen Ressourcen: Was eine strategisch relevante Ressource innerhalb eines Marktes sein kann, hängt unter anderem von den Spezifika des Marktes ab, und diese hängen neben technischen und rechtlichen Rahmenbedingungen von der Einschätzung der Marktteilnehmer über die potenzielle strategische Relevanz bestimmter Faktoren ab. Solche Wechselwirkungen können sich primär marktintern entfalten oder auch unter maßgeblicher Einbeziehung der Kunden bzw. weiterer Stakeholder ablaufen.

Einladung zum Nachdenken:

Die in diesem Abschnitt diskutierten Wechselwirkungen zwischen Ressourcenausstattung, dem strategischen Wert dieser Ressourcen, der Marktstruktur, der Position des Unternehmens auf dem Markt und den Nutzenvorstellungen des Kunden erscheinen zunächst vielleicht relativ akademisch. Sie entfalten aber dann praktische Wirkung, wenn ein Unternehmen sich im Rahmen seiner Strategieentwicklung seine aktuelle Position in diesem Netz von Wechselwirkungen verdeutlicht und sich auch über seine Möglichkeiten zur Einwirkung auf die unterschiedlichen Aspekte klar wird. Nicht nur bei Bildungseinrichtungen überschreitet strategisches Management dabei häufig die Grenzen zum Marketing oder etwa zur politischen Einflussnahme. In welchem Umfang spielen in Ihrer Bildungseinrichtung im strategischen Management Überlegungen bezüglich der Wechselwirkungen zwischen Ressourcenausstattung, Marktposition und Kundenerwartungen eine Rolle? Sieht sich die Einrichtung dabei Ihrer Meinung nach eher in einer passiven Rolle, die sich mit den bestehenden Verhältnissen arrangieren muss, oder werden auch Überlegungen zu den Möglichkeiten der Umgestaltung dieser Verhältnisse erwogen?

Bei Einbeziehung des Kunden zeigt sich auch die Unsinnigkeit einer Entweder-oder-Position in Bezug auf organisationale Ressourcen oder eine Marktorientierung (vgl. ZIMMER/ORTMANN 2001, 42 ff.). Es ist nicht plausibel, davon auszugehen, dass eine Organisation einen Wettbewerbsvorteil erlangen und halten kann, wenn sie nicht durch die Verfügung über entsprechende Ressourcen ihren Kunden mit ihren Produkten und Dienstleistungen einen Nutzen bietet, der über denen der Konkurrenzprodukte liegt. Der Nutzen, den ein Produkt eine Dienstleistung dem Abnehmer bringt, ist aber nur begrenzt eine Eigenschaft des Gutes selbst und in weiten Teilen das Produkt sozialer Konstruktionsprozesse und dadurch geprägter individueller Präferenzen. Wenn kostenlose Parkplätze zu einem relevanten Kriterium für die Entscheidung eines potenziellen Lernenden für oder gegen einen Anbieter werden, so dies offensichtlich mehr mit gesellschaftlich verankerten Vorstellungen bezüglich individueller Mobilität als mit der Qualität der Lehre zu tun. Und dass ca. zwei Drittel aller Studienanfänger als ausschlaggebendes Kriterium für ihre Hochschulwahl die Heimatnähe benennen, während Faktoren wie der Ruf der Hochschule und ihrer Professoren und Professorrinnen oder auch die Berufsaussichten nach dem Examen wesentlich geringer eingestuft werden (HÖDL/ZEGELIN 1999, 211), lässt sich relativ eindeutig auf die typischerweise problematische finanzielle Situation von Studierenden zurückführen.

Für das Verhältnis von markt- und ressourcenorientiertem strategischen Management bedeutet das: Eine Alternativenbildung zwischen der Erlangung einer wettbewerbsbeherrschenden Marktposition und der Konzentration auf strategisch wertvolle – weil zusätzlichen Kundennutzen stiftende – Ressourcen macht keinen Sinn, denn der strategische Wert einer Ressource kann nur unter Bezugnahme auf einen konkreten Markt und seine Strukturen bestimmt werden und die eingesetzten Ressourcen können ihrerseits wieder die Marktstrukturen und die Vorstellungen darüber, was gut und nützlich ist, beeinflussen. Man denke hier etwa an den Ruf bestimmter Bildungsangebote: Wenn ein bestimmter Ausbildungsgang etabliert ist, so wird ein prinzipiell vergleichbares, ggf. aber umfassenderes Ausbildungsangebot, das unter einem nicht etablierten Namen firmiert, häufig zumindest zunächst weniger attraktiv erscheinen, weil die Absolventen die „Nützlichkeit" ihrer Ausbildung auf dem Arbeitsmarkt stärker herauskehren müssen als Absolventen des etablierten Ausbildungsgangs. Systematisch sind bei der Erzeugung eines so verstandenen Nutzens Einrichtungen im Vorteil, die über einen relativ großen Marktanteil verfügen und deren Produkte damit über einen hohen Verbreitungsgrad und/oder Bekanntheitsgrad verfügen. Eigenschaften, die sie ihren Produkten „mitgeben", werden eher geeignet sein, soziale Praktiken und Erwartungen zu strukturieren und ihre „Nützlichkeit" zu erweisen, als wenn es sich um Anbieter mit einem relativ kleinen Marktanteil handelt. Sie werden, wenn die Ressourcen, auf denen diese Eigenschaften und ihre Wahrnehmung als nützlich beruhen, schwer zu imitieren und zu substituieren sind, zusätzliche Marktbarrieren für potenzielle Konkurrenten darstellen. Büßt ein Produkt aufgrund einer Veränderung der Vorstellung darüber, was nützlich ist, an Attraktivität für die Abnehmer ein, so werden ihm allerdings weder die einzigartigen Ressourcen noch ihre Marktposition viel nützen.

Somit können die ressourcenorientierte und die marktorientierte Perspektive im strategischen Management lernen, dass ihre jeweiligen „Erfolgsgaranten" – Erlangung schwer imitierbarer Kompetenzen für attraktive Produkte und Erlangung von Marktmacht – in einem rekursiven Konstitutionsverhältnis zueinander stehen: Eine Organisation mit einem als unattraktiv betrachteten Produkt wird schwerlich eine gute Wettbewerbsposition erlangen können. Und ohne ausreichende Verbreitung (sprich: größeren Marktanteil) läuft sie Gefahr, dass die „eigentlich" attraktiven Eigenschaften ihres Produktes von den potenziellen Abnehmern nicht als nützlich wahrgenommen werden.

Dieses rekursive Konstitutionsverhältnis macht die Bestimmung der Stärken und Schwächen bzw. der Chancen und Risiken einer Organisation zu einer nicht trivialen und häufig ebenfalls nur rekursiv lösbaren Aufgabe: Ob eine bestimmte Ressource oder Fähigkeit einer Organisation eine Stärke oder eine Schwäche darstellt, kann nur unter Berücksichtigung der wahrscheinlichen Umweltentwicklungen ermittelt werden. Gleichermaßen wird die Bewertung von Umweltentwicklungen als Chance oder Risiko die spezifischen Fähigkeiten und Ressourcen der Organisation im Blick haben müssen. Damit fehlt für eine Bewertung der eindeutige Referenzpunkt und der Versuch ihrer Durchführung erscheint vergleichbar dem Versuch, sich am eigenen Zopf aus dem Sumpf zu ziehen. In Kapitel 3.3 werden wir auf diese Problematik zurückkommen.

Fragen zum Themenbereich Grundlagen strategischen Managements

- In der Welt profitorientierter Unternehmen stellt die Erzielung von möglichst hohen Gewinnen das letztendliche Ziel strategischen Managements dar und gleichzeitig auch das Kriterium, an dem ex-post die Güte einer Strategie gemessen werden kann. Für Bildungseinrichtungen stellt sich dagegen die Frage, ob es ein so allgemeines und allgemeingültiges Ziel strategischen Managements gibt bzw. geben kann. Überlegen Sie bitte: Kann es ein solches Ziel geben und wie könnte es gestaltet sein? Wenn es ein solches gemeinsames Ziel nicht gibt – wie bestimmen sich dann die strategischen Ziele von Bildungseinrichtungen inhaltlich?
- Marktorientierte Ansätze des strategischen Managements verfolgen das Ziel, sich entweder Kostenvorteile gegenüber den (potenziellen) Konkurrenten zu verschaffen oder sich auf Teilmärkten quasi monopolartig vor der Konkurrenz abzuschotten. Will man diese Ansätze auf Bildungseinrichtungen übertragen, stellen sich einige Fragen, die hiermit an Sie, den – hoffentlich – geneigten Leser, gerichtet seien:
  - Wie kann bzw. können der Markt, auf dem sich eine Bildungseinrichtung bewegt, und ihre Konkurrenten bestimmt werden?
  - Unter welchen Bedingungen kann eine Bildungseinrichtung aus absoluten oder relativen Kostenvorteilen einen Wettbewerbsvorteil generieren und worauf können solche Kostenvorteile basieren?
  - Welche Bildungseinrichtungen besitzen die Möglichkeit der Produktdifferenzierung und wie könnte eine solche – wettbewerblich wirksame – Produktdifferenzierung aussehen?
- Ressourcenorientierte Ansätze des strategischen Managements setzen auf die Heterogenität in der Ressourcenausstattung und die Unterschiedlichkeit in der Nutzung von Ressourcen zur Erklärung strategischer Wettbewerbsvorteile. Überlegen Sie am Beispiel einer konkreten Bildungseinrichtung, ob es möglich ist auf der Basis der Verfügung bzw. Nutzungsform von Ressourcen einen dauerhaften Wettbewerbsvorteil der Einrichtung zu generieren. Welche Eigenschaften müssten die relevanten Ressourcen haben?
- Den ressourcenorientierten Ansätzen des strategischen Managements wird zum Teil vorgeworfen, dass sie zwar geeignet seien, im Nachhinein zu rekonstruieren, warum eine bestimmte Organisation strategischen Erfolg hatte, aber wenig Nutzen hätten, wenn es um die Generierung strategischer Planungen ginge. Nehmen Sie zu dieser Kritik Stellung.
- Ressourcenorientierte und marktorientierte Ansätze erheben jeweils den Anspruch allein strategische Wettbewerbsvorteile erklären zu können. Am Ende dieses Kapitels wird für eine Synthese der beiden Ansätze das Wort ergriffen.

Was würde eine solche Synthese für die Strategiegenerierung einer Bildungseinrichtung konkret bedeuten?

Literatur zur Vertiefung

Haunschild, A. (2001): Effizienz und Effektivität, in: Hanft, A. (Hrsg.): Grundbegriffe des Hochschulmanagements, Neuwied, 93–96.
Eine sehr lesenswerte Betrachtung der beiden Konzepte im Kontext von Bildungseinrichtungen, die Anregungen für die inhaltliche Bestimmung von strategischen Zielen geben kann.

Lynch, R./Baines, P. (2004): Strategy development in UK higher education: Towards resource-based competitive advantages, in: Journal of Higher Education Policy and Management 26 (2), 171–187.
Eine der wenigen Übertragungen des ressourcenbasierten Ansatzes auf Bildungseinrichtungen.

Mintzberg, H./Waters, J.A. (1985): Of strategies, deliberate and emergent, in: Strategic Management Journal 6, 257–272.
Einer der, wenn nicht ‚der' klassische Aufsatz zu dem Verhältnis von geplanten und emergenten Strategien.

Porter, M.E. (1991): Towards a dynamic theory of strategy, in: Strategic Management Journal, 12, 95–117.
Eine kurzgefasste Darstellung des Grundgedankens der marktorientierten Ansätze strategischen Managements.

Rasche, C./Wolfrum, B. (1994): Ressourcenorientierte Unternehmensführung, in: DBW, 54(4), 501–517.
Eine vergleichbar verdichtete Darstellung der grundlegenden Überlegungen der ressourcenorientierten Ansätze.

3 Anwendungen

Die bisher dargestellten Überlegungen bilden eine Grundlage strategischen Managements. Auf ihnen aufbauend können strategische Ziele definiert werden, die erreicht werden sollen. Sie dienen als Hintergrund bei der Analyse der aktuellen Lage der Einrichtung und ihrer Perspektiven sowie bei der Analyse der Chancen und Risiken, die das Umfeld der Organisation unter strategischen Gesichtspunkten bietet. Sind strategische Ziele definiert und entsprechende Entwicklungsprozesse angestoßen worden, können Maßnahmen zur Kontrolle der in den strategischen Prozessen erreichten Ergebnisse durchgeführt werden. Hierzu stellt die Betriebswirtschaftslehre eine Reihe von Konzepten und Instrumenten bereit, die zunehmend auch in Bildungseinrichtungen Anwendung finden. Im Prinzip kann (und sollte) das gesamte Management von Bildungseinrichtungen unter einem strategischen Fokus betrachtet werden. Dabei reicht das Spektrum von der (⇨) Budgetierung über das Personalmanagement (⇨ Modul Organisation und Führung) und die Gestaltung von Angeboten der Einrichtung (⇨ Modul Management von Studium, Lehre und Weiterbildung) sowie der Sicherstellung ihrer Qualität (⇨ Modul Qualitätsmanagement in Bildungseinrichtungen) bis zum Management der Außenbeziehungen der Organisation (⇨ Module: Bildungsökonomie und Bildungspolitik sowie Bildungsmarketing). Die Kontrolle der Effektivität und Effizienz strategischer Prozesse obliegt in weiten Teilen dem (⇨) Controlling in Bildungseinrichtungen.

Der Instrumentenkasten, aus dem sich eine Bildungseinrichtung im strategischen Management bedienen kann, ist von der Betriebswirtschaftslehre so reich bestückt worden, dass eine umfassende Darstellung den Rahmen dieses Studienmaterials sprengen würde. Die nachfolgende Darstellung von Anwendungen ist daher sehr selektiv und konzentriert sich auf drei Themen:

1. Das Management durch Zielvereinbarungen, die im strategischen Kontext einmal als einrichtungsinterne Zielvereinbarungen zur Umsetzung strategischer Zielvorgaben auftreten und zum anderen – bei Hochschulen – zwischen dem Land und der Hochschule geschlossen werden, um auf gesamtorganisationaler Ebene strategische Ziele umzusetzen.
2. Den sogenannten Relational View, einen Ansatz des strategischen Managements, der als eine Anwendung und Spezifizierung des Resource-Based-View betrachtet werden kann und seinen Schwerpunkt auf die Generierung strategischer Vorteilspositionen aus den besonderen Beziehungen einer fokalen Organisation zu anderen Organisationen in ihrer Umwelt legt.
3. Die Durchführung einer Stärken und Schwächen Analyse einer Organisation, die wie in Kapitel 2.6 bereits angedeutet immer auch die Chancen und Risiken der Umwelt mit in den Blick nehmen muss und sich dann oft als rekursives Wechselspiel der Bestimmung der Größen darstellt.

3.1 Führung durch Zielvereinbarung

Das Konzept der Führung durch Zielvereinbarung stammt aus den USA und wurde dort vor etwa 50 Jahren von PETER DRUCKER (1954) unter dem Titel „Management by Objectives" (MbO) entwickelt. Es handelt sich um ein Führungskonzept für die Leitungsebene von Organisationen, bei dem Vorgesetzte und die ihnen nachgeordneten Manager gemeinsam Ziele bestimmen und Verantwortlichkeiten für bestimmte Ergebnisse definieren. Auf dieser Basis werden die jeweiligen Bereiche geführt und die Beiträge der einzelnen Mitarbeiter zur Erreichung der festgelegten Ziele bewertet.

Der Prozess der Zielvereinbarung erfolgt in Teilen analog zu dem in Abschnitt 2.2.1 beschriebenen Top-Down-Ansatz der strategischen Planung, indem ausgehend von Oberzielen diese immer weiter bis hin zu konkreten Abteilungszielen konkretisiert werden. Unterschiede zum synoptischen Planungsansatz liegen darin, dass zum einen die Ziele der jeweiligen Unterstellten mit berücksichtigt werden können und es vermehrte Rückkopplungen und Abstimmungen von Zwischenergebnissen gibt, die auch zur Aussonderung unangemessener oder unpraktikabler Ziele führen können (vgl. Abb. 12).

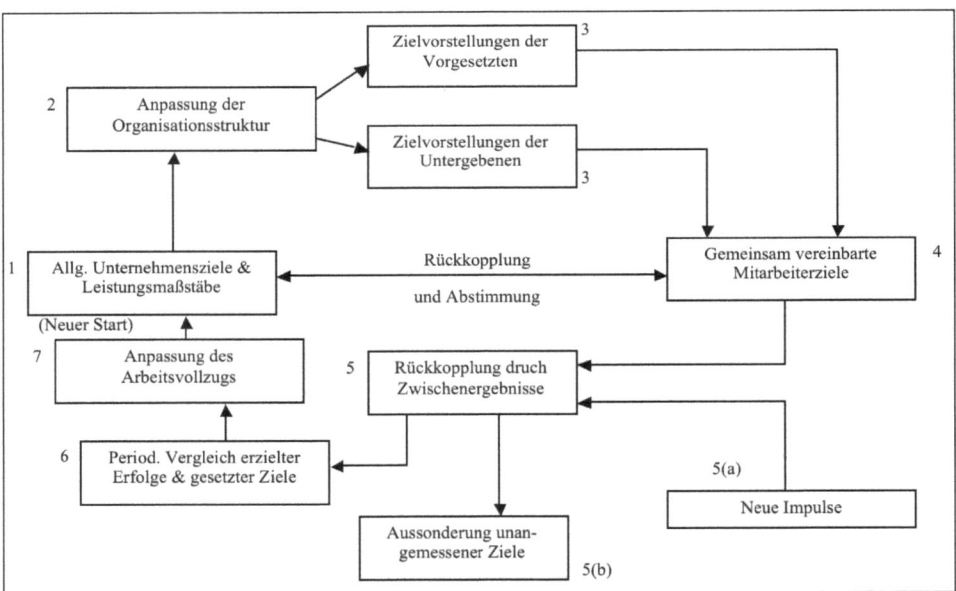

Abbildung 12:
Der Kreislauf der Führung durch Zielvereinbarung
(Quelle: nach ODIORNE 1967, 102)

Praktisch laufen Zielvereinbarungen in der Form ab, dass sich Vorgesetzte und Untergebene auf jeder Hierarchieebene in jeder Planungs-, Budget- oder Haushaltsperiode, d.h. in der Regel jährlich, zu Beginn der Periode über die Leistungsziele für die anstehende Periode einigen und zum Ende der Periode einen Soll-Ist-Vergleich durchführen, bei dem sie auch die Gründe für die möglichen Abweichungen der erreichten Ergebnisse von den Zielen erläutern. Ergänzt werden diese – innerhalb des Konzeptes unbedingt notwendigen – Absprachen durch weitere Abstimmungen innerhalb der Periode, die eventuelle Fehlentwicklungen und Abweichungen von den Vorgaben frühzeitig aufdecken und korrigieren sollen.

MbO gilt als individualistisches Führungskonzept, das es erlaubt, den jeweiligen Ausprägungen bestimmter Bedürfnisse der Untergebenen gerecht zu werden: Sicherheitsbedürfnisse können durch realistische Zielvereinbarungen und begleitende Ergebniskontrollen befriedigt werden und dem Bedürfnis nach Anerkennung wird durch die Zurechnung von Arbeitsergebnissen zu einzelnen Mitarbeitern Genüge getan. Gegebenenfalls können auch individuelle Leistungsziele der Mitarbeiter in einer entsprechenden Zielformulierung ihren Niederschlag finden (STAEHLE 1999, 853). Ferner wird dieses Führungskonzept auch als verträglich mit den sogenannten Prozesstheorien der Motivation betrachtet, bei denen die Leistungsmotivation (L) eines Akteurs beispielsweise als Produkt der Faktoren: Motivation Erfolg zu erreichen (M), Erwartungen bezüglich der Wahrscheinlichkeit erfolgreich sein zu können (P) und der Attraktivität des Zieles (Zu) angesehen wird. Da häufig die in einem MbO-Prozess vereinbarten Ziele für die Mitarbeiter nur Mittel zum Zweck der Erreichung der eigenen Ziele (Karriere, Gehaltserhöhung oder auch Selbstbestätigung) sind kann die Variable Zu auch durch das Produkt der Attraktivität des individuellen Zieles (Z_i), das vom Mitarbeiter durch die Erfüllung der Zielvereinbarung angestrebt wird, und der Instrumentalität dieses Unternehmenszieles Zu für Zi (I_{Zu}) ersetzt werden (vgl. STAEHLE 1999, 229 ff.). Damit ergibt sich die Leistungsmotivation des Mitarbeiters etwa als:

$$L = M \times P \times I_{Zu} \times Z_i.$$

Das bedeutet, dass die Motivation eines Mitarbeiters bei gegebenem Willen zum Erfolg zum einen dadurch gesteigert werden kann, dass Ziele vereinbart werden können, die ihm erreichbar erscheinen, und zum zweiten dem Mitarbeiter die Instrumentalität der Unternehmensziele für die von ihm persönlich verfolgten individuellen Ziele verdeutlicht wird. Ferner wird als generell motivations- und insbesondere akzeptanzsteigernd bei Zielvereinbarungen angesehen, dass die Zielvorgaben den Mitarbeitern nicht einfach ohne Diskussion verordnet werden, sondern die Zielfindung unter Mitwirkung der Betroffenen stattfindet.

Einladung zum Nachdenken:

Verdeutlichen Sie sich die Ausführungen zur Motivation anhand Ihrer eigenen beruflichen Erfahrungen und folgender Fragen:

- Wenn Sie das Gefühl haben, eine Aufgabe prinzipiell bewältigen bzw. prinzipiell nicht bewältigen zu können, wie wirkt sich dieses Gefühl auf Ihre Motivation bei der Bearbeitung dieser Aufgabe aus?
- Wenn Sie den Eindruck haben, die Verfolgung der Ziele Ihres Arbeitgebers bringt Ihnen persönlich gar nichts – sie erhalten kein Lob, keine Anerkennung – oder sie behindert sogar die Erreichung Ihrer persönlichen Ziele – etwa weil Sie Überstunden machen müssen und Ihnen diese Zeit für private Aktivitäten fehlt –, wie wirkt sich das auf Ihre Leistungsmotivation aus?
- Sie sind sicherlich schon einmal beruflich in die Situation gekommen, dass Sie eine Anweisung durchführen oder eine Vorgabe erfüllen mussten, die Sie als unsinnig empfanden. Wie sind Sie damit umgegangen? Würden Sie für sich selbst sagen, dass Sie mit solchen Anweisungen anders umgehen als mit Zielvorgaben, deren Sinnhaftigkeit Sie einsehen?

Um die Ziele und die Bestimmung des Ausmaßes der Zielerreichung operational zu halten, wurde längere Zeit davon ausgegangen, dass die vereinbarten Ziele ausschließlich quantitativen Charakter haben sollten (WILD 1973). Diese Verengung auf zahlenförmig erfassbare Ziele bietet den Vorteil, dass die Zielerreichung einfacher im Zuge von Controllingmaßnahmen überprüft werden kann und es in der Regel weniger Auseinandersetzungen zwischen Vorgesetztem und Unterstellten über das Ausmaß der Zielerreichung gibt. Jedoch erlaubt sie es kaum, komplexere Sachverhalte durch MbO zu steuern. So kann zwar versucht werden, diese durch Kennzahlen bestimmen, doch kann dies aber zu Unstimmigkeiten bei der Bestimmung und der Interpretation dieser Kennzahlen führen oder ggf. sogar Wirkungen zeigen, die den eigentlichen Intentionen bei der Zielbestimmung zuwiderlaufen. Wenn beispielsweise an einer Hochschule das Ziel, die Effizienz der Lehre zu steigern, durch Vorgaben bezüglich einer Reduktion der Personalausgaben und der Verkürzung der durchschnittlichen Studienzeit operationalisiert würde, so könnte diesem Ziel durch Nichtbesetzung von Mitarbeiterstellen und eine Verringerung des Anspruchsniveaus bei Prüfungen entsprochen werden. Dem vermutlich mit diesen Vorgaben verbundenen Ziel der Erhaltung der Qualität der Ausbildung wäre damit jedoch nicht entsprochen.

Sinnvoller erscheint es deswegen, auch qualitative Ziele in Zielvereinbarungen einfließen zu lassen. Dies bietet sich unter anderem auch deswegen an, weil Erfahrungen zeigen, dass insbesondere bei organisationsinternen Zielvereinbarungssystemen „die Analyse und Bewertung von Ergebnissen [...] vorwiegend eine kommunikative Funktion haben" (NICKEL 2001, 515). „Führungskräfte und Personal, Leitung und dezentrale Ebene kommen über Aushandlung und Auswertung von Zielvereinbarungen ins Gespräch und können so ein abgestimmtes Vorgehen erreichen" (ebd.).

Aus einer strategisch planerischen Sicht bieten MbO-Systeme den Vorteil, dass nicht nur die Erfüllung der Vorgaben, sondern auch die Entdeckung von Mitteln und Wegen, wie eine Vorgabe erfüllt werden kann, den nachgeordneten Ebenen und ihrer Expertise überlassen werden kann. Der Vorgesetzte braucht eigentlich nur eine Rückmeldung über die prinzipielle Erreichbarkeit eines Zieles – deren er sich auch aus Motivationsgründen versichern sollte – und delegiert dann die weiter notwendigen Maßnahmen zur Zielerreichung an seine Untergebenen. Diese Delegation wird der bereits angesprochenen Tatsache gerecht, dass in allen arbeitsteilig organisierten Unternehmen, insbesondere aber in Bildungsorganisationen, das Wissen über die detaillierte Funktionsweise der einzelnen Bereiche in der Regel auf diese Bereiche konzentriert ist. Dabei sind häufig nicht nur die lehrenden Fachvertreter Experten in ihrem Bereich und mehr oder weniger Laien in den anderen Fächern, sondern es findet sich eine ähnliche Verteilung des jeweiligen Fachwissens zwischen dem Verwaltungs- und dem Lehrbereich. Die notwendigen Rückmeldungen bezüglich der Erreichbarkeit bestimmter Ziele erhält der Vorgesetzte im Idealfall quasi automatisch dadurch, dass die Unterstellten als Experten in eigener Sache am Prozess der Zielvereinbarung mitwirken.

Prinzipiell es ist auch möglich, Elemente der emergenten Strategiegenerierung, insbesondere den Umbrella-Ansatz (Abs. 2.2.1) in ein Zielvereinbarungssystem zu integrieren, wenn nämlich der Vorgesetzte seinem Untergebenen die für ihn (den Vorgesetzten) geltenden Vorgaben und ihm zur Verfügung stehenden Freiräume offenbart und beide Seiten dann gemeinsam überlegen, welche Perspektiven bereits auf Seiten der Untergebenen gestartete Initiativen unter der Maßgabe existierender Vorgaben und Freiräume bieten. Diese partizipative Form der Zielvereinbarung kann allerdings am ehesten mit Gruppen vorgenommen werden, wobei der Vorgesetzte gemeinsam mit mehreren Untergebenen Ziele für diese entwickelt und auch in der Gruppe die individuellen Einzelverantwortlichkeiten für bestimmte Ergebnisse klärt. Werden Zielvereinbarungen – wie im ursprünglichen Konzept eigentlich vorgesehen – in einer Reihe von Einzelgesprächen definiert, sind sie wesentlich stärker durch den Vorgesetzten gesteuert, denn schließlich legt er oder sie fest, mit welchen Mitarbeitern welche Teilziele besprochen und vereinbart werden, und leistet auch die Koordination der Teilziele weitgehend allein.

Dieser individualistische Aspekt von klassischen Zielvereinbarungssystemen ist auch ein Kritikpunkt, der unter anderem aus der Perspektive der Organisationsentwicklung am MbO-Konzept formuliert wird. Weitere kritische Aspekte aus dieser Perspektive sind unter anderem (STAEHLE 1999, 968 f.):
- eine zu starke Betonung eines reinen Lob-Tadel-Systems,
- die insbesondere bei quantitativen Zielen mögliche Tendenz zur Formalisierung und Bürokratisierung und
- die durch Weisungsbefugnisse und hierarchische Abhängigkeiten in der Realität eher gegebene Verordnung statt der Vereinbarung von Zielen.

Dementsprechend plädieren Organisationsentwickler für eine Veränderung des MbO-Konzeptes in folgenden Punkten (ebd.):
- Den Zielbildungsprozess auch als Lernprozess begreifen, in den auch individuelle Entwicklungsziele einbezogen werden;

- MbO als organisationsweiten, komplexen Prozess der Organisationsentwicklung verstehen, der auf der einen Seite entsprechende Bildungsmaßnahmen voraussetzt und dem auf der anderen Seite auch genügend Zeit (ggf. mehrere Jahre) gelassen wird; sowie dass
- der Zielvereinbarungsprozess grundsätzlich ganze Arbeitsgruppen bzw. Abteilungen umfassen sollte.

In der Praxis von Bildungseinrichtungen sind MbO- oder Zielvereinbarungssysteme auf zwei Ebenen zu finden: einmal auf der Ebene der einzelnen Einrichtung als internes System (NICKEL 2001; JAEGER ET AL. 2005) und zum anderen in der Form von Zielvereinbarungen zwischen dem Staat und staatlich finanzierten und regulierten Bildungseinrichtungen, insbesondere Hochschulen (FANGMANN 2001; ZIEGELE 2008, 69 ff., 111 ff.).

Der Einsatz von Zielvereinbarungen als Steuerungsinstrument im Verhältnis von Staat und Bildungseinrichtung setzt eine gewisse Autonomie seitens der Bildungseinrichtung voraus, wie sie verschiedenen Einrichtungen in den letzten Jahren durch die Schaffung von Globalhaushalten für Hochschulen, die Errichtung von Stiftungsuniversitäten oder die (Aus-)Gründung von kommunalen Volkshochschulen als Eigenbetriebe gewährt wurde. Zielvereinbarungen werden dann als eine Alternative zu Wettbewerbsentscheidungen und -prozessen angesehen, die insbesondere dann zum Einsatz kommen sollte, wenn Wettbewerbsprozesse angesichts des vorhandenen geringen Angebotes an Bildungsträgern nicht greifen können. So Volkshochschulen bedienen in der Regel nur einen lokalen Bildungsmarkt und konkurrieren da häufig nur in bestimmten Angebotsbereichen mit privatwirtschaftlichen Anbietern oder in Stadtstaaten wie Hamburg oder Bremen ist die Hochschullandschaft für einen Wettbewerb zu wenig ausdifferenziert. Weitere Gründe für den Einsatz von Zielvereinbarungen können darin liegen, dass (FANGMANN 2001, 510):

- politisch erwünschte Ziele, die in Wettbewerbsprozessen nicht wirksam werden, berücksichtigt werden sollen oder
- unerwünschte Wettbewerbsfolgen unterbunden werden sollen.

Zielvereinbarungen – insbesondere mit Hochschulen – können folgende Bereiche betreffen:
- Bestimmung des Aufgaben- und Finanzierungsvolumens,
- Koordination der hochschulübergreifenden Aufgabenverteilung und Schwerpunktförderung sowie die
- Festlegung der Studienfächer und Aufnahmekapazitäten

Der Zielkatalog zeigt, dass es sich dabei teilweise um Ziele handelt, die sinnvoller Weise mit einer längerfristigen Perspektive vereinbart werden, wie etwa die Festlegung der Studienfächer. Solche längerfristigen, periodenübergreifenden Zielbestimmungen geben beiden Verhandlungspartnern Planungssicherheit und schaffen eine Grundlage für die weiteren periodisch stattfindenden Zielvereinbarungen. Flankiert werden diese Zielvereinbarungen, die häufig auch qualitativen

Charakter haben, durch Begutachtungs- und insbesondere Evaluationsprozesse, mit denen das Ausmaß der Zielerreichung festgestellt werden soll. Das Centrum für Hochschulentwicklung (MÜLLER/ZIEGELE 2003) hat einen erweiterten Katalog von Anforderungen an Zielvereinbarungen aufgestellt. Dieser umfasst die Bereiche „Schaffung der Rahmen- und Ausgangsbedingungen", „adäquate Gestaltung der Zielvereinbarungstexte und -prozesse" und „Maßnahmen zur Umsetzung der Zielvereinbarungen in die Praxis" (ebd. 2003, 11 ff.). Einen Überblick über die unterschiedlichen Formen von Zielvereinbarungen, die aktuell in Deutschland zu finden sind, liefert die Untersuchung von JAEGER ET AL. (2005, 7).

Dabei ist festzuhalten, dass trotz aller Bewegungen in Richtung einer stärker partizipativ ausgerichteten Festlegung von Zielen das letztendliche Direktionsrecht des Staates bei dieser Form der Zielvereinbarung weitgehend unangetastet bleibt. So schreibt der Kanzler der Universität Freiburg, FANGMANN (2001, 510):

„Definierte Weisungsrechte sind weiterhin unerlässlich, um legitime staatliche Interessen im Falle der Nichteinigung mit der Hochschule wirksam zur Geltung zu bringen (z.B. als Zielvorgabe). Staatliche Entscheidungsvorbehalte bestehen ferner in Haushalts- und Finanzierungsangelegenheiten von übergeordneter Bedeutung. So können den Hochschulen ggf. im Rahmen von Zielvereinbarungen zugestandene Mittel vorenthalten werden, wie die Haushaltssituation dies erfordert."

Während der Einsatz von Zielvereinbarungen zwischen Staat und Bildungseinrichtungen in der Regel einen Schritt die Richtung partizipativerer Führung darstellt, ist es beim organisationsinternen Einsatz von Zielvereinbarungssystemen in Bildungseinrichtungen häufig umgekehrt: Das zuvor im Rahmen von Selbst- und Kollegialverwaltung stark ausgeprägte partizipative Führungssystem wandelt sich zu einem direktiveren Führungssystem, bei dem Vorgesetzte und insbesondere die Leitungsorgane der Einrichtung vermehrt Verantwortung für das Geschehen in ihrem Bereich übernehmen und gleichzeitig Entscheidungsgewalt übertragen bekommen.

Nachdem die Grundgedanken des Konzeptes der Führung durch Zielvereinbarung, das für die organisationsinterne Steuerung entwickelt wurde, bereits am Beginn des Abschnitts dargestellt wurden, reicht es an dieser Stelle aus, auf die Besonderheiten einzugehen, die die Anwendung dieses Führungsprinzips in Bildungseinrichtungen mit sich bringt (vgl. auch NICKEL 2001; BOGUMIL ET AL. 2013, 116 ff.).

Bildungseinrichtungen sind in der Regel durch eine relativ große Autonomie der Lehrenden und dementsprechend schwache Bindungen und Absprachen der Lehrenden untereinander und mit dem Verwaltungsbereich gekennzeichnet (vgl. auch Abs. 4.1). Der hieraus folgenden Unübersichtlichkeit und Unbestimmtheit stehen häufig die Bedürfnisse von Lernenden und anderen Stakeholdern nach Verständlichkeit des Systems, Verlässlichkeit und Planbarkeit gegenüber. Dass auch Lehrende solche Bedürfnisse immer wieder verspüren, versteht sich von selbst. Der Einsatz von Zielvereinbarungssystemen, insbesondere sein bereits erwähnter kommunikativer Aspekt, kann einer Befriedigung dieses Bedürfnisses entgegenkommen. So berichtet Nickel (2001, 515):

> „In den Hochschulen wird beispielsweise die Erfahrung gemacht, dass durch interne Zielvereinbarungen jetzt erstmals eine vorausschauende und realisierbare Planung möglich ist und dass Entscheidungen durch die höhere Transparenz und Verbindlichkeit, die durch die Offenlegung von Zielen entsteht, stärker fachlich begründet werden müssen."

Solche vorausschauenden Planungen, die sich beispielsweise in einer langfristigen und verlässlichen Vorlesungsplanung niederschlagen können, kommen nicht nur den Interessen der Lernenden nach einer längerfristigen Ausbildungsplanung entgegen, sondern sie dienen auch zur Verbesserung der wechselseitigen Information zwischen den einzelnen Fachbereichen einer Einrichtung. Jedoch handelt es sich bei diesen Effekten häufig eher um erfreuliche Nebenwirkungen, denn der eigentliche Zweck von Zielvereinbarungssystemen ist Führung und damit auch die Umsetzung von strategischen Zielen. Diese erfolgt – wie weiter oben skizziert – in einer durchaus hierarchischen Form. Damit bekommt die am Anfang eines Zielvereinbarungszirkels (Abb. 12) stehende Festlegung des strategischen Oberziels besondere Bedeutung, da sie in gewissen Grenzen den Spielraum für alle zu vereinbarenden Unterziele festlegt.

In Bildungseinrichtungen, die sich einem relativ großen Spektrum an Kunden bzw. Stakeholdern mit dementsprechend häufig unterschiedlichen Nutzenvorstellungen gegenübersehen, wird die Bestimmung dieses Oberzieles in Form von Leitbildern diskutiert (Nickel 2001, 518), wobei die Frage der Wirksamkeit dieser Leitbilder durchaus auch kritisch gesehen wird (Hanft 2000). Aus diesen Leitbildern müssen dann Unterziele entwickelt werden – ein Unterfangen dessen Problematik bereits angesprochen wurde. Als besonders problematisch gestaltet sich in Bildungseinrichtungen die Bestimmung der Zielerreichung, weil dafür nicht nur der Output gemessen werden muss – ein im Bereich der Bildung an sich schon schwieriges Unterfangen, das bereits diskutiert wurde –, sondern weil zusätzlich die Effekte für die von dem jeweiligen Ziel berührten Zielgruppen und die Wirkungen auf das gesellschaftliche Umfeld berücksichtigt werden müssen (Nickel 2001, 518). Zwar gibt es auf der Basis von Erfahrungen an der finnischen Universität Turku (Puuka 2000) und bei der Gesellschaft für technische Zusammenarbeit (GTZ) einige Empfehlungen zu diesem Thema, doch zieht Nickel (2001, 518) das Fazit:

> „Insgesamt betrachtet gibt es für den öffentlichen Sektor keine ausgereiften Modelle für interne Zielvereinbarungssysteme. Vielmehr befinden sich die meisten noch in der Erprobungsphase. Die Instrumente haben damit – obwohl sie bereits handlungsbegleitend sind – den Charakter von Provisorien."

In ihrer Befragung von Vertretern unterschiedlicher Funktionsgruppen in Universitäten über die subjektiv wahrgenommenen Wirkungen von universitätsinternen Zielvereinbarungen stellen BOGUMIL ET AL. (2013, 117) fest, dass die Wirkungsbeurteilung stark von der Gruppenzugehörigkeit der Befragten abhängt: Während Rektoren und Kanzler beispielsweise die Anreizwirkung im Bereich Forschung und Lehre eher positiv sehen, herrscht in diesen Fragen bei den Dekanen und Professoren eine neutrale bis negative Bewertung vor. Am auffälligsten sind die Unterschiede im Hinblick auf die Frage der Stärkung der Autonomie von universitären Organisationseinheiten durch den Einsatz von Zielvereinbarungen. Während eine solche Stärkung von Hochschulleitungen relativ deutlich gesehen wird, wird dies von den Professoren und Dekanen deutlich verneint.

Eine 2004 durchgeführte Erhebung zur Nutzung von internen Zielvereinbarungen in Universitäten zeigt, dass dieses Instrument nur von einem relativ geringen Anteil der Bildungseinrichtungen angewendet wird – im Jahr 2003 nutzen es 29 % der befragten Hochschulen (JAEGER ET AL. 2005, 11). Als vornehmlich vorteilhaft beim Einsatz der internen Zielvereinbarungen werden von den Hochschulen die Förderung des Dialogs, die Flexibilität des Instruments und die erhöhte Verbindlichkeit von derartig vereinbarten Zielen genannt. Anreizwirkungen stehen für die Hochschulen damit nicht unbedingt im Mittelpunkt, insbesondere da die Überprüfung der Zielerreichung und der Umgang mit eventuellen Zielverfehlungen generell als problematisch angesehen werden (ebd., 50 f.). In Kapitel 5 wird auf eine Form der Nutzung des Instrumentes Zielvereinbarungen eingegangen, die versucht, die hier als kritisch angesehen Auswirkungen zu korrigieren.

3.2 Relational View

Bereits im Abschnitt 2.6 sind die Möglichkeiten, allein aus der Perspektive des Market-Based-View oder des Resource-Based-View die Entstehung von Wettbewerbsvorteilen von Unternehmen zu erklären, kritisch diskutiert worden. Mit dem Relational View, einem 1998 von zwei US-amerikanischen Forschern entwickelten Ansatz (DYER/SINGH 1998, vgl. auch SINGH/SIRDESHMUKH 2000; KALE/SINGH/PERLMUTTER 2000; KALE/DYER/SINGH 2002; DYER/SINGH/KALE 2008), wird nun eine weitere Position zum strategischen Management vorgestellt, die insbesondere für Bildungsorganisationen von Interesse sein kann, da sie die Bedeutung von Verbindungen zwischen Unternehmen bzw. Organisationen für die Erlangung und den Erhalt von vorteilhaften Wettbewerbspositionen betont.

Der Relational View thematisiert primär vier Quellen von Wettbewerbsvorteilen:
1. Beziehungsspezifische Güter,
2. Routinen zur Wissens- und Fähigkeitsteilung,
3. komplementäre Ressourcen und Fähigkeiten sowie
4. effektive Vertrags- und Kontrollstrukturen.

Vor der genaueren Darstellung dieser Quellen sollen aber zunächst die diesem Ansatz zugrunde liegenden theoretischen Annahmen skizziert werden, da sich die Frage der Anwendbarkeit der Empfehlungen des Relational Views unter anderem nur unter Bezugnahme auf diese Annahmen beantworten lässt.

Ausgangspunkt für diesen Ansatz ist die Überlegung, dass Unternehmen bei der Erzeugung von Gütern und Dienstleistungen nicht allein stehen, sondern in ein mehr oder weniger dichtes Netzwerk mit anderen Unternehmen eingebettet sind. Sie haben Zulieferer und Abnehmer und sie sind ggf. angewiesen auf oder zumindest verbunden mit Unternehmen, die Komplementärgüter her- oder bereitstellen. Man denke für letzteres nur an die Beziehungen zwischen Bildungseinrichtungen und Buchhandlungen, die relativ eng sein können. Wie weiter oben in der Darstellung des Resource-Based-View bereits angesprochen, benötigen Unternehmen die von diesen anderen Unternehmen bereitgestellten Ressourcen häufig, um ihre Kernkompetenzen und strategisch wichtigen Ressourcen in einer Form nutzen zu können, die ihnen Wettbewerbsvorteile erbringt. Aber auch wenn die Beziehungen nicht direkt strategisch relevant sind, so stellen die anderen Unternehmen in dem Netzwerk häufig die Lieferanten wichtiger Ressourcen dar, ohne die die Aufrechterhaltung der Unternehmung problematisch werden kann (PFEFFER/SALANCIK 1978).

DYER und SINGH (1998, 660) argumentieren nun, dass die Produkt-Markt-Perspektive und der Resource-Based-View bei ihren strategischen Empfehlungen übersehen, „that the (dis)advantages of an individual firm are often linked to the (dis) advantages of the network of relationships in which the firm is embedded." Weil ein großer Teil des Wertes – häufig mehr als die Hälfte – der von Unternehmen produzierten Güter auf Zulieferungen von Teilen oder Dienstleistungen zurückzuführen und dieser Anteil der „zugelieferten Wertschöpfung" in den letzten Jahren stetig gestiegen ist, steckt in einer Verbesserung der Beziehungen zu den anderen Unternehmen ein Potenzial zur Verbesserung der Wettbewerbsposition. Damit richten Dyer und Singh ihr Augenmerk im Gegensatz zu den ressourcenbasierten Ansätzen nicht auf die einzigartige Ausstattung eines einzelnen Unternehmens mit Ressourcen und Fähigkeiten, sondern argumentieren, dass auch Unternehmen, die in Bezug auf ihre Ressourcen und Fähigkeiten keine besonderen Vorteile gegenüber ihrer Konkurrenz aufweisen, aufgrund einer einzigartigen Kombination von mehr oder weniger allgemein verfügbaren Ressourcen und Fähigkeiten Wettbewerbsvorteile erzielen können. Um diese Wettbewerbsvorteile auf Dauer zu sichern, ist es allerdings notwendig, ihre Einzigartigkeit zu erhalten und sie gegen Imitation oder die Schaffung von funktionalen Äquivalenten zu schützen. Geschieht dies nicht, fallen die Vorteile einer allmählichen Erosion anheim, die umso schneller verläuft, je eher die Konkurrenz ihre Grundlagen kopieren kann.

Analog zu den Überlegungen, wie sie in der Transaktionskostentheorie angestellt werden, gehen DYER und SINGH davon aus, dass der Schutz von solchen Unternehmensverbindungen nur dann sichergestellt werden kann, wenn sie enger geschlossen werden, als es bei reinen marktbasierten Verbindungen üblich und notwendig ist. Statt des kurzfristig angelegten, von einer weitgehenden Austauschbarkeit der Transaktionspartner ausgehenden Marktkontraktes sollten für solche Unternehmensbeziehungen Vertrags- und Verbindungsformen gefunden werden, die eine stärkere Bindungswirkung für die Partner entfalten, ohne dabei die Eigenständigkeit der Unternehmen anzutasten. Die von ihnen propagierten Verbindungen entsprechen weitgehend der Netzwerkform (SYDOW 1992) und befinden sich damit zwischen der losen Kopplung des Marktes und der engen Kopplung, wie sie bei der Einbettung der Unternehmen in eine gemeinsame Hierarchie – etwa beim Aufkauf eines Zulieferers – auftreten würde.

Zur Erreichung dieses Zieles und zur Erzielung von beziehungsbasierten Wettbewerbsvorteilen halten sie es für notwendig, dass die Netzwerkpartner ihren Beziehungen bzw. ihrem Beziehungskapital (KALE/SINGH/PERLMUTTER 2000) einen idiosynkratischen Charakter geben – etwas einzigartiges, das Wettbewerbsvorteile erbringt und selten und schwer zu imitieren ist. DYER und SINGH gehen davon aus, dass die oben genannten vier Quellen von Wettbewerbsvorteilen diesen Ansprüchen genügen.

Beziehungsspezifische Güter

Sollen Beziehungen eine größere Effizienz aufweisen, als es reine Marktbeziehungen tun, ist es in der Regel notwendig, dass die Transaktionspartner spezifische Investitionen in eine Beziehung bzw. für den jeweils anderen Transaktionspartner tätigen. Diese können höchst unterschiedliche Formen haben: Die Weiterbildungseinrichtung, die in Kooperation mit einem Softwarehersteller einen speziellen Ausbildungsgang aufbaut und in diesem dann ein von diesem Hersteller autorisiertes Zertifikat verleihen kann, zählt genauso dazu, wie auch die Einrichtung, die einen Kooperationspartner frühzeitig an ihrer Schulungsplanung teilhaben lässt und ihm dazu Zugang zu Teilen ihrer internen Datenverarbeitung gewährt.

Aus transaktionskostentheoretischer Sicht (WILLIAMSON 1985) kann zwischen a) geografischer Spezifität, b) der Spezifität physikalischer Güter und c) der Humankapitalspezifität unterschieden werden. Während die Ansiedlung des Zulieferers neben dem Werk seines Hauptabnehmers ein Beispiel für geografische Spezifität ist, enthält das zweite Beispiel Elemente der beiden anderen Formen von Spezifität: Die Öffnung der internen Datenverarbeitung stellt ein nur für diese Verbindung geschaffenes physikalisches Gut dar – wie es auch bei speziell angepassten Maschinen der Fall wäre – und gleichzeitig wird durch die Einbeziehung des Netzwerkpartners in die Planungsprozesse auch spezielles Humankapital geschaffen. Generell geht es bei dieser letzten Kategorie darum, dass die Transaktionspartner zum einen transaktionsspezifisches Wissen ansammeln, das die weitere Kooperation erleichtert, und zum anderen häufig einen Prozess der wechselseitigen Anpassung in Know-how und Lernprozessen durchlaufen (Ko-Spezialisierung), der nicht die Kommunikation erleichtert, sondern auch gemeinsame Planungs- und Entwicklungsprozesse fördern kann.

Die Kreierung solcher beziehungsspezifischer Güter ist nun für die Partner mit der potenziellen Gefahr behaftet, dass ein Partner die Beziehung aufgibt und der andere dann Investitionen in Güter getätigt hat, die sich in der Beziehung zu anderen Partnern nicht oder nur mit geringerer Effizienz verwenden lassen. Diesem, in der Transaktionskostentheorie als Opportunismus bezeichneten Verhalten können die Partner versuchen, auf verschiedenen Wegen entgegenzuwirken.

Ein Weg besteht in einer entsprechenden Gestaltung der spezifischen Investitionen: Ein symmetrisches Vorgehen kann die Gefahr opportunistischen Verhaltens in der Art mindern, dass bei einem Abbruch der Beziehung beide Partner einen – möglichst vergleichbar großen – Verlust und deshalb auch ein vergleichbar großes Interesse an der Aufrechterhaltung der Beziehung haben.

Die zweite Möglichkeit besteht in der Gestaltung der vertraglichen Basis solcher Beziehungen: Durch möglichst langfristige Verträge, die wenig außerordentliche Ausstiegsklauseln enthalten, bekommen die Transaktionspartner eine größere Investitionssicherheit.

Schließlich spielen aber auch Faktoren wie frühere Erfahrungen mit dem jeweiligen Transaktionspartner oder Vertrauen, das auf eine andere Art und Weise erworben wurde, eine gewichtige Rolle bei der Bereitschaft von Unternehmen, beziehungsspezifische Investitionen zu tätigen.

Routinen zur Wissens- und Fähigkeitsteilung

Unternehmen können nicht nur durch eine bessere Teilung des Wissens im eigenen Unternehmen viel lernen und Fehler oder Doppelarbeit vermeiden, ähnliches lässt sich auch für das Lernen von anderen Unternehmen aussagen. So werden beispielsweise im Kollegenkreis des Unternehmens, das seine Mitarbeiter zu einer Schulung schickt, Wünsche, Probleme und Reklamationen vermutlich eher offenbar bzw. geäußert als in der Bildungseinrichtung selbst. Entwickeln das Kunden-Unternehmen und die Bildungseinrichtung nun Formen der Wissensteilung, durch die diese internen Kommentierungen der Lernenden der Einrichtung bekannt werden, kann die Bildungseinrichtung ihr Angebot besser an die Bedürfnisse des Kunden anpassen und der Kunde profitiert von diesem besseren Angebot.

In vielen Branchen, wie etwa der Bio-Technologie (POWELL ET AL. 1996) oder der Computerindustrie (vgl. das legendäre Silicon Valley), sind wirtschaftliche Erfolge in weiten Teilen davon abhängig, dass die Unternehmen eingewoben sind in ein Netzwerk von anderen Unternehmen und dass Wissensentdeckungs- oder -kreierungsprozesse kollaborativ stattfinden. DYER und SINGH (1998) argumentieren, dass Unternehmen hierfür Routinen zur Wissensteilung ausbilden müssen, die zum einen regelmäßige Interaktionen beinhalten, auf denen das Wissen ausgetauscht werden kann, und zum anderen eine dem Charakter des Wissens angepasste Aufnahmekapazität einschließen müssen.

Wissen kann unterteilt werden in explizites und implizites Wissen (POLANYI 1985). Während explizites Wissen relativ problemlos formal, z.B. in Schriftform, dargestellt werden kann, ist dies bei implizitem Wissen – einem Wissen, das sich häufig in einem Können des Besitzers ausdrückt, ohne dass er erklären kann, wie er es genau tut (Beispiel: Fahrradfahren) – nicht so leicht möglich. Hier kann eine Übertragung von Wissen eher in gemeinsamen Erlebnisräumen stattfinden, in denen der Lernende durch Nachmachen und Korrektur die Gelegenheit bekommt, dieses implizite Wissen für sich selbst zu entwickeln.

Für beide Formen von Wissen hängt die Aufnahmekapazität von dem bereits vorhandenen Wissen ab. Akteure, die bereits über ein bestimmtes Vorwissen verfügen, können neues Wissen, insbesondere, wenn es sich um spezialisiertes Wissen handelt, leichter in die bereits vorhandene Wissensbasis integrieren und in der Folge anwenden als andere. Die bekannte Tatsache, dass sich Experten über bestimmte Probleme eigentlich nur mit Experten unterhalten können, ist eine Illustration hierfür. DYER und SINGH (1998, 665) gehen nun davon aus, dass es sich bei der absorptive capacity nicht um eine generelle Fähigkeit von Unternehmen handelt, die gegenüber allen anderen Unternehmen gleich gut ausgebildet ist, sondern dass sich die Aufnahmekapazität beziehungsspezifisch, d.h. in Relation zu einem oder mehreren bestimmten Partner(n) entwickelt. Hierfür spricht, dass das wechselseitige Verständnis in Kommunikationen unter anderem erleichtert wird, wenn man die gleiche Sprache spricht bzw. genau weiß, was beispielsweise die andere Person mit bestimmten Aussagen meint. Angesichts von professionellen und unternehmensspezifischen Sprachcodes handelt es sich bereits dabei um eine nicht triviale Anforderung, die in der Regel erst nach einem wechselseitigen Lernprozess erfüllt werden kann. Ferner spielt der Grad der Überlappung der Wissensbasen der Kommunikationspartner eine große Rolle. Je größer diese Schnittmenge ist und je mehr dieses auch den Kommunikationspartnern bekannt ist, desto leichter fällt die Übermittlung auch von komplexen Inhalten, weil man relativ genau weiß, was der andere weiß, was man also bei der Kommunikation voraussetzen kann.

Im Bereich des impliziten Wissens spielen gemeinsame Erfahrungshintergründe noch eine gewichtigere Rolle. Wenn etwa versucht wird, bestimmte implizite Wissensinhalte durch Metaphern zu umschreiben, so kann ein Transfer nur dann gelingen, wenn der Adressat nicht nur die Metapher in dem gemeinten Sinn versteht, sondern sie sich auch aufgrund seines eigenen Erfahrungshintergrundes in der vom Sender gewünschten Art übersetzen kann. Solche geteilten Wissensbasen und Erfahrungshintergründe entstehen nicht von heute auf morgen, sondern sind Ergebnis einer längeren gemeinsamen Entwicklung. Als solche sind sie, wenn sie Bestandteil einer Beziehung zwischen Unternehmen sind, auch weitgehend gegen eine einfache Imitation und Substitution geschützt, denn sie sind beziehungsspezifisch und entwicklungs- und zeitabhängig. Versuche von anderen Unternehmen, Routinen forciert aufzubauen, werden in der Regel den bereits erwähnten „time compression diseconomies" unterliegen. Kritisch für die Entwicklung beziehungsspezifischer Wissensteilungsroutinen ist allerdings wieder die Bereitschaft der Partner, ihr Wissen mit anderen zu teilen. Dieser Bereitschaft bedarf es auf zwei Ebenen: Zum einen müssen die personalen Akteure, die in der Regel die Träger des Wissens sein werden, ihr Wissen anderen mitteilen und zum zweiten muss die Unternehmung bereit sein, ihr Wissen mit den Partnern zu teilen. Auf der Ebene der Unternehmen finden sich häufig Probleme im Bereich des Schutzes wettbewerbsrelevanten Wissens und eine Trittbrettfahrermentalität, bei der versucht wird, möglichst weitgehend von dem Wissen der anderen zu profitieren, ohne selbst viel Wissen preiszugeben. Dem kann versucht werden durch bestimmte Ausgestaltungen der Kooperationsbeziehungen – etwa der Implementierung von Regeln wechselseitigen Gebens und Nehmens – und eine lange Laufzeit der Kooperationsbeziehungen entgegenzuwirken.

Komplementäre Ressourcen und Fähigkeiten

Aus der Debatte über Kernkompetenzen ist die Überlegung bekannt, dass sich Unternehmen auf die Tätigkeitsbereiche konzentrieren sollten, in denen sie besonders effektiv und effizient arbeiten können; die anderen Tätigkeiten können sie auslagern und einkaufen. Eine ähnliche Idee vertritt der Relational View, wenn er die Kombination von komplementären Ressourcen und Fertigkeiten als Möglichkeit propagiert, beziehungsspezifische Wettbewerbsvorteile zu erlangen. So könnte beispielsweise ein internationaler internetbasierter Studiengang so angelegt sein, dass in unterschiedlichen Ländern Lehrende und Einrichtungen gewonnen werden, die ein bestimmtes Fach in herausragender Weise vertreten können. Während die dieser Quelle von Wettbewerbsvorteilen zugrundeliegende Idee relativ einfach ist, stellen sich der Umsetzung häufig einige Schwierigkeiten entgegen. Insbesondere müssen sich die Kooperationspartner finden und das Potenzial der Kombination ihrer Fähigkeiten und Ressourcen einschätzen. Dazu bedarf es zunächst einmal der realistischen Einschätzung der Fähigkeiten und Ressourcen des jeweiligen Gegenübers, was meist ein kostspieliges Unterfangen darstellt und sich manchmal als im Vorfeld unmöglich erweist. Dyer und Singh nennen drei Faktoren, deren Ausprägung die Fähigkeit zur Identifikation von potenziellen Kooperationspartnern positiv beeinflusst:

1. Vorhandene Erfahrungen mit vergleichbaren Allianzen: Solche Erfahrungen können Unternehmen befähigen, eher die für sie kritischen und relevanten Eigenschaften anderer Firmen zu identifizieren und einzuschätzen.
2. Die Entwicklung von interner Such- und Evaluationskapazität und der Grad ihrer Ausstattung: Unternehmen, die eigene Abteilungen für die Suche und Evaluation von Kooperationspartnern besitzen und diese mit den entsprechenden Ressourcen ausstatten, sammeln zum einen ebenfalls Erfahrungen in diesem Bereich und können ggf. sogar Routinen hierfür entwickeln und werden zum zweiten deswegen bei der Suche und Bewertung systematischer vorgehen können.
3. Die Fähigkeit eines Unternehmens, möglichst viele Informationen aus ihrem ökonomischen und sozialen Umfeld zu beziehen: Diese Fähigkeit wird häufig mit der Position zusammenhängen, die das Unternehmen in dem jeweiligen Netzwerk einnimmt. Wenn man davon ausgeht, dass auch hier Reziprozitätsnormen gelten, wird das Unternehmen gut daran tun, in die Erlangung einer entsprechenden Position zu investieren, um zu einem späteren Zeitpunkt mehr und verlässlichere Informationen über potenzielle Kooperationspartner zu erlangen.

Ferner weisen Dyer und Singh darauf hin, dass neben der Komplementarität der Ressourcen auch eine organisationale Komplementarität gegeben sein muss. Die Organisation und die Kultur der potenziellen Partnerunternehmen müssen in einer Form zu einander passen, dass die Erträge der komplementären Ressourcennutzung auch realisiert werden können. Ist dieser fit nicht vorhanden, werden die Erträge der Zusammenarbeit nicht realisiert. So müssten im Beispiel des gerade angesprochenen internationalen Studiengangs vermutlich gemeinsame, verbindliche Standards der Lehre und der Leistungsbewertung und -überprüfung entwickelt werden, um die Studierenden nicht mit den häufig bereits in Europa sehr unterschiedlichen Formen der Lehre und Leistungsüberprüfung zu konfrontieren und damit zu überfordern. Eine solche gemeinsame Basis würde dann ein weiteres Hindernis gegen die Imitation dieser Kooperation durch potenzielle Wettbewerber darstellen.

Einladung zum Nachdenken:

Können Sie sich mögliche Schwierigkeiten vorstellen, die in der Zusammenarbeit von Ihrer Bildungseinrichtung und einem privatwirtschaftlichen Unternehmen auftreten könnten, die auf unterschiedlichen Fähigkeiten und Ressourcen oder der unterschiedlichen Organisation beruhen oder haben Sie solche bereits erfahren? Oder kennen Sie aus eigener Erfahrung Kooperationen zwischen Bildungseinrichtungen und anderen Organisationen, bei denen zunächst die im Text angedeuteten Probleme auftraten und die Kooperationspartner diese Probleme im Laufe der Zeit überwanden? Falls Sie über solche Erfahrungen verfügen, wie schätzen Sie die Möglichkeiten konkurrierender Bildungsanbieter ein, diese Kooperationsbeziehung zu kopieren?

Effektive Vertrags- und Kontrollstrukturen

Bereits mehrfach wurde die Bedeutung von Vorkehrungen gegen opportunistisches Verhalten der Kooperationspartner betont. Je beziehungsspezifischer die Investitionen sind, die die Akteure tätigen, desto größer ist neben der Möglichkeit der Erlangung von Wettbewerbsvorteilen auch das Risiko, das sie bei opportunistischem Verhalten des Vertragspartners eingehen. Ein solches Verhalten soll durch eine bestimmte Gestaltung von Verträgen und Kontrollstrukturen verhindert werden. Dabei kann unterschieden werden zwischen Verträgen und Strukturen, die sich zur Durchsetzung auf eine dritte Partei berufen, wie es etwa bei formalen Verträgen der Fall ist, und solchen Strukturen, in denen Mechanismen implementiert werden, die eine Verletzung der Vereinbarungen ohne Rekurs auf eine externe Partei sanktionieren.

Solche „self-enforcing agreements" (DYER/SINGH 1998, 669) können dann noch weiter unterschieden werden in solche, die auf formale Mechanismen zur Durchsetzung der Vereinbarungen zurückgreifen, wie Investitionen, und solche, die informelle Mechanismen wie Vertrauen nutzen, um opportunistisches Verhalten zu verhindern. DYER und SINGH argumentieren, dass die „self-enforcing agreements" den rein vertraglichen Regeln überlegen sind, da die Einbeziehung einer dritten Partei immer mit zusätzlichen Kosten verbunden ist, die bei sich selbst durchsetzenden Vereinbarungen weitgehend entfallen. Wenn beispielsweise beide Partner zu gleichen Anteilen in eine beziehungsspezifische Ressource investiert haben und deshalb kein Interesse an einer vorzeitigen Auflösung der Kooperation haben, so entfallen die Kontroll- und Durchsetzungskosten, die bei einer rein vertraglichen Basis der Zusammenarbeit anfallen können. Damit steigt auch der Ertrag, den die Partner aus ihrer Kooperation ziehen können. Innerhalb der sich selbst durchsetzenden Vereinbarungen geben DYER und SINGH (1998, 671) den informalen Mechanismen, insbesondere der vertrauensbasierten Kooperation, den Vorzug, da diese im Gegensatz zu den formalen in der Regel kein zusätzliches finanzielles Engagement der Partner erfordern (vgl. zur Verteilung der in der Kooperation erzielten Erträge auch: DYER/SINGH/KALE 2008). Dadurch werden die Grenzkosten der Kooperation gesenkt und vertrauensbasierte Kooperationen sind schwerer zu imitieren. Schließlich beruhen solche vertrauensbasierten Kooperationen in der Regel auf einer gemeinsamen Geschichte von Interaktionen und auf persönlichen Bindungen der Partner.

Zusammenfassend lässt sich die Position des Relational View im Vergleich zu den in Abschnitt 2 skizzierten Schulen strategischen Managements wie in Abbildung 13 darstellen.

Dimension	Industry Structure View	Resource-Based-View	Relational View
Unit of analysis	Industry	Firm	Pair or network of firms
Primary sources of supernormal profit returns	Relative bargaining power Collusion	Scarce physical resources Human resources/know how Technological resources Financial resources Intangible resources	Relation-specific investments Interfirm knowledge-sharing routines Complementary resource endowments Effective governance
Mechanisms that preserve profits	Industry barriers to entry Government regulations Productions economies/ sunk costs	Firm-level barriers to imitation Resource scarcity/ property rights Causal ambiguity Time compression diseconomies Asset stock interconnectedness	Dyadic/network barriers to imitation Causal ambiguity Time compression diseconomies Interorganizational asset stock interconnectedness Partner scarcity Resource indivisibility Institutional environment
Ownership/Control of rentgenerating process/resources	Collective (with competitors)	Individual	Collective (with trading partners)

Abbildung 13:
Abgrenzung von Market-Based-View (hier als Industry Structure View bezeichnet), Resource-Based-View und Relational View
(Quelle: DYER/SINGH 1998, 674)

Für Bildungseinrichtungen können solche beziehungsspezifischen Vorteile für Bildungseinrichtungen Bedeutung in unterschiedlichen Bereichen erhalten (vgl. auch MEISEL 2006, 333):

- Bei der Kooperation mit anderen Bildungseinrichtungen: Wenn beispielsweise einrichtungsübergreifende Bildungsangebote konzipiert werden sollen oder müssen, da die knappe Ressourcenausstattung eine eigenständige Gestaltung eines solchen Angebots durch einen Träger nicht zulässt oder die Zielgruppe so klein ist, dass sich ein eigenständiges Angebot für eine einzelne Einrichtung nicht rechnen würde. In der Zusammenarbeit mit anderen Einrichtungen ergibt sich aber ggf. die Möglichkeit, sich unter Ausnutzung ohnehin schon vorhandener Ressourcen der Kooperationspartner neue Zielgruppen und/oder Einnahmequellen zu erschließen (KNUST 2006, 201 ff.). Andere Vorteile einer solchen Kooperation können in der Verbesserung der Wettbewerbschancen liegen, die dadurch erreicht wird, dass sich Synergieeffekte (etwa bei komplementären Reputationen der Kooperationspartner) zwischen den kooperierenden Einrichtungen ergeben (HAGENHOFF 2002, 92 f.). Empirische Studien (ebd., 95 ff.; KNUST 2006, 188 ff.) zeigen, dass der Ausgestaltung der vertraglichen Grundlage dieser Kooperationen eine gewichtige Rolle zukommt.

- Bei der Kooperation mit privatwirtschaftlichen Unternehmen (HARMAN/SHERWELL 2002, 38): sei es, weil es sich um die maßgeblichen Auftraggeber einer Weiterbildungseinrichtung handelt, die verstärkt gebunden werden sollen; sei es, weil aus der Kooperation die Möglichkeit zur Integration von Praktika in die Bildungsangebote erwächst, die das Angebot der Bildungseinrichtung von dem der Konkurrenten abhebt; oder sei es schlicht, weil die Kontakte zu Sponsoren gepflegt und weiter möglichst exklusiv gehalten werden sollen. All dies dient unter anderem der Profilierung der Einrichtung (TEICHLER 2005, 115 ff.). Solche Kooperationen können aber auch einen sehr direkten Nutzen für die Einrichtung haben, wenn in ihrem Rahmen maßgeschneiderte Bildungsangebote für die jeweiligen Kooperationspartner entwickelt werden können und sich die Einrichtung ggf. noch als beratender Experte für die Bildungsinvestitionen des Kooperationspartners etablieren kann (MEYER-WÖLFING 2003; KRAUSS/MOHR 2006).

- Schließlich können solche beziehungsspezifischen Vorteile insbesondere für Hochschulen von Vorteil sein, wenn sie Forschungskooperationen mit anderen Hochschulen erleichtern und damit die in der Drittmittelförderung immer mehr geforderte standortübergreifende Zusammenarbeit ermöglichen. Das Spektrum reicht hier von den zwingend erforderlichen internationalen Forschungskooperationen für eine Förderung im Rahmen der EU-Forschungsprogramme bis hin zum in der Regel eher lokalen Technologie- und Wissenstransfer zwischen Hochschulen und Wirtschaftsunternehmen. Insbesondere bei Forschungskooperationen mit Wirtschaftsunternehmen können sich allerdings aus den prinzipiell unterschiedlichen Zielvorstellungen der Vertragspartner – auf der einen das Interesse an der Publikation der Forschungsergebnisse, auf der anderen Seite die Hoffnung durch die alleinige Nutzung dieser Ergebnisse Wettbewerbsvorteile begründen zu können – Konflikte ergeben (WEISSMAN

2001), denen nur durch eine offene Thematisierung potenzieller Konfliktfelder und eine sorgfältige Gestaltung der vertraglichen Grundlage der Kooperation begegnet werden kann (NEUBAUER 2005, 181 ff.). Mittlerweile existieren an den meisten Einrichtungen auch Musterverträge für derartige Kooperationen (vgl. auch PETER ET AL. 2006).

3.3 SWOT-Analyse als rekursive Bewertung

Strategische Entscheidungsprozesse sind komplex in ihren Abläufen (siehe dazu auch Kapitel 4), sie sind auch komplex in Bezug auf die Ist-Analyse und die Generierung und Bewertung der Handlungs- bzw. Entscheidungsoptionen. Daher wird in der Praxis häufig alles willkommen geheißen, was eine Komplexitätsreduktion verspricht und Ordnung schafft. Dies mag ein Teil der Erklärung sein, warum sich die Analyse der Stärken und Schwächen, Chancen und Risiken (SWOT-Analyse) als Instrument der strategischen Planung solchen Interesses und solcher Akzeptanz in der Praxis (nicht nur in Bildungseinrichtungen) erfreut (COMAN/RONEN 2009, 5677; BERTHOLD ET AL. 2011, 72 f.).

Es scheint aber auch zu einfach zu sein: Man überlegt, was kann man (als Gesamtorganisation oder als Organisationseinheit) gut und was kann man nicht so gut, und schon hat man die Stärken und Schwächen einer Organisation herausgearbeitet. Bezogen auf die Umwelt arbeitet man heraus, welche aktuellen oder absehbaren Entwicklungen als vorteilhaft für die Organisation angesehen werden und welche als gefährlich oder bedrohlich und damit sind auch die Chancen und Risiken, die sich für die Organisation aus den Entwicklungen in ihrem Umfeld ergeben, identifiziert. Jetzt müssen nur noch die Verfahren und Pläne entwickelt werden, die es erlauben, vorhandene Stärken und Chancen auszunutzen und die relevanten Risiken abzumildern, schon ist die erfolgsträchtige Strategie fertig. Praktischerweise liefern einige Autoren, die dieser Logik anzuhängen scheinen, auch gleich eine Reihe von Checklisten mit, die von den strategischen Entscheidern einer Organisation nur noch abgearbeitet werden müssen (vgl. die bei VALENTIN (2001, 54) genannten Quellen). Dass sich solche allgemeinen Checklisten auf der Ebene von Items wie „Wahrscheinlichkeit des Markteintritts eines neuen Konkurrenten" als Bedrohung" oder „Attraktiver Kundenstamm" als Stärke bewegen (ebd.), verwundert dann auch nicht mehr. Die SWOT-Analyse ist, wie GRANT (2008, 276) schreibt, „an atheoretic classificatory system" und nicht mehr. Als solches bedarf es aber einer Füllung bzw. Untermauerung, wenn es sinnvoll eingesetzt werden soll.

Verdeutlicht werden kann die Notwendigkeit einer solchen Untermauerung anhand der scheinbar einfachen Frage: Was ist eine Stärke der Einrichtung? Wird diese Frage „aus dem Bauch heraus" in der Form beantwortet, dass das, was die Einrichtung besonders ‚gut' kann oder tut, als ihre Stärke betrachtet wird, finden implizit zumindest zwei Festsetzungen statt, die der Explikation und ggf. auch der Hinterfragung bedürfen:

1. Es werden bestimmte Kriterien verwendet, um zu der Bewertung ‚gut' zu gelangen. Werden diese allerdings nicht benannt, bleibt die Bewertung nicht nachvollziehbar und entzieht sich damit einer kritischen Hinterfragung. Wenn beispielsweise eine Grundschule die Betreuung der Schüler zwischen 8 und 16 Uhr sicherstellen kann, dazu zum Teil aber auf nicht ausgebildete Pädagogen in der Betreuung zurückgreift, dann würde dies unter dem Gesichtspunkt der rein zeitlichen Ausdehnung der Betreuung als ‚gut' bewertet werden. Fließen in die Bewertung auch Kriterien wie die Qualität der Betreuung ein, könnte die gerade genannte Form der Betreuung kritischer gesehen werden.

2. Es wird davon ausgegangen, dass die Umstände, die heute zu einer bestimmten Bewertung einer Fähigkeit oder Ressource einer Einrichtung führen, sich in der Zukunft nicht wesentlich ändern werden. Wenn eine Weiterbildungseinrichtung in der Zeit vor den Hartzreformen ein funktionierendes Netzwerk mit den benachbarten (damals noch) Arbeitsämtern aufgebaut hatte, so stellte dieses Netzwerk für die Einrichtung vermutlich eine Stärke dar, da darauf aufbauend eine gewisse Menge an Beauftragungen durch das Arbeitsamt erzielt werden konnte. Reduziert sich das Volumen der direkt durch die Arbeitsagenturen finanzierten Bildungsmaßnahmen und wird die Auswahl der Bildungsträger vermehrt den potenziellen Lernenden überlassen, an die dann Bildungsgutscheine ausgegeben werden, muss die Bewertung der Vernetzung mit den Arbeitsagenturen überdacht werden.

Wie in Kap. 2.6 argumentiert, werden die Kriterien, nach denen die Güte einer bestimmten Fähigkeit oder Ressource einer Organisation beurteilt werden, maßgeblich durch die relevanten Stakeholder der Organisation bestimmt, insbesondere durch diejenigen, die das Produkt oder die Dienstleistung abnehmen. Ändern sich die Ansprüche dieser Abnehmer bzw. Kunden, ändern sich die Rahmenbedingungen der Leistungs-/Produktabnahme oder ändern sich schlicht die Kundengruppen, muss eine vorgenommene Bewertung einer Fähigkeit/Ressource einer Organisation überdacht werden. Dies gilt natürlich analog auch für die anderen Stakeholder einer Organisation.

Dies lenkt den Blick auf die Umwelt der Organisation und die möglichen Chancen und Risiken, die für die Organisation aus der Umwelt erwachsen. Und auch in Bezug auf die Umwelt stellen sich die beiden Fragen, die gerade bezüglich der Stärken und Schwächen der Organisation thematisiert wurden:

1. Nach welchen Kriterien wird eine Gegebenheit/Entwicklung in der Umwelt als „Chance" oder als „Risiko" bewertet?

2. Welcher Zeithorizont wird bei der Analyse der Umwelt verwendet? Wird nur die Gegenwart betrachtet oder auch absehbare Entwicklungen?

Gerade in Bezug auf die Analyse der Umwelt bzw. der Stakeholder kommt noch eine weitere Frage hinzu:

1. Welche Umweltsegmente bzw. welche Stakeholder sollen bei der Analyse berücksichtigt werden und welche können vernachlässigt werden?

Alleine schon aufgrund der Beschränkungen in der Ressourcenausstattung

wird eine Organisation immer nur einen Teil ihrer Umwelt analysieren können. Eine reflektierte Selektion der berücksichtigten Umweltsegmente benötigt
Kriterien für die Auswahl.

Schon diese Fragestellungen weisen darauf hin, dass die eindeutige Zuordnung
der Eigenschaften einer Organisation zu Stärker oder Schwächen und die analoge Zuordnung von Umweltgegebenheiten bzw. -entwicklungen zu Bedrohungen
oder Chancen oft so eindeutig gar nicht möglich ist (CALORI 1998, 290). Für die
Stärken und Schwächen einer Einrichtung wurde dies bereits am Beispiel der Vernetzung eines Weiterbildungsträgers mit der Arbeitsagentur verdeutlicht. Analog
kann für die Bewertung von Umweltaspekten argumentiert werden: Die rückläu-
fige Förderung von Bildungsmaßnahmen durch die Agentur für Arbeit und die relativ große Anzahl von verfallenden Bildungsgutscheinen kann und wird von einem Bildungsträger, der sich vornehmlich auf dieses Geschäftsfeld gestützt hat,
als Bedrohung interpretiert werden. Allerdings könnte diese Entwicklung auch als
Anlass und Chance verstanden werden, sich beispielsweise mit der betrieblichen
Weiterbildung ein weiteres Geschäftsfeld zu erschließen. Dies gilt umso mehr,
wenn dieser Bildungsträger über Kontakte zu Personalern und/oder Betriebsräten
verfügt, die bei der Akquisition entsprechender Aufträge genutzt werden könnten. Es liegt nahe, dass diese Kontakte erst dann als potenzielle Stärke des Bil-
dungsträgers wahrgenommen werden, wenn mögliche Aktivitäten im Bereich der
betrieblichen Weiterbildung in den Blick geraten – für das Geschäft mit den Bildungsgutscheinen spielen sie schließlich keine Rolle.

Dies bedeutet, dass eine Bewertung von organisationalen Fähigkeiten oder
Ressourcen als ‚Stärke' oder ‚Schwäche' nicht unabhängig von den fokussierten
Gegebenheiten und Entwicklungen in der Umwelt der Bildungseinrichtung (bei
ihren relevanten Stakeholdern) vorgenommen werden kann. Was im Hinblick auf
eine bestimmte Entwicklung/bestimmte Stakeholder sich als Schwäche darstellt,
kann sich bei Berücksichtigung anderer Entwicklungstrends als Stärke entpuppen
– oder umgekehrt. Und ob eine bestimmte Umweltentwicklung eine ‚Bedrohung'
oder eine ‚Chance' darstellt, hängt nicht zuletzt davon ab, wie sich die Einrichtung zur Entwicklung verhält bzw. wie sie auf die Entwicklung reagiert (ebd.).

Wenn aber beide Bewertungen wechselseitig voneinander abhängen, so stellt
sich die Frage, wie es dann überhaupt zu einer Bewertung kommen kann und
soll. Der bereits mehrfach angeführte Aufsatz von CALORI (1998) verweist in seiner Antwort auf diese Frage auf zwei Prinzipien: die Dialektik nach Hegel und die
Rekursivität (ebd., 291 ff.):

Der Versuch im dialektischen Dreischritt – These, Antithese, Synthese – von
einer Wahrnehmung/Bewertung des ‚Ist' (These) über die gedankliche Verkeh-
rung in das Gegenteil (Antithese) zu einer Synthese von beiden Bewertungen zu
gelangen, zeigt nicht nur die Kontingenz jeglicher Bewertung (ebd., 293), sondern öffnet dem Akteur auch den Blick für Interpretationen und Bewertungen, die
ihm sonst verschlossen geblieben wären. Dies kann dann wieder Auswirkungen
auf die Bewertung der Umwelt haben, wenn die erste Bewertung der Organisation galt und umgekehrt.

In eine sequenzielle Form gebracht könnte das gerade angesprochene Vorgehen sich wie folgt gestalten:

1. Man beginnt (beispielsweise) mit den erwarteten Entwicklungen in der Umwelt der Organisation und gruppiert diese in die Kategorien Chancen und Risiken ein. Eine solche Bewertung wird in der Regel auf Kriterien zurückgreifen, die aus der aktuellen (strategischen) Ausrichtung der Organisation abgeleitet sind – ‚wenn wir alles so weiter machen, wie bisher, ist diese Entwicklung erfreulich und eine andere Entwicklung bedrohlich.'

2. Mit dieser Bewertung sind zumindest implizit auch schon die ersten Stärken und Schwächen der Einrichtung benannt worden: Stärken sind Eigenschaften, die es der Organisation erlauben eine Umweltentwicklung als Chance zu nutzen und Schwächen lassen eine Umweltentwicklung als Risiko erscheinen.

3. Im nächsten Schritt könnte dann gefragt werden, unter welchen Bedingungen die zuvor identifizierten Chancen als Risiken erscheinen würden und umgekehrt die Risiken als Chancen. Diese Bedingungen können sich zum einen auf die Berücksichtigung bislang noch nicht berücksichtigter Stakeholder oder Umweltsegmente beziehen (eine Argumentationslinie, die hier außen vor gelassen werden soll) oder auf die Fähigkeiten und Ressourcen der Organisation.

4. Damit werden zum einen ggf. bereits bewertete Fähigkeiten und Ressourcen der Organisation neu bewertet und zum anderen kann es passieren, dass Ressourcen als potenziell strategisch relevant identifiziert werden, deren Bedeutung zuvor nicht offenbar geworden war.

Dieser Kreislauf kann und wird ggf. mehrere Male durchlaufen werden, da sich jeweils neue strategische Optionen offenbaren. Er beschränkt sich nicht auf die reine Analyse, sondern ist – im Sinne strategischen Lernens (vgl. Kap. 2.2.2.) immer wieder durchsetzt mit Phasen des Handelns und der Auswertungen der dabei gemachten Erfahrungen, die dann einfließen können in ggf. revidierte Bewertungen der Organisation und ihrer Umwelt.

VALENTIN (2001) weist darauf hin, dass eine theoretische Unterfütterung einer solchen Analyse mit den Überlegungen des Resource-Based-View hilfreich ist: Dieser stellt nicht nur die Bedeutung des strategischen Wertes heraus, den die Stärken der Einrichtung für ihre Kunden haben müssen (ebd., 56), sondern unterstreicht auch, dass neben den Ressourcen und Fähigkeiten, die zu Stärken der Organisation zählen oder – bei angemessener Entwicklung – werden können (ebd., 62 ff.). auch die Ressourcen und Fähigkeiten zu beachten sind, die eine Organisation befähigen, potenzielle Bedrohungen abzuschwächen oder ggf. sogar in Chancen zu verwandeln (ebd., 58 ff.).

Fragen zum Themenbereich Anwendungen

• Zielvereinbarungen haben zumindest drei Funktionen: Förderung des Austauschs über die zu erreichenden Ziele, Steigerung der Motivation zur Erreichung der vereinbarten Ziele und Entlastung der Führungsebene, da Detailfragen der Zielerreichung nicht von ihr bearbeitet werden müssen. Überlegen Sie bitte, welche dieser Funktionen im Rahmen strategischen Managements besonders bedeutsam sind und in welcher Hinsicht sich bei Zielvereinbarungen in Bildungseinrichtungen spezifische Herausforderungen ergeben.

- Der Relational View stellt die Bedingungen dar, unter denen auch Organisationen, die für sich genommen unter strategischen Gesichtspunkten ‚nichts Besonderes‘ sind, also weder spezifische Vorteile auf dem Absatzmarkt, noch in der Ressourcenausstattung besitzen, durch Kooperationen mit anderen Organisationen strategische Vorteile erzielen können. Welche Bedeutung haben die Stakeholder einer Bildungseinrichtung bei der Bestimmung der Art der anzustrebenden Kooperationen und der Auswahl der potenziellen Kooperationspartner unter strategischen Gesichtspunkten?
- Vollziehen Sie die in dem letzten Abschnitt des Kapitels beschriebene gedankliche Bewegung nach: Bestimmen Sie zunächst (mehr oder weniger ad hoc) die Stärken und Schwächen sowie Chancen und Risiken Ihrer Bildungseinrichtung. Hinterfragen Sie dann die vorgenommenen Bewertungen und überlegen Sie, unter welchen Bedingungen Sie zu einer gegenteiligen Bewertung gekommen wären.

Literatur zur Vertiefung

Bogumil, J. et al. (2013): Modernisierung der Universitäten. Umsetzungsstand und Wirkungen der neuen Steuerungsinstrumente, Berlin., 77–128.
Eine weitere empirische Bestandsaufnahme, die unter anderem auch danach fragt, welche Bedeutung Zielvereinbarungen – intern und extern – von den unterschiedlichen Akteursgruppen innerhalb der Universität – Kanzler, Rektoren, Dekane und Professoren – beigemessen werden.

Calori, R. (1998): Essai: Philosophizing on strategic management models, in: Organization Studies 19(2), 281–306.
Wie der Titel schon sagt: eine philosophische Annäherung an strategisches Denken, die einige gängige kognitive Muster fundiert hinterfragt und daher nicht für die SWOT-Analyse inspirierend ist.

Dyer, J.H./Singh, H. (1998): The relational view: Cooperative strategy and sources of interorganizational competitive advantage, in: Academy of Management Review 23 (4), 660–679.
Der Aufsatz, in dem Dyer und Singh erstmals den Ansatz des relational view vorstellten.

Jaeger, M./Leszczensky, M./Orr, D./Schwarzenberger, A. (2005): Formelgebundene Mittelvergabe und Zielvereinbarungen als Instrumente der Budgetierung an deutschen Universitäten: Ergebnisse einer bundesweiten Befragung, Kurzinformation Hochschul-Informations-System A13/2005, Hannover.
Zwar etwas älter, aber eine umfassende und sehr informative Bestandsaufnahme der empirischen Bedeutung von Zielvereinbarungen an Universitäten.

4 Zum (strategischen) Management von Bildungseinrichtungen

Nachdem in den vorangehenden Kapiteln das Augenmerk vornehmlich auf die Bedingungen strategischen Erfolgs und die Ziele, die strategisches Management anstreben sollte, gelegt wurde, werden im Folgenden die Möglichkeiten betrachtet, diese Ziele in und mit Bildungseinrichtungen zu verfolgen. Kurz gesagt: Es wird im Folgenden der Frage nachgegangen, ob und wie es möglich ist, Bildungseinrichtungen so zu steuern, dass sie die strategisch als sinnvoll erkannten Ziele erreichen. Um diese Frage beantworten zu können, muss die Organisation von Bildungseinrichtungen betrachtet werden und damit die Bedingungen, die sie für ein zielgerichtetes (strategisches) Management bereitstellen oder ihm auch – wie sich zeigen wird – häufig entgegenstellen. Der mit dieser Betrachtung zwangsläufig verbundene Exkurs in die Organisationstheorie kann an dieser Stelle nur kursorisch ausfallen. Für eine weiter- und tiefergehende Betrachtung sei auf das Modul „Organisation" verwiesen.

4.1 Bildungsorganisationen als lose gekoppelte Systeme

In einem Sammelband zur „Universität im 21. Jahrhundert" (LASKE ET AL. 2000) findet sich unter dem Stichwort „Strategie" eine Reihe von Beiträgen (REICHWALD 2000; PICOT 2000), die Vorschläge zur Steigerung der Innovationsfähigkeit von Universitäten und zur Reform ihrer Struktur unterbreiten. Allerdings thematisieren diese Beiträge das Problem der Umsetzung solcher Vorschläge in Bildungseinrichtungen kaum. Sie werden geradezu konterkariert durch eine Reihe weiterer Aufsätze in demselben Band, die unter dem Stichwort „Organisation" nach den Rahmenbedingungen in Bildungseinrichtungen, speziell Universitäten, fragen und zu wesentlich differenzierteren (SCHEYTT/MEISTER-SCHEYTT 2000; LASKE/ZAUNER 2000), zum Teil sogar pessimistischen Ergebnissen (ORTMANN 2000; SCHNEIDER 2000) bezüglich der Möglichkeiten, Universitäten zu reformieren und im Sinne strategischen Managements zu steuern, gelangen. In einem ähnlichen Sinne argumentieren auch BERTHOLD ET AL. (2011) und FRIEDRICHSMEIER (2012).

Diese Diskrepanz zwischen den – häufig ohne größere Beachtung von Fragen der Umsetzbarkeit entwickelten – strategischen Normen und Rezepten auf der einen und den – auf einer genaueren Betrachtung organisationaler Prozesse und Strukturen beruhenden – Analysen der Umsetzbarkeit strategischer Ideale auf der anderen Seite ist typisch für die Literatur zum strategischen Management allgemein, wie die bekannte Unterscheidung zwischen präskriptiver und deskriptiver Strategieforschung von SCHREYÖGG (1984) zeigt. Sie tritt besonders scharf am Beispiel von Bildungseinrichtungen hervor. Diese tragen angesichts ihrer typischen Struktur – auf der einen Seite eine relativ bürokratische Verwaltung, auf der anderen Seite eine Gruppe (von einem Team kann man in den seltensten Fällen sprechen) von Experten, die mehr oder weniger große Autonomie genießen (den Lehrenden) – organisationale Widersprüche bereits in sich. So ist es nicht verwunderlich, dass Bildungseinrichtungen die Organisationstheorie zur Entwicklung von Modellen angeregt haben, die gängige Vorstellungen über rationale Prozesse in Organisationen auf den Kopf stellen, wie das Papierkorb-Modell organisatorischen Wahlverhaltens (COHEN ET AL. 1990).

In Bildungseinrichtungen (insbesondere in staatlichen) existieren, wie bereits erwähnt, häufig zwei Welten: Auf der einen Seite steht die Verwaltung, die weitgehend nach einem bürokratischen Modell organisiert ist, bei dem Max Webers Analyse der Bürokratie (WEBER 1972) Pate gestanden habe könnte. Die Handlungsweise basiert auf Prinzipien wie der Arbeitsteilung, der Amtshierarchie, der regelgemäßen Aufgabenerfüllung und der Aktenmäßigkeit (KIESER 1999, 48 f.). Diese Organisation von Arbeit erlaubt die rationale und rationelle Erfüllung von sich wiederholenden standardisierten Aufgaben. Sie ist auch gut geeignet für den Austausch und die Kommunikation mit staatlichen Stellen. Wie eine Maschine kann die bürokratische Organisation planvoll konstruiert werden in einer Art, die Berechenbarkeit schafft und Reibungsverluste minimiert (ebd., 50). Sie wird aber auch leicht zum „stahlharten Gehäuse", das Veränderungen und Anpassungen be- oder verhindert, da sie ein Eigenleben führt, sich ausdehnt und verfestigt sowie schnell vom Mittel zur Bewältigung von Aufgaben zum Selbstzweck wird (ebd., 51).

Dieser bürokratischen Verwaltung steht der Lehrbereich gegenüber (NICKEL 2007, 101 ff.). Strukturell bedingt – und verstärkt durch die typischen Persönlichkeitsstrukturen der dort tätigen Akteure – widerspricht er nahezu allen Prinzipien, die die Bürokratie ausmachen. Während sich eine Aufgabenteilung gerade noch in Ansätzen feststellen lässt, wobei bereits diese sich häufig eher an den Fähigkeiten und Kenntnissen der einzelnen Akteure orientiert als an einer im Vorfeld definierten Arbeitsteilung, sucht man die anderen Elemente der Bürokratie weitgehend vergeblich. Eine formale Amtshierarchie existiert zwar in den Bereichen der (Selbst-)Verwaltung des Lehrbereichs, doch sind die leitenden Akteure hier häufig nur auf Zeit gewählt und treten dann wieder zurück ins Glied, was ihre Ambitionen, tiefgreifende Veränderungen einzuleiten und durchzusetzen, dämpfen mag. Viel relevanter ist jedoch die weitgehende Unabhängigkeit der Akteure voneinander: Zwei Lehrende, die unterschiedliche Stoffgebiete vertreten, sind in ihrer Aufgabenerfüllung nicht aufeinander angewiesen. Sie treten parallel an die Lernenden heran und brauchen sich – mit der Ausnahme einiger basaler Annahmen bezüglich der vorhandenen Grundkenntnisse, über die die Lernenden verfügen (sollten) – nicht um die Aktivitäten der anderen Lehrenden zu kümmern. Da sich inhaltliche Einreden in die Gestaltung der Lehre in dieser Kultur der Experten meist verbieten bzw. mit Verweis auf die eigene Expertise abgewehrt werden können[1], bezieht sich ein Großteil des Koordinationsbedarfs auf die Frage der Räume für die Lehrveranstaltungen und die zeitliche Abstimmung

---

1 Ansätze einer inhaltlichen Koordination, wie sie sich beispielsweise in interdisziplinären Lehrveranstaltungen an den in den siebziger Jahren gegründeten Gesamthochschulen fanden, sucht man mittlerweile dort vergebens.

des Lehrangebotes. Allerdings zeigt ein Blick in die Vorlesungsverzeichnisse von Universitäten häufig, dass zumindest dort auch diese Abstimmung nur begrenzt vorgenommen wird.[2] Ähnlich sieht es auch mit der Art und Weise der Ausübung der Lehre aus. Hier steht bereits die Aufgabe selbst einer vollständig regelgeleiteten Arbeitsausführung entgegen und selbst wenn die Pädagogik hier vieles an Hinweisen zu bieten hat, so ist sie doch weit entfernt von der Formulierung von Verfahrensregeln. Auf einem anderen Blatt steht noch, dass von vielen Lehrenden in (Weiter-)Bildungseinrichtungen überhaupt keine pädagogische Ausbildung verlangt wird. Einer der wenigen Punkte dagegen, wo sich Anklänge an ein bürokratisches Modell finden lassen, ist die Aktenmäßigkeit. Diese beschränkt sich allerdings im Lehrbetrieb meist auf die Dokumentation von Prüfungsleistungen.

Im Bereich der Forschung an Universitäten ist die strukturelle Unabhängigkeit der Lehrenden von einander in noch größerem Maße gegeben. Hier treffen Experten aufeinander, die in ihrer Arbeit, wenn überhaupt, dann stärker von Experten desgleichen Fachgebiets an anderen Standorten abhängig sind, als von den Kollegen an der heimischen Hochschule. Eine hochschulbezogene inhaltliche Koordination der Aktivitäten ist hier eher die Ausnahme als die Regel und wird zumeist vom individuellen Engagement einzelner Akteure getragen. Häufig genug ist der einzige Berührungspunkt der Lehrenden die Frage der Verteilung von Institutsräumen und – den immer mehr abnehmenden – Sach- und Personalmitteln. Gleichzeitig ist hier mit der einfacheren Messbarkeit von Zielen – etwa über die Menge der eingeworbenen Drittmittel – eine Vereinbarung und Überprüfung von Vorgaben leichter möglich als in der Lehre.

Es ergibt sich ein Bild einer mehrfach lose gekoppelten Organisation, die zum einen in die Bereiche Verwaltung auf der einen und Lehre auf der anderen Seite zerfällt und zum zweiten innerhalb des Lehrbereichs noch aus einer ebenfalls kaum gekoppelten Ansammlung von Experten(-gruppen) (Lehrende bzw. Lehrstühle) besteht. Letztere kann aufgrund der individuellen Expertise der einzelnen Akteure kaum inhaltlich koordiniert[3] werden und verweigert sich aufgrund der Unterschiedlichkeiten in der Lehre auch einer durchgängigen Bewertung. Versuche zur Bewertung dieses Bereiches (und auch der Forschungsaktivitäten) werden zwar in den letzten Jahren in Form von Audits oder Evaluationen verstärkt unternommen, doch unterliegen sie mit dem ihnen innewohnenden Drang zur Beför-

---

2 Fachhochschulen mit ihrer in der Regel stärkeren ‚Verschulung‘ des Studienangebotes und Schulen im Allgemeinen lösen diese Koordinationsaufgabe in der Regel besser, sofern die notwendigen ‚Ressourcen‘ (Lehrräume und Lehrpersonal) ausreichend zur Verfügung stehen.

3 Eine inhaltliche Koordination und Steuerung von Forschungsaktivitäten, die sich nicht an wohlfeilen aktuellen Moden und Trends orientiert und damit dem bereits in Bezug auf die Evaluation angeführten Vereinheitlichungsdrang Vorschub leistet, sondern sich auf einem substantiellen Verständnis der unterschiedlichen Forschungsbereiche aufbaut, würde von den Koordinatoren umfassende Kenntnisse in allen Wissenschaftsbereichen verlangen. Sie müssten mindestens so viel wissen wie die Wissenschaftler selbst (eigentlich sogar noch mehr, dass damit die Wissenschaftler überflüssig würden, sei nur am Rande bemerkt). Der Versuch einer solchen inhaltlichen Steuerung wissenschaftlicher Aktivitäten scheint damit genauso zum Scheitern verurteilt, wie die Steuerung innovativer virtueller Unternehmen und Expertennetzwerke (ZIMMER 2003).

derung des Konformismus und zur Verstetigung ihrer selbst auch massiver Kritik. So schreibt ORTMANN (2000, 390) unter Bezugnahme auf ALFRED KIESER (1998), der selbst Mitglied einer Evaluationskommission für niedersächsische Hochschulen ist:

> „Der unwiderstehliche Sog der Evaluation ist im Begriff, daraus eine institutionalisierte Technik im Sinne MEYERS und ROWANS (1977) zu machen, Rationalitätsmythen inbegriffen. Keine Universität wird es sich noch leisten können, ohne gediegene Verfahren der Selbst- und Fremdevaluation auszukommen. [...]
>
> Bei der Maulwurfsarbeit, jenen Rationalitätsmythos zu untergraben, hat sich die größten Verdienste Alfred Kieser erworben. Sein ‚Going Dutch‘ (1998) sollte geeignet sein, für die dringend gebotene Ernüchterung zu sorgen [...] [Seine] Botschaft lautet:
>
> Wir leben in einer Risiko- und daher in einer Audit-Gesellschaft (POWER 1994, 1997). ISO 9000 ff, Gütesiegel, Umweltzertifikate, Controlling – überall geht es um, institutionenökonomisch gesprochen, Selbstbindung und signaling, betreffend die Qualität von Prozessen und Produkten, die sich ‚ohne weiteres‘ schlechter und schlechter beurteilen lassen.
>
> ‚Evaluationen signalisieren einen Vertrauensschwund und fördern somit die Erosion berufsethischer Normen‘ (KIESER 1998, 219; i.Orig. kursiv). Ergo: ‚Audit creates for which it is the prescribed treatment‘ (POWER 1994, 13). Nils Brunson würde allenfalls ergänzen: Audits sind eben deshalb die Quelle weiterer Audits, Evaluationen Quelle weiterer Evaluationen.
>
> Evaluationsmethoden und allgemein die Strukturierung des Verfahrens beeinflussen in hohem Maße und auf für viele undurchsichtige Weise die Ergebnisse der Evaluation (KIESER 1998, 212). [...]
>
> ‚Evaluationen ... erhöhen meist nicht die Transparenz des evaluierten Systems‘ (KIESER 1998, 220). Sie erzeugen aber ‚die Illusion der Transparenz‘ (ebd., i. Orig. kursiv [...])
>
> ‚Evaluationen schaffen die Wirklichkeit, die zu messen sie vorgeben‘ (KIESER 1998, 221; i. Orig. Kursiv). [...]
>
> Evaluationen sorgen für einen Vereinheitlichungssog, welcher der Kreativität und erforderlichen Diversität wissenschaftlicher Denkprozesse noch schweren Schaden zufügen wird (KAPPLER 1995)."

Einladung zum Nachdenken:

Bevor Sie weiterlesen, überlegen Sie bitte, welche Risiken und Potenziale Sie selbst in Organisationen sehen, deren Bestandteile nur lose gekoppelt sind. Greifen Sie dabei gerne auf eigene Erfahrungen mit Bildungseinrichtungen zurück. Was funktioniert dort anders oder schlechter, als man es in einem straffer organisierten Unternehmen der freien Wirtschaft erwarten würde? Was kann eine (Ihre) Bildungseinrichtung leisten, was in der freien Wirtschaft schlechter vorstellbar wäre?

Diese gerade beschriebenen, in mehrfacher Hinsicht lose gekoppelten Systeme in Bildungseinrichtungen haben einige Eigenschaften, die einem gradlinigen Management widersprechen. WEICK (1976, 4) benennt sie:

1. In solchen Organisationen treten Intentionen und Handlungen häufig in umgekehrter Reihenfolge auf: Erst wird gehandelt, um sich dann über die Gründe des Handelns Gedanken zu machen. „Unfortunately, organizations continue to think that planning is a good thing, they spend much time on planning, and actions are assessed in terms of the fit with plans" (ebd.).

2. Vergangenheit und Zukunft können in solchen Organisationen ebenfalls in dem Sinne lose gekoppelt sein, dass die Geschehnisse und Entscheidungen von gestern nur wenig zu tun haben mit dem, was morgen geschieht oder entschieden wird. Dies kann durch die häufig wechselnde Besetzung von Gremien (s. Abs. 4.2) bedingt sein, die zu einer Art institutionalisierter Amnesie der Gremien der Selbstverwaltung führt. Die lose Kopplung von Vergangenheit und Zukunft hat ihre Ursachen aber auch in sich plötzlich ändernden politischen Entscheidungen, wenn beispielsweise auf politischer Ebene im September 2003 unerwartet entschieden wird, Bachelor- und Masterabschlüsse für alle Studiengänge bereits 2005 und nicht erst fünf Jahre später – wie ursprünglich geplant – einzuführen.

3. Ähnliches gilt für den hierarchischen Aufbau bzw. die klassische Aufbauorganisation. Akteure, die in der Hierarchie nachgeordnet erscheinen, können sich so verhalten, dass ihre Entscheidungen und Aktionen nur lose gekoppelt zu den Anweisungen und Entscheidungen hierarchisch höherstehender Stellen erscheinen.

4. Ferner findet sich in solchen Systemen häufig eine nur lose Kopplung zwischen Mitteln und Zielen, die dazu führt, dass ein Ziel auf unterschiedlichen Wegen erreicht werden kann und ein Mittel für unterschiedliche Ziele zu gebrauchen ist.

Damit ist die Liste potenzieller loser Kopplungen aber noch nicht zu Ende: „Other elements that might be found in loosely coupled educational systems are teachers-materials, voters-schoolboard, administrators-classroom, process-outcome, teacher-teacher, parent-teacher, and teacher-pubil" (ebd.).

Diesem potenziellen Schreckenskatalog eines tatkräftigen Managers aber nun einfach beikommen zu wollen, indem man Bildungsorganisationen in eng gekoppelte, hierarchisch organisierte Bürokratien umwandelt, hieße, das Kind mit dem Bade ausschütten, denn diese leicht chaotisch anmutende Organisationsform hat auch ihre Vorteile (vgl. ebd., 6 ff.):

1. Die lose Kopplung erlaubt die partielle Anpassung von Teilen der Organisation, ohne dass die gesamte Organisation verändert werden muss. So können sich Teile der Organisation neuen Anforderungen der Umwelt oder der Mitglieder anpassen, während andere ihre tradierten Formen behalten. Die lose Kopplung der einzelnen Teilsysteme sorgt dafür, dass die wechselseitigen Irritationen durch solche Anpassungsprozesse auf ein Minimum beschränkt bleiben. Eine Folge hiervon ist, dass Organisationen gleichzeitig (in einem Teilbe-

reich) innovationsfreudig erscheinen, während sie (in einem anderen Bereich) höchst traditionell sind.

2. Diese Unterschiedlichkeit der Teilbereiche führt auch zu einer erhöhten Sensibilität für Veränderungen in der Umwelt. Jeder Teilbereich bildet unabhängige Sensoren für die für ihn relevanten Teile der Umwelt aus und kann diese besser anpassen, als es bei einem gleichförmigen Wahrnehmungssystem einer eng gekoppelten Organisation der Fall wäre. So können Bildungsorganisationen beispielsweise im Verwaltungsbereich besondere Sensoren für Veränderungen im politischen Bereich entwickeln, die Dank der losen Kopplung nicht zu Lasten der Wahrnehmungen der Lehrenden in den für sie relevanten Wissensgebieten gehen.

3. Eine Folge dieser beiden Eigenschaften ist, dass sich in lose gekoppelten Systemen gleichzeitig eine größere Zahl von organisatorischen „Mutationen" und neuen Konzepten entwickeln kann. Diese in den relativ separierten Teilsystemen entstandenen lokalen Veränderungen können sich als gangbar erweisen oder auch nicht, ohne dass die Organisation als Ganzes gefährdet ist. Diese Pilotprojekte führen zum einen zu einer größeren Anpassungsfähigkeit der Organisation, da sie bei entsprechenden Veränderungen in der Umwelt von anderen Organisationsteilen übernommen werden können und verhindern eine zu starke Spezialisierung der Organisation im Hinblick auf eine bestimmte Umwelt, die im Falle eines Wandels der Umwelt zu hohen Umstellungskosten und -verlusten führen könnte.

4. Ferner können lose gekoppelte Systeme Krisen und auch Zusammenbrüche deswegen eher überstehen, weil diese in der Regel nur Teilsysteme betreffen. Die lose Kopplung führt dazu, dass selbst der Ausfall eines Teilsystems das Funktionieren der anderen Teilsysteme gar nicht oder nur in geringem Umfang tangiert. So kann eine Universität selbst dann, wenn ihr zentrales Bestellwesen über Monate hinweg ausfällt, sowohl den Lehr- als auch den Forschungsbetrieb ohne Einschränkungen aufrecht erhalten, da sich an vielen Stellen redundante Strukturen entwickelt haben, die die Aufgabe des ausgefallenen Bestellwesens ersetzen.

5. Schließlich sind lose gekoppelte Systeme relativ günstig zu betreiben, da der Zeitaufwand und die Kosten der Koordination vieler Akteure größtenteils entfallen. Vieles, was in (den einzelnen Teilsystemen) der Organisation geschieht, wird ohnehin durch Stellen außerhalb der Organisation bestimmt, so dass der Organisation selbst nur noch ein paar Aufgaben verbleiben.

Trotz dieser Vorteile haben lose gekoppelte Organisationen auch ihre Nachteile. Nachteile, die insbesondere für jede Form (strategisch motivierter) Veränderung relevant sind:

> „Despite this [...] loose coupling is also a nonrational system of fund allocation and therefore, unspecifiable, unmodifiable, and incapable of being used as means of change" (WEICK 1976, 8).

Am Beispiel von Hochschulen betrachtet, zeigt sich, wie nah Licht und Schatten dieses lose gekoppelten Systems nebeneinander liegen. So kann das System relativ problemlos mit Schwankungen der Teilnehmerzahl von Lehrveranstaltungen umgehen, die in der Größenordnung mehrerer hundert Prozent liegen (80 Hörer in einem Jahr, über 300 im folgenden Jahr). Unter strategischen Gesichtspunkten ermöglicht es diese Systemkonfiguration, dass innerhalb des Systems ‚Insellösungen' entwickelt und erprobt werden, ohne dass direkt das gesamte System modifiziert werden muss. Erweisen sich diese Insellösungen als erfolgsträchtig, können sie zu einem späteren Zeitpunkt auf weitere Teilbereiche der Bildungseinrichtung übertragen werden (ZIMMER 2013, 189). Gleichzeitig kann ein lose gekoppeltes System nicht verhindern, dass Lehrkräfte allen Appellen und öffentlichkeitswirksam publizierten Leitbildern zum Trotz seit Jahren dieselbe, niemals überarbeitete Lehrveranstaltung abhalten.

4.2 Organisierte Anarchien mit Mülleimer-Entscheidungen?!

Die Problematik des Managements von Bildungsorganisationen zeigt sich auch in ihren Entscheidungsprozessen. Staatliche Ziele, Interessen von Einflussgruppen (Industrie, Verbände), Interessen der Lernenden und die Eigeninteressen der Lehrenden führen zu einem unauflösbaren Zielwirrwarr (SCHIMANK 2001, 224 ff.), der Prioritätensetzungen erschwert und ungeachtet der Weick'schen Überlegungen zur Kostengünstigkeit der Koordination in lose gekoppelten Systemen gerade in selbstverwalteten Organisationen wie Hochschulen Entscheidungsfindungen und -umsetzungen zu einer irrwitzigen Auto-Scooter Fahrt werden lässt:

> „Wichtiges und Läppisches vermischt sich auf den Tagesordnungen [der Sitzungen der Selbstverwaltungsgremien (M.Z.)] zu einem unentwirrbaren Knäuel loser Fäden. Und das hält in Atem, produziert hektische Betriebsamkeit auf Seiten aller Entscheidungsbeteiligten – und wer ist in deutschen Hochschulen nicht auf die eine oder andere Weise an zu vielen Entscheidungen beteiligt!
>
> Dass passionierte oder zumindest dienstbeflissene Wissenschaftler lieber forschen und lehren statt zu entscheiden, gälte selbst dann, wenn mit ihren Entscheidungen weitreichende Gestaltungswirkungen – etwa in Richtung Reformen – verbunden wären. Wenn aber der ganze Aufwand an Zeit und Energie, den einen die Selbstverwaltung kostet, als hoffnungslos vergeudet eingeschätzt wird, weil man den getroffenen Entscheidungen nicht zutraut, dass sie auch nur ansatzweise den jeweils gewollten ‚Unterschied machen', dann zeigt sich das verbreitete Unbehagen an der hochschulischen Selbstverwaltung in einem dramatischeren Licht.
>
> Professoren ebenso wie Studierende, wissenschaftliche ebenso wie nichtwissenschaftliche Mitarbeiter und last but not least wohl auch die Entscheidungsträger in der Hochschulverwaltung: Sie alle kommen sich in

den Entscheidungsstrukturen und -prozessen der deutschen Hochschulen wie jemand vor, der auf der Kirmes im Auto-Scooter am Lenkrad eines der Fahrzeuge sitzt und den absurden Versuch unternimmt, zielgerichtet einen bestimmten Kurs zu steuern. Ein solcher armer Irrer käme so gut wie niemals tatsächlich dort an, wo er hin wollte, weil er in der Enge des mit Fahrzeugen überfüllten Auto-Scooters permanenten Kollisionen mit anderen ausgesetzt wäre, die ihn immer wieder anders vom Kurs abbrächten." (ebd., 230 f.)

Während auf die Ziele der anderen Auto-Scooter-Fahrer im nächsten Abschnitt (4.3) eingegangen wird, in dem aus einer mikropolitischen Sicht die Vermutung geäußert wird, dass diese sowohl im Stören des jeweils anderen bestehen können, als auch in dem – vermutlich ebenfalls unsinnigen – Versuch, ein bestimmtes Ziel auf der Fahrbahn zu erreichen, stellt sich hier erst einmal die Frage, wie Bildungsorganisationen mit der geradezu plastisch durch UWE SCHIMANK skizzierten Situation umgehen, wie sie ihre Entscheidungen treffen und welche Folgen das hat.

Basierend auf der Untersuchung von Entscheidungsprozessen in Bildungseinrichtungen wurde das Modell des „garbage can decision processes" (COHEN ET AL. 1990) entwickelt. Es stellt Modelle rationalen Entscheidens in Organisation auf den Kopf. In der Regel stellt man sich einen rationalen Entscheidungsprozess so vor: Ein Entscheidungsproblem taucht auf oder wird als solches identifiziert. Dann wird es in dafür eingerichteten Verfahren mit den dafür vorgesehenen – häufig besonders qualifizierten – Beteiligten bearbeitet. Dabei werden unterschiedliche Problemlösungen generiert und gegeneinander abgewogen. Die Alternative, die als beste erscheint, wird ausgewählt und umgesetzt.

Ganz anders das Bild bei „Mülleimer-Entscheidungsprozessen". Diese treten in „organisierten Anarchien" (ebd., 330) auf. Organisierte Anarchien sind gekennzeichnet durch drei Eigenschaften (ebd., 330 f.):

1. Problematische, inkonsistente und häufig schlecht definierte Präferenzen, die weniger die Handlungen leiten, als durch diese im Nachhinein entdeckt werden.

2. Unklare Technologien und Funktionsweisen der Organisation: Die Prozesse in einer Organisation werden von ihren Mitgliedern nicht verstanden. Die Folge sind Trial-and-error-Verfahren, der Rückgriff auf bekannte, in der Vergangenheit bewährte Lösungen und pragmatische, aus der Not geborene Erfindungen.

3. Fluktuierende Teilnahme an Entscheidungssituationen, bei der die Teilnehmer an Entscheidungsprozessen auf unvorhersehbare Weise in unterschiedlichem Umfang an den Prozessen teilnehmen oder ihnen fernbleiben.

Diese Eigenschaften organisierter Anarchien halten COHEN ET AL. bei jeder Organisation für teilweise bzw. zeitweise charakteristisch, doch „[b]esonders auffällig sind sie in öffentlichen, Bildungs- und unrechtmäßigen Organisationen" (ebd., 331).

In solchen Organisationen laufen Entscheidungsprozesse ganz anders ab als oben skizziert. Bildungseinrichtungen sind von ihnen häufig in zweifacher Hinsicht betroffen: Zum einen laufen ihre eigenen Entscheidungsprozesse in der im Folgenden genauer skizzierten Art ab, zum anderen sind die wesentlichen Stakeholder der Einrichtungen häufig ihrerseits öffentliche bzw. politische Organisationen, in denen Entscheidungen ebenfalls in einer organisierten Anarchie getroffen werden. Dies kann massive Auswirkungen auf die Prognostizierbarkeit der Entscheidungen der Stakeholder haben und damit auch auf die Planbarkeit von Strategien für die von den Entscheidungen betroffenen Bildungseinrichtungen.

Wesentlich für Entscheidungsprozesse in organisierten Anarchien sind vier Komponenten (ebd., 333):

- *Probleme*
  Probleme entstehen überall. Sie beruhen auf privaten oder organisatorischen Vorgängen oder auch auf Geschehnissen außerhalb der Organisation, die durch Massenmedien oder andere Akteure auf die Agenda gebracht werden. Da keine klaren Präferenzen existieren, erfordert jedes dieser Probleme Aufmerksamkeit.

- *Lösungen*
  Eine Lösung ist häufig weniger die Antwort auf ein Problem denn eine Antwort, die nach Fragen, die sie beantworten könnte, Ausschau hält. „Trotz des Lehrsatzes, daß man erst dann eine Antwort finden könnte, wenn zuvor die Frage gut formuliert worden ist, ist es bei Problemlösungen in Organisationen oft so, daß man die Frage erst dann kennt, wenn man die Antwort weiß" (ebd.).

- *Teilnehmer*
  Die Teilnehmer an Entscheidungsprozessen wechseln permanent. Dabei hängt die Partizipation vornehmlich von anderen zeitlichen Verpflichtungen der Teilnehmer ab und kaum von den Eigenarten der gerade zu treffenden Entscheidung.

- *Wahlmöglichkeiten*
  Es gibt immer wieder Situationen, in denen von einer Organisation erwartet wird, dass sie ein Verhalten zeigt, das man als Entscheidung bezeichnen kann: Verträge müssen unterzeichnet werden, Geld muss ausgegeben werden, Personen eingestellt, befördert oder entlassen werden. Chancen für Wahlmöglichkeiten entstehen regelmäßig und jede Organisation verfügt über Wege, solche zu deklarieren.

Der Zusammenhang zwischen diesen Komponenten sieht nun so aus, dass die Wahlmöglichkeiten die Papierkörbe oder Mülleimer (garbage cans) sind, in die von unterschiedlichen Teilnehmern unterschiedliche Probleme und Lösungen geworfen werden, was dann als Entscheidung interpretiert wird. Die Folge:

„Verfahren finden statt, obwohl gar keine echten Probleme vorliegen, und umgekehrt stellen sich Probleme, für die keine passenden Verfahren existieren; es entscheidet mit, wer gerade da ist, und das fluktuiert erheblich; Lösungen flottieren auf der Suche nach Problemen, und wenn kein passendes auftaucht, wird eine Lösung auch einem unpassenden Problem aufgepfropft. Lösungen werden demnach nicht problemspezifisch ausgearbeitet, sondern liegen – abhängig von der situativen Zusammensetzung der Entscheidungsbeteiligten – etwa als unspezifische Routinen, die zumindest Tatbereitschaft dokumentieren, oder als diffuse Betroffenheiten, die jeden erdenklichen Artikulationsanlass nutzen, in der Luft und werden entsprechend aus der Luft gegriffen." (SCHIMANK 2001, 231)

Dies hat zur Folge, dass in der Regel das Ergebnis von Entscheidungsprozessen so ist, wie es von niemand vorhergesehen wurde und werden konnte. Neben diesem Überraschungseffekt, der bereits lähmend auf Ambitionen zielgerichteter Veränderung wirken kann, diagnostiziert UWE SCHIMANK (ebd., 232) noch eine Besonderheit für deutsche Hochschulen: „Die getroffenen Entscheidungen tendieren [...] in ihrer Umgestaltungskraft typischerweise gegen Null. [...] Der Status quo reproduziert sich – ob das nun die Ausgestaltung von Studiengängen, die Verteilung von Ressourcen, die Ausrichtung von Forschungslinien oder die Qualität der Lehre betrifft."

Und wenn etwas passiert, dann geschieht es so, dass die Veränderungen den Rahmen der bestehenden Handlungsmuster und Werte nicht sprengen: „[M]an richtet zwar, weil das Ministerium es wünscht, B.A.-Abschlüsse in den Magisterstudiengängen ein, ohne die Studiengänge im Mindesten auf die Möglichkeit einer kürzeren Studienzeit hin umzustrukturieren. Oder man bequemt sich zwar dazu, einen Teil der Mittel der Grundausstattung nach Leistungsgesichtspunkten zuzuteilen – doch dieser Anteil wird so gering gehalten, dass sein Verlust niemandem wehtut und sein Zugewinn niemandem nützt." (ebd.)

Damit wird neben der Zufälligkeit der Ergebnisse der Entscheidungsprozesse eine andere Folge des Mülleimer-Prozesses deutlich: das Nicht-Entscheiden relevanter Fragen. Alles was sich vom Status quo entfernt bzw. entfernen könnte, wird nicht behandelt und diese Nicht-Behandlung wird in einer Art „betriebsamen Stillstand" (ebd., 233) mit symbolischer Politik kaschiert.

4.3 Innovationsspiele und Widerstand – mikropolitische Analyse

Die Frage, warum in Bildungseinrichtungen zwar recht häufig etwas passiert, sich aber nichts bewegt, wird von SCHIMANK (2001) für Hochschulen mit dem Verweis auf die Machtstrukturen beantwortet. Dieser Verweis auf Machtstrukturen als Grund für die mangelnde Umsetzbarkeit strategischer Pläne bzw. als Hindernis bei der Entwicklung solcher Pläne findet sich oft in der Literatur zum strategischen Management. So spricht etwa SCHREYÖGG (1984, 177 ff.) von strategischen Problemen als Arena zur Austragung politischer Konflikte. Die bereits mehrfach angesprochene mikropolitische und strategische Organisationsanalyse stellt ein detailliertes Instrumentarium zur Analyse dieser mikropolitischen Prozesse bereit.

Macht wird in der mikropolitisch-strategischen Organisationsanalyse stets als Beziehung zwischen Akteuren und nicht als Attribut eines Akteurs definiert (CROZIER/FRIEDBERG 1979, 39):

„Sie kann sich nur dadurch äußern [...], daß sie in einer zwei oder mehrere Akteure aneinander bindenden Beziehung zum Tragen kommt, deren persönliche Interessen durch die Erreichung eines gemeinsamen Ziels bedingt werden und die somit voneinander abhängig sind."

Die Macht, die ein Akteur A über einen anderen Akteur B hat, resultiert aus der Größe der Ungewissheitszone von B, die A kontrolliert, der Relevanz, die dieser Bereich für B hat, und der Unvorhersehbarkeit, die die Handlungen von A für B in diesem Bereich haben (ebd., 43). Die Macht von A äußert sich in der Fähigkeit, B zu bestimmten Handlungen oder Unterlassungen zu veranlassen. Mit anderen Worten: A kann B dazu bringen, etwas zu tun oder zu unterlassen, wenn A in einem Bereich, der für B von Bedeutung ist, seinerseits durch ein Tun oder Unterlassen eine für B relevante Wirkung erzielen kann oder von B als jemand angesehen wird, der über relevante Informationen in diesem Bereich verfügt. Der Arzt, der seinem Patienten gewisse Verhaltensmaßregeln auferlegt und sich dabei auf seine fachliche Kompetenz, deren Anerkennung durch den Patienten und die Relevanz, die die eigene Gesundheit für den Patienten hat, bezieht, übt in diesem Sinne genauso Macht aus wie der Dienstvorgesetzte in einer Organisation, der sich bei seinen Anweisungen an seine Untergebenen auf seine Möglichkeiten zur Beeinflussung des beruflichen Schicksals seiner Untergebenen – oder auch seine fachliche oder persönliche Autorität – und die Relevanz, die seine Einflussmöglichkeiten für die Untergebenen haben, bezieht.

Deutlich wird an diesen Beispielen:
1. Macht ist eine Austausch- und Verhandlungsbeziehung
   Will A Macht über B ausüben, muss A B etwas anbieten können bzw. mit dem Entzug einer für B wichtigen Leistung drohen können (ebd., 40). Der Arzt bietet dem Patienten Gesundheit oder zumindest Informationen und Hilfestellung in diesem Bereich. Der Vorgesetzte bietet dem Untergebenen positive oder negative Sanktionen bezüglich seiner Stellung in der Organisation oder beruflichen Laufbahn. Als Gegenleistung fordert A ein bestimmtes Verhalten von B ein. Da aber A auch in gewissem Maße von B abhängig ist – „A wird nicht bloß deshalb eine Machtbeziehung zu B aufnehmen, weil er seine Kräfte mit ihm messen will. Es hat ein genaueres Ziel: B zu einem Verhalten zu bringen, von dem seine eigene Handlungsfähigkeit abhängt" (ebd., 41) – hat B auch Macht über A, und es eröffnet sich ein Verhandlungsspielraum: Beide Akteure werden versuchen, möglichst günstige Austauschbedingungen auszuhandeln. Ihre jeweiligen Möglichkeiten hierzu hängen von zwei Parametern ab: der Bedeutung, die das Verhalten des einen Akteurs für den anderen hat, und dem Grad der Unberechenbarkeit, den sein Verhalten für den jeweils anderen aufweist (FRIEDBERG 1988, 42). Verdeutlichen lässt sich dies an

der bereits mehrfach erwähnten relativ großen Autonomie von Lehrenden und der Bedeutung ihres Handelns für den Lernerfolg der Lernenden. Diese beschert ihnen beispielsweise in Situationen, in denen durch Evaluationsanforderungen die Anzahl der erfolgreichen Abschlüsse eines Lernprozesses zu einem für die Bildungseinrichtung besonders relevanten Parameter wird, einen Machzuwachs, der vollständig unabhängig von der hierarchischen Position der Lehrenden sein kann.

2. Macht ist nicht notwendig mit Zwang verbunden
Bei aller Gegensätzlichkeit der Akteure, die aus dem Bestreben resultiert, die jeweilige Handlungsautonomie gegen Versuche der Fremdbestimmung zu behaupten, beinhaltet jede Machtbeziehung ein gewisses Einverständnis seitens beider Beteiligten.
Dieser konsensgestützte Aspekt von Macht findet sich bereits in der Definition von Macht durch MAX WEBER (1972, 28):

> „Macht bedeutet jede Chance, innerhalb einer sozialen Beziehung den eigenen Willen, auch gegen Widerstreben durchzusetzen, gleichviel worauf diese Chance beruht."

Dieser konsensuale Aspekt kann in der hier verwandten Machtkonzeption in zweifacher Hinsicht begründet werden.
Macht wird nie als absolut betrachtet. Dem in einem Machtkampf unterlegenen Akteur bleibt immer die Möglichkeit, sich zu verweigern. Der Lehrende an einer Weiterbildungseinrichtung kann sich schlicht weigern, die im Rahmen des Qualitätsmanagements beschlossene Befragung der Lernenden vorzunehmen. Verweigert der Unterlegene sich nicht, so kann von einer gewissen Zustimmung des unterlegenen Akteurs zur Machtausübung ausgegangen werden. Wenn sich auch diese „Zustimmung" einfach aus dem Mangel besserer Alternativen ergeben kann, hier synonym zu verwendende Begriffe wie Willfährigkeit und Fügsamkeit nur sehr vage definiert sind und dementsprechend der Begriff des Konsens in Machtbeziehungen vorsichtig gehandhabt werden sollte, so lässt sich doch argumentieren, dass Machtausübung immer ein gewisses Moment des Konsens beinhaltet.
Eine weniger indirekte Begründung lässt sich aus dem Austauschcharakter einer Machtbeziehung ableiten. Machtbeziehungen kommen zustande, wenn zwei Akteure einander benötigen, weil sie wechselseitig über Handlungsmöglichkeiten verfügen, die der jeweils andere nicht hat. Es findet in der Machtbeziehung ein Austausch von Handlungsmöglichkeiten statt (FRIEDBERG 1988, 42). Jenseits aller antagonistischen Interessen der Akteure, die darauf beruhen, dass jeder versucht, seine Handlungsautonomie in dieser Beziehung zu wahren und ggf. auszudehnen, existiert mit dieser Austauschbeziehung ein gemeinsames Ziel, an dem beide interessiert sind und zu dessen Erreichung sie diese Beziehung gemeinsam weiterführen und möglichst zu einem erfolgreichen Ende bringen müssen, wenn nicht aus anderen Gründen das gemeinsame

Ziel für zumindest eine der Parteien nicht mehr verfolgenswert erscheint oder der Transaktionspartner gewechselt werden kann. Die Situation ähnelt der bei der Aushandlung eines Vertrages mit einem nebenberuflichen Kursleiter an einer Bildungseinrichtung: Auch hier geht es um den Austausch von Handlungsmöglichkeiten (Vergütung gegen Lehrleistung), beide Seiten haben tendenziell gegenläufige Interessen (etwa in Bezug auf die Vergütung und die im Rahmen des Auftrags zu erbringenden Leistungen) und sind doch häufig am Zustandekommen des Vertrages stark interessiert.

3. Machtbeziehungen sind nicht nur akteurs-, sondern auch kontextgebunden
Machtbeziehungen als Austauschbeziehungen hängen nicht nur von den bestimmten Akteuren ab, die Handlungsmöglichkeiten austauschen, sondern auch von den jeweiligen Handlungsoptionen, die ausgetauscht werden sollen, und dem Kontext, in dem dieser Austausch stattfindet. Nur ein stimmiger Dreiklang aus Akteuren, Handlungsoptionen und Kontext bildet ein tragfähiges Gerüst, auf dem mikropolitisch gewiefte Akteure ihre strategischen Spiele spielen können (ebd., 42):

> „.... die Fähigkeit, komplexe Autoreparaturen durchzuführen, ist im Regelfall ohne Bedeutung und Relevanz in einem Symphonieorchester und wird dort auch nicht viel Macht gegenüber den Kollegen einbringen. In einer Mechanikerwerkstatt hingegen ist diese Fähigkeit eine sehr relevante Handlungsmöglichkeit, die in diesem Kontext sehr wohl vermarktet werden und zu einem Machtgefälle gegenüber den Kollegen in dieser Werkstatt führen kann."

Kontext und zur Rede stehende Handlungsmöglichkeiten sind aber nicht nur relevant, weil sie zu einander und den Akteuren passen müssen, sondern auch, weil sie den Akteuren die glaubwürdige Möglichkeit, den Handlungsspielraum, lassen müssen, die für den jeweils anderen relevanten Handlungen zu unterlassen bzw. im Falle von Handlungen, bei denen eine Unterlassung erwünscht wäre, sie durchzuführen (CROZIER/FRIEDBERG 1979, 48). Zum einen kann es für einen Akteur notwendig werden, sein Machtpotential gegenüber den anderen hin und wieder dadurch zu unterstreichen, dass er die diese Macht begründenden Handlungen durchführt oder unterlässt. Zum anderen muss selbst die bloße Drohung mit den Handlungsoptionen eine gewisse Glaubwürdigkeit haben und darf nicht aufgrund kontextueller Gegebenheiten (z.B. technischer Vorkehrungen) unmöglich sein oder in ihren Folgen für den Drohenden so verheerend, dass das Gegenüber annehmen muss, die Drohung werde ohnehin nie realisiert.

Mit den Worten FRIEDBERGS (1988, 42 f.) kann man Macht definieren „als die gleichzeitige Fähigkeit, (a) für die anderen relevante Probleme an ihrer Stelle zu lösen, d.h. für sie relevante Ungewissheiten an ihrer Stelle zu kontrollieren, und (b) die Bereitschaft zu eben dieser Problemlösung zu verweigern".

Vertieft wird im Folgenden die Frage, worauf sich diese Fähigkeiten und damit Macht gründet – was die Quellen der Macht der Akteure sind. Hier bieten die strategische und die mikropolitische Organisationsanalyse mehrere, sich zum Teil ergänzende Erklärungen an.

CROZIER und FRIEDBERG (1979, 50 ff.) unterscheiden vier Machtquellen, die jeweils relevanten Ungewissheitsquellen der Organisation entsprechen:

- Expertenwissen,
- Beziehungen zur Umwelt als Spezialfall des Expertenwissens,
- die Kontrolle von Informations- und Kommunikationskanälen und
- die Nutzung organisatorischer Regeln.

Mit Ausnahme der letzten Kategorie, die vornehmlich auf den strategischen Umgang mit organisationalen Regeln abzielt, heben die anderen Machtquellen auf die Bedeutung von Information und Kommunikation für Organisationen bzw. für jedes kollektive Handeln ab.

Die Betrachtung von Macht als relationalem – zumindest immer zwei Akteure und ihre Beziehung einbeziehendem – Phänomen impliziert, dass ihre Ausübung nicht von der Warte eines einzelnen Akteurs aus thematisiert werden kann. Machtausübung findet statt in sozialen Beziehungen an konkreten Orten und zu einer konkreten Zeit und ist durch diese Umstände genauso gekennzeichnet wie durch das „Thema" der Machtausübung, also die Frage, in der Akteur A Akteur B zu einem bestimmten Verhalten oder Unterlassen bewegen will. Da ungeachtet aller Machtdifferenzen kein Akteur jemals völlig machtlos ist, sondern immer über einen Handlungsspielraum verfügt, findet Machtausübung in einem Wechselspiel von Handlungen statt, hat also Prozesscharakter.

Dieser prozessartige Charakter einer Machtbeziehung weist auf einen weiteren wichtigen Aspekt von Machtbeziehungen hin: Sie haben eine Geschichte, das heißt, sie haben eine Vergangenheit, die in der Regel Einfluss auf die aktuelle Gestalt der Beziehung und die von den Akteuren nutzbaren Machtpotenziale hat, und eine Zukunft, die von den Akteuren bei der Wahl ihrer Strategien häufig mit beachtet wird. Schließlich finden die meisten Entscheidungen innerhalb eines mehr oder weniger dichten Netzes von sozialen (Macht-)Beziehungen statt und die Akteure werden vermutlich immer wieder miteinander zu tun bekommen. Unter diesen Umständen kann es für die Akteure – selbst wenn sie nicht, wie etwa in einem Vorgesetzten-Untergebenen-Verhältnis, durch dauerhafte organisationale Bindungen aneinander gebunden sind – rational sein, in der Wahl ihrer Machtmittel vorsichtig zu sein, ihre Ziele nicht um jeden Preis und mit jedem möglichen Mittel durchzusetzen und keine Politik der verbrannten Erde zu verfolgen, da man ja später noch zusammenarbeiten können muss. Die häufig in Bildungseinrichtungen zu beobachtende Scheu, dem Kollegen in seine Arbeit hineinreden bzw. ihm genaue Vorschriften machen zu wollen, lässt sich damit nicht nur mit der bereits erwähnten Spezialisierung, die eine fundierte Kritik oft unmöglich macht, erklären, sondern auch mit der Sorge um die Folgen einer solchen Intervention für künftigen Kooperationen. In der Literatur zur mikropolitischen und strategischen Organisationsanalyse wird für die Beschreibung der in Machtbeziehungen ablaufenden Prozesse gängigerweise die Spielmetapher benutzt.

Die Verwendung der Spielmetapher signalisiert in diesem Zusammenhang keinesfalls eine irgendwie geartete „Verspieltheit" der Auseinandersetzung, sondern ist motiviert durch die partielle Unbestimmtheit des Verlaufs und des Ergebnisses der Auseinandersetzung – und damit auch durch den Handlungsspielraum der Akteure. Sie verweist darauf, dass die mikropolitischen Auseinandersetzungen in Organisationen nicht regellos ablaufen, sondern die Akteure sich – insbesondere, wenn sie „gewinnen" wollen – an bestimmte, mehr oder weniger klar definierte und anerkannte Spielregeln halten (müssen). Die Metapher kann deswegen auch nur begrenzt mit Wettkampf- und Gesellschaftsspielen in Verbindung gebracht werden, sondern verweist in ihrem Sinn vielmehr auf einen ähnlichen Bedeutungshorizont wie der Spielbegriff der mathematischen Spieltheorie, ohne allerdings deren formelle mathematische Exaktheit aufzuweisen, die mit mannigfaltigen Restriktionen in der Anwendbarkeit verbunden ist.

Konstitutiv für Spiele ist die Existenz von Spielregeln: Diese bestimmen, welche Zugmöglichkeiten (Handlungsoptionen) ein Spieler in einer bestimmten Situation hat. Dabei determinieren die Spielregeln den Akteur nicht in seinem Verhalten, sondern beschreiben nur eine Reihe von mehr oder weniger gewinnbringenden Alternativen, wobei der konkrete künftige „Wert" der jeweiligen Alternative zum Zeitpunkt des Zuges in der Regel nur begrenzt festliegt und meist stark von den Zügen der Mitspieler abhängt. Neben der Beherrschung der Spielregeln und einer gewissen Virtuosität im Umgang mit ihnen gehören nicht selten Zufallsmomente oder schlichtes Glück dazu, in einem Spiel zu gewinnen. Ebenso häufig basieren Spiele und gewinnträchtige Strategien in Spielen darauf, dass die Spieler ihre Mitspieler nur begrenzt mit Informationen über ihre Ressourcen versorgen, um entweder in einem unerwarteten Moment noch einen Stich anbringen oder durch „Bluffen" über ihre schlechte Ausgangslage hinwegtäuschen zu können. Soweit trägt die Analogie mit Gesellschaftsspielen, doch ist der Spielbegriff der mikropolitischen Organisationstheorie unschärfer als die in der Regel stark formalisierten Regeln von Wettkampf- oder Gesellschaftsspielen.

Zu mikropolitischen Spielen und ihren „Regeln" gehört nämlich, dass die Akteure ihre Taktiken nicht nur innerhalb eines Regelwerkes entwickeln, sondern zum Teil auch den bewussten Verstoß gegen (formale) Regeln oder einen taktischen Umgang mit ihnen zum Bestandteil ihrer Strategie machen. Häufig genug erwächst ein Teil der Machtressourcen, die ein Spieler nutzen kann, gerade aus solchen Regelverletzungen. Solche Regelverletzungen können regulär werden, wie im Fall des Leiters einer Bildungseinrichtung, der den unregelmäßigen Arbeitsbeginn und die häufige Heimarbeit seiner EDV-Spezialisten toleriert, dafür aber, wenn „Not am Mann ist", eine weit über das Normale hinausgehende Einsatzbereitschaft und Leistungen im Austausch für die tolerierten Regelverstöße fordert. Verstöße gegen das formale Regelwerk einer Organisation werden in so einem Falle Bestandteil der Regeln der organisationalen Spiele.

Doch nicht nur hier sprengt der mikropolitisch-strategische Spielbegriff den des formalen Spiels: Er impliziert weder eine irgendwie geartete Ausgangsgleichheit zwischen den Spielern, noch verlangt er einen weitgehenden Konsens über die Spielregeln (CROZIER/FRIEDBERG 1979, 69). Letzteres bedeutet aber nicht, dass die Akteure in Organisationen vollkommen unterschiedliche Spiele gegeneinander oder aneinander vorbei spielen, denn dann wäre Organisation und kollektives Handeln unmöglich

Beide Aspekte bedingen einander im gewissen Maße. Ein politischer Entscheidungsprozess hat zumindest zwei Teilnehmer, von denen hier angenommen wird, dass sie unterschiedliche Entscheidungen anstreben. Beide Akteure verfügen, wenn auch im unterschiedlichen Maße, über die Möglichkeit, Macht über den jeweils anderen auszuüben. Das Potenzial zur Machtausübung von A über B – und umgekehrt – liegt, wie im letzten Abschnitt dargelegt, darin begründet, dass auf der einen Seite A etwas für B tun kann, das für B relevant ist, auf anderen Seite A diese Leistung aber auch verweigern kann und B diese Leistung nicht nur erwartet, sondern auch um die Möglichkeit ihrer Verweigerung durch A weiß. In diesem Machtpotenzial liegt gleichzeitig der Grund für seine beschränkte Nutzbarkeit, wie CROZIER und FRIEDBERG (ebd., 63) am Beispiel des Expertenwissens verdeutlichen:

> „Der Experte, der eine für andere außerordentlich wichtige Ungewißheitsquelle beherrscht, wird die Macht, über die er damit verfügt, natürlich benutzen, um seine Vorteile gegenüber anderen, auch zu deren Schaden, zu vergrößern. Aber er kann dies nur in gewisser Weise und innerhalb bestimmter Grenzen tun. Denn um weiterhin über seine Macht verfügen zu können, muß er ‚weiterspielen‘. Dies wiederum wird ihm nur möglich sein, wenn er die Erwartungen der anderen an ihn zumindest teilweise erfüllt, das heißt, wenn er zumindest teilweise kontrolliert, was ‚seine‘ Ungewißheitsquelle bildet. Es beruht auf Gegenseitigkeit. Ein Akteur kann nur dann Macht über andere ausüben und sie zu seinen Gunsten ‚manipulieren‘, wenn er sich auch von diesen ‚manipulieren‘ läßt und ihnen gestattet, Macht über ihn auszuüben." (Hervorheb. im Original)

Die in Machtbeziehungen implizierte gegenseitige Abhängigkeit der Akteure gibt ihnen die Grenzen vor, innerhalb derer sie ihre Macht ausspielen können, ohne sie zu verlieren. Sie definiert die Spielregeln, die ein Akteur nicht überschreiten darf, wenn er das Spiel nicht abbrechen will. Diese Spielregeln sind allerdings in der Regel nicht an irgendeiner Stelle explizit formuliert, sondern stellen häufig eine „provisorische und immer kontingente Institutionalisierung" (ebd., 65) dar, die zu jedem Zeitpunkt das Produkt früherer Kräfteverhältnisse und Aushandlungen ist. Vielfach sind die Regeln von den Spielern nicht einmal auf der Ebene des diskursiven Bewusstseins verfügbar – man denke an die „man-handhabt-dies-hierso-und-so"-Regeln, die sich in jeder Organisation finden lassen. Dies erschwert es einem neuen Mitspieler, einem neuen Organisationsmitglied, festzustellen, „wie der Laden läuft", welche Spiele von wem gespielt werden und nach welchen Regeln diese Spiele gespielt werden.

Einladung zum Nachdenken:

Die Spielmetapher ist eine Bezeichnung, die Organisationstheoretiker ersonnen haben, um die Art der Interaktionen in Organisationen zu charakterisieren. Aber auch die Mitarbeiter in Unternehmen benutzen häufig Formulierungen zur Beschreibung des Umgangs miteinander, die mehr oder weniger direkt auf Spielmetaphern Bezug nehmen. Vermutlich sind Ihnen im beruflichen Alltag auch schon derartige Formulierungen begegnet oder Sie haben sie selbst benutzt. Dies deutet darauf hin, dass die Akteure sich dessen bewusst sind, dass Sie Spiele spielen. Stellen Sie bitte einige Ihnen bekannte Formulierungen zusammen und überlegen Sie, ob die Formulierungen und die Art ihrer Anwendung darauf hindeuten, dass der Spielbegriff im betrieblichen Alltag ähnlich der hier vorgenommenen Charakterisierung verwendet wird.

Die mikropolitische Organisationsanalyse trifft einige weitergehende Aussagen zu dem Charakter organisationaler Spiele. Diese beziehen sich insbesondere auf das Verhältnis der formalen Struktur und der formalen Regeln zu diesen Spielen und auf den oben bereits angedeuteten Sachverhalt, dass Spiele unterschiedlicher zeitlicher Ausdehnung und unterschiedlicher Thematik rekursiv miteinander verknüpft sind.

Die Formalstruktur einer Organisation – genauer: einer Unternehmung – drückt sich aus in den Verfahrensregeln zur Nutzung der eingesetzten physikalischen Ressourcen, den genutzten Formen der Organisation und der Verwaltung des Einsatzes organisationaler Akteure, den Regeln der Sanktionierung dieser Akteure und – falls in formalisierter Form vorhanden – in signifikatorischen Elementen, wie etwa einem speziellen Organisationsvokabular. Sie umfasst auch den Apparat an Regeln und Ressourcen, die der Ausübung und Wahrung der formalen Autoritätsbeziehungen in einer Organisation dienen.

Auch wenn die mikropolitische Organisationsanalyse nur begrenzt davon ausgeht, dass man von der formalen Autoritätsstruktur direkt auf die realen Machtverhältnisse schließen kann, heißt das nicht, dass die formale Struktur von Organisationen als unwichtig erachtet wird. Im Gegenteil: Ihre Regeln und Ressourcenallokationen strukturieren das Handlungsfeld der Akteure weitgehend, schaffen vielfach erst die Ungewissheitszonen und haben maßgeblichen Einfluss auf die Relevanz, die diese Zonen für die einzelnen Akteure haben (ebd., 47):

„Weiterhin bestimmen die die Funktionsweise einer Organisation lenkenden Strukturen und Regeln diejenigen Zonen, in denen sich Machtbeziehungen entwickeln können. Diese Strukturen und Regeln umschreiben Bereiche, in denen das Handeln eher programmierbar ist als in anderen, und setzen mehr oder weniger leicht kontrollierbare Verfahren ein. Dadurch schaffen und umschreiben sie organisatorische Ungewißheitszonen, um die herum Machtbeziehungen entstehen, da die Individuen und Gruppen natürlich versuchen, die Ungewißheitszonen unter ihre Kontrolle zu bringen, um sich ihrer in Verfolgung ihrer eigenen Strategien zu bedienen." (Hervorheb. im Original)

Expertenwissen kann nur dann zur Quelle von Macht werden, wenn die Organisation – genauer: andere Akteure in der Organisation – aufgrund der Strukturierung der Handlungsabläufe in der Organisation auf dieses Wissen angewiesen sind (ORTMANN/BECKER 1995, 53). Die Transformation von Arbeitsvermögen in konkrete Arbeit wird umso mehr zu einer von den Arbeitenden kontrollierten Ungewissheitszone, je mehr diese sich in organisatorisch-architektonischen ‚rückseitigen Zonen' ihre Handlungsautonomie erhalten können.

Solche rückwärtigen Zonen existieren beispielsweise hinter der verschlossenen Tür des Unterrichtsraumes, in den häufig nur von Spezialisten durchschauten Feinheiten der Finanzierung einer Bildungsorganisation oder schlicht in komplexen bürokratischen Abläufen. Organisationale Regeln der Signifikation und Legitimation bestimmen, was in Organisationen gut und richtig ist, und geben den Akteuren Anhaltspunkte, worauf sie sich in Handlungen und zur Untermauerung ihrer Ansprüche berufen können (CROZIER/FRIEDBERG 1979, 63 ff.). Dabei privilegiert die durch die Formalstruktur vorgenommene Strukturierung des Handlungsfeldes in Organisationen in der Regel einige Akteure zu ungunsten anderer (ebd., 63), und diese Privilegierung wird in der Regel – allen Einreden zur Frage der Macht der Untergebenen über ihre Vorgesetzten zum Trotz – mehr oder weniger entlang der hierarchischen Linien einer Organisation verlaufen. Die hierarchische Formalstruktur verstärkt die Kontrolle der Vorgesetzten über die zentrale Ungewissheitszone, die nach den Aussagen der strategischen Organisationsanalyse die Akteure zwingt, sich zumindest im Großen und Ganzen an die Spielregeln zu halten: die Notwendigkeit des Fortbestandes der Organisation.

> „Auf diese Notwendigkeit stützt sich letztlich die Gesamtheit der – sei es nun formalen oder informellen – Regeln, die den Verlauf von Konflikten und Verhandlungen zwischen den verschiedenen Teilnehmern regulieren und strukturieren. Denn die von allen mit ihrer Teilnahme an der Organisation angestrebte Verwirklichung ihrer persönlichen Ziele, setzt in der Tat deren Fortbestand voraus. Aus diesem Grund werden die organisationalen "Spielregeln" für alle Teilnehmer zwingend: sie stützen sich nämlich auf die Möglichkeit des Fortbestandes der Organisation, die wiederum ihre Spielfähigkeiten insgesamt bedingt." (ebd., 64)

Das basale „Spiel" in einer Organisation dreht sich um die Frage des Fortbestandes der Organisation. Doch dieses Spiel steht selten, außer in kritischen Phasen, im Zentrum der Aufmerksamkeit der Akteure. Diese spielen die Spiele ihres organisationalen Alltages, die durch die an sie täglich in der Organisation gestellten Anforderungen geprägt sind. ORTMANN ET AL. (1990, 58 f, 464 ff.) haben für diesen Typ von Spielen den Begriff des Routinespiels geprägt. „Routinespiele erlauben den Mitspielern, Gewinne aus der soliden Erfüllung ihrer normalen Aufgaben zu ziehen" (ebd., 58). Diese Gewinne sind natürlich auch Machtgewinne: der EDV-Spezialist, der die Datenverarbeitung der Einrichtung am Laufen und auf dem aktuellen Stand erhält, die Beschaffungsstelle, die günstige Einkaufsquellen auftut, und das Prüfungsamt, das für eine fehlerfreie Verwaltung der Prüfungen und Prüfungsleistungen sorgt. Diese Akteure können bereits dadurch, dass sie ihre Aufgabe gut machen, eine relativ starke Position in der Organisation erlangen. Unter anderem erlangen sie diese Machtposition einfach deshalb, weil „man" weiß, dass diese Akteure sich nur zu verweigern bräuchten, damit die Dinge nicht mehr so gut liefen.

Die jeweiligen Routinespiele der einzelnen Bereiche einer Organisation, innerhalb deren weitere fein verzahnte Spielstrukturen zwischen den Mitgliedern der Abteilung bestehen, werden in der Regel unterschiedliche Ziele und Erfolgskriterien aufweisen. In Industriebetrieben ist der Interessenkonflikt zwischen Produktion (gleichmäßige Auslastung der Maschinen, geringe und wenige Rüstzeiten, längere Planungshorizonte) und Vertrieb (Flexibilität, promptes Eingehen auf Kundenwünsche, kurze Lieferzeiten) in der betriebswirtschaftlichen Literatur nahezu sprichwörtlich geworden. Er lässt sich auf jede funktionale Abteilung einer Organisation übertragen (ebd., 465 ff.). So wird das Medienzentrum einer Bildungseinrichtung in der Regel an einer langfristigen Planung bezüglich der von den Lehrenden benötigten Geräte interessiert sein, während die Lehrenden ihre entsprechenden Wünsche häufig erst kurzfristig aufgrund den sich in einer Veranstaltung ergebenden Notwendigkeiten äußern und dann bedient werden wollen. Damit die Organisation funktioniert, kommt es nun darauf an, dass diese unterschiedlichen Spiele möglichst günstig und zueinander passend aneinander gegliedert werden. Zu dieser Gliederung tragen organisationale Regeln und Verfahrensweisen bei einen Teil bei, doch das reicht in der Regel nicht aus, wie ORTMANN ET AL. (ebd., 466) auf der Basis empirischer Erfahrung feststellen:

> „... im Gegenteil: die Orientierungen laufen oft in entgegengesetzte Richtungen. Damit die Spiele ineinandergreifen, bedarf es [...] auch hier wieder ausbalancierter Verständigungs- und Verhandlungsmuster zwischen den Beteiligten. Die monatliche Produktionsplanungsbesprechung ist Austragungsort. Zwischendurch läuft vieles übers Telefon. Für die Verzahnung sind vor allem, aber nicht nur, die Abteilungsleiter oder ihre Vertreter zuständig. Vieles läuft im Alltag auch auf Sachbearbeiterebene. Auch das funktioniert nur bei wechselseitigem Entgegenkommen und Bereitschaft zu Kooperation."

Ersetzen Sie Produktionsplanungsbesprechung durch Lehrerkonferenz oder die Sitzung des Prüfungsausschusses und – für eine Hochschule – die Abteilungsleiter durch die gewählten Ausschussvorsitzenden und die Analogie zu Bildungseinrichtungen wird deutlich. Innerhalb der einzelnen Routinespiele und in den erwähnten Abstimmungsmechanismen bilden sich eigene Standards, Normen und Interpretationsschemata heraus und es entwickeln und verfestigen sich Machtstrukturen und Ressourcenverteilungen (ORTMANN/BECKER 1995, 63). Dabei bieten die Routinespiele, wenn ihre primäre Logik auch eine der Sicherheit und Erhaltung ist (ebd., 66), sehr wohl die Möglichkeit des strategischen Handelns der Akteure im Sinne des Versuches der Machtausweitung, nur geschieht dies innerhalb der bestehenden – formalen und informellen – Regeln des Spiels bzw. geht mit einer schleichenden Änderung der Spielregeln einher.

> **Einladung zum Nachdenken:**
>
> Kommt Ihnen das bekannt vor? Haben Sie in Ihrem beruflichen Umfeld Akteure erlebt, die einfach dadurch, dass sie ihre Arbeit tun, ihre Macht ausweiten und Einfluss auf die ‚Spielregeln' der Organisationen nehmen können?

Ganz anders ist die Situation beim zweiten Typ von Spielen, den ORTMANN ET AL. (1990, 58 f, 464 ff.) beschreiben: den Innovationsspielen. Ihr Inhalt besteht in der Reorganisation der Routinespiele, der Veränderung ihrer Regeln oder auch der Initiierung neuer Spiele. Sie können auftreten, wenn Änderungen in der Ablauforganisation neue Abhängigkeiten und Handlungskonstellationen schaffen, technologische Neuerungen „alte" Expertise entwerten oder auch einfach dadurch hervorgerufen werden, dass organisationsinterne Entscheidungen – mit oder ohne Induzierung durch Ereignisse in der Umwelt – bestimmten Bereichen der Organisation eine größere Bedeutung zuschreiben als in der Vergangenheit. Insbesondere treten sie häufig auf, wenn Maßnahmen im Rahmen des strategischen Managements ergriffen werden. In all diesen Fällen – und noch vielen weiteren – läuft das zarte Gewebe der Routinespiele mit seinen jeweiligen Handlungsdomänen der Akteure in Gefahr, zerrissen zu werden. Dies kann eine unintendierte, mehr oder weniger bedauernd in Kauf genommene Folge einer bestimmten Entscheidung sein, wie häufig bei technischen Innovationen. Es kann aber auch – und dies ist der andere Extrempunkt auf einer Skala, die viele Abstufungen zulässt – der eigentliche Zweck der Maßnahme sein, wenn etwa ein neues Management zeigen will, dass „der neue Besen auch gut kehrt" oder durch die weitgehende Reorganisation „verkrustete Strukturen aufgebrochen" und die „Karten neu gemischt" werden sollen. Unabhängig von ihrem jeweiligen Anlass sind Innovationsspiele

> „... ‚Metaspiele' im Verhältnis zu den Routinespielen: In ersteren werden die Regeln, Einsätze und Gewinnmöglichkeiten der letzteren neu definiert, und genau deshalb sind erstere oft besonders umkämpft. Es geht in ihnen eben immer auch um zukünftige Ausgangspositionen und Stellungen, und die Entscheidungen um die gegenwärtige Sache fallen stets mit Blick auf diese zukünftigen Positionen im neuen Routinespiel. Im militärischen Jargon, der durchaus nicht selten auch der betriebliche ist: Innovationsspiele sind Stellungskriege." (ebd., 59)

In diesen „Stellungskriegen" geht es selten um die operationale Detaillösung, sondern es werden die großen – und auch groben – Linien festgelegt. Die Gewinnmöglichkeiten der Spieler orientieren sich nicht mehr an Werten wie Sicherheit, Stabilität und Berechenbarkeit, sondern an Risikobereitschaft und Veränderung (ORTMANN/BECKER 1995, 65 f.). Die (operationalen) Werte und Ziele der Routinespiele interessieren im Innovationsspiel wenig. Für die Aufgabe der Vermittlung zwischen den beiden Spielen werden häufig Projektteams eingesetzt, die dann als eigener Handlungszusammenhang anfangen, ihre eigenen Spiele zu spielen (ORTMANN ET AL. 1990, 467 ff.). Die Teilnehmerschaft dieser Spiele gliedert sich in der Regel entlang der hierarchischen Linien der Organisation: Das obere Management spielt das Innovationsspiel, Teile dieser Gruppe, mittleres Management und Mitglieder der ausführenden Ebenen sind mit der Realisierung der Ziele des Innovationsspieles betraut und die ausführende Ebene hat die (neuen) Routinespiele zu spielen (ebd.).

Soweit scheint dieses Modell dem klassischen Entwurf strategischer Maßnahmen zu folgen, bei dem strategische Ziele entlang der Hierarchie auf immer operationalere heruntergebrochen werden. Diese Sichtweise wird von der mikropolitischen Analyse nicht übernommen: Sie sieht Routine- und Innovationsspiele vielmehr in einer rekursiven Beziehung verknüpft, wobei Projekte (und die dort ablaufenden Spiele) häufig die Aufgabe der Übersetzung und Vermittlung zwischen diesen beiden Spielen haben (ORTMANN/BECKER 1995, 64 f.). Die Rekursivität der Beziehung zeigt sich darin, dass nicht nur – wie eben skizziert – die Innovationsspiele, respektive ihr Ergebnis, die Spielregeln für die „neuen" Routinespiele festlegen, sondern auch die laufenden Routinespiele – die ihnen innewohnende und sie bestimmende Machtstruktur und -verteilung – einen nicht zu gering schätzenden Einfluss darauf haben, welche Innovationsspiele entstehen, wie die Handlungsoptionen und Machtpotenziale dort verteilt werden und damit zum Teil auch das Ergebnis des Innovationsspiels – das „neue" Routinespiel – mitbestimmen.

Wer mächtig ist in einer Organisation, wird eher mitdefinieren können, was die auf eine Lösung drängenden Probleme sind, welche Lösungen zur Auswahl stehen und wird häufiger auch eine von ihm präferierte Lösung durchsetzen können. Dies zeigt sich häufig in den Projektteams selbst, wo sich die organisationalen Macht- und Handlungsstrukturen – d.h. die Regeln der Routinespiele – immer wieder auch in der Zusammensetzung der Teams und dem Problemlösungsverhalten innerhalb der Innovationsspiele, die die Regeln des althergebrachten aufbrechen sollen, wiederfinden. Die mächtigen Akteure in einer Organisation – der renommierte Lehrende, der bereits erwähnte EDV-Spezialist – werden oft auch eine maßgebliche Rolle in diesen Innovationsspielen innehaben und diese damit zumindest in Grenzen durch ihre Sicht der Probleme und die von ihnen bevorzugten Handlungsspielräume gestalten. Dass die mikropolitische Analyse davon ausgeht, dass diese Akteure bei ihren Bemühungen immer auch die Auswirkungen auf ihre Handlungsspielräume im Blick haben, versteht sich von selbst. Der Durchgriff der Routine auf die Innovation kann u.a. geschehen aufgrund schierer Machtausübung, bei der bestimmte Fragestellungen und Antworten einfach „durchgedrückt" werden. Er kann erleichtert werden durch die zukunftsbindende Wirkung früherer Entscheidungen, die Organisationen auf einen Entscheidungskorridor zwingen, der nur unter erheblichen Aufwand verlassen werden kann. Er kann aber auch seine Gründe darin haben, dass bestimmten Akteuren und Positionen in einer Organisation eine größere Kompetenz bei der Definition der Situation und möglicher Lösungen zugeschrieben wird.

SCHIMANK (2001, 233 ff.) benennt einige Faktoren, die beispielsweise an Hochschulen unterschiedliche Akteure so mit Machtpotenzialen ausstatten, dass sie sich wechselseitig blockieren können:

Die wichtigste ist die weitgehende formelle Autonomie jedes Professors, die es ihm erlaubt, fast alle Versuche der Einflussnahme auf Lehre und Forschung abzuwehren. Sie wird noch verstärkt durch faktische Nichtangriffspakte zwischen den Professoren, die meistens der Besitzstandswahrung dienen und sich mikropolitisch leicht als der Versuch einordnen lassen, Innovationsspiele mit ihrem unsicheren Ausgang zu vermeiden. Darüber hinaus sieht SCHIMANK in den Anspruchsgruppen, denen in den siebziger und achtziger Jahren Mitspracherechte in der universitären Selbstverwaltung zugebilligt wurden, einen weiteren Grund für die andauernde (Selbst-)Blockade der Hochschulen. Schließlich wurde diesen Gruppen zwar Mitspracherechte gewährt, doch das nur in einem Ausmaß, das zur Störung und Behinderung von Entscheidungsprozessen ausreicht, nicht aber zu deren Gestaltung.

Ein weiterer Aspekt ist die zunehmende staatliche Überformung der Hochschulautonomie, die SCHIMANK (ebd., 235) feststellt und die die „Forschung und Lehre mannigfaltigen, teilweise grotesk sachfremden administrativen Regulierungen" (ebd.) unterwirft. Als Gegenbewegung hierzu bilden sich auf der Seite der Lehre informelle Netzwerke (ebd.), die versuchen, über Seilschaften und Beziehungen ihre Ziele zu erreichen. Ob angesichts der vorangestellten mikropolitischen Analysen der Optimismus SCHIMANKS bezüglich des ehrlichen Reformwillens dieser Netzwerke geteilt werden kann, sei dahingestellt. Sicher ist, dass solche Netzwerke wieder Abwehr-Netzwerke provozieren, so dass die Blockade sich verstärkt. „Auch findige ‚Mikropolitik' läuft sich also letzten Endes fast immer tot" (ebd., 236) – und die speziellen Strukturen von Bildungseinrichtungen erhöhen die Chancen dafür.

Eine etwas weniger pessimistische Sichtweise bezüglich der Möglichkeiten von Hochschulleitungen, Strategien in Hochschulen zu entwickeln und umzusetzen, vertritt JARZABKOWSKI (2008) auf der Basis ihrer Langzeitbeobachtung des Topmanagements in drei Universitäten. Sie vermag Muster der Umsetzung zu identifizieren, die erfolgreich mit den Gegebenheiten und (mikropolitischen) Widerständigkeiten umgehen können, wie sie sich in Bildungseinrichtungen finden.

Fragen zum Themenbereich (strategisches) Management von Bildungseinrichtungen

- Lose gekoppelte Systeme erscheinen aus einer strategischen Perspektive oft als vornehmlich problematisch, ver- oder zumindest behindern sie doch eine bruchlose Umsetzung strategischer Pläne bzw. Vorgaben. Welche Vorteile können Organisationen, die als lose gekoppelte Systeme strukturiert sind, aus strategischer Sicht jedoch auch haben?
- In der Literatur zum Bildungsmanagement wird oft die Professionalisierung von Leitungsstrukturen als Mittel empfohlen, um dem Phänomen der ‚Müll-

eimerentscheidungen' abzuhelfen. Welche Risiken können damit verbunden sein, wenn Leitungsstellen in Bildungseinrichtungen nicht mehr nur temporär im Rahmen der Selbstverwaltung besetzt werden, sondern dauerhaft von professionellen Bildungsmanagern und Bildungsmanagerinnen?

- Machtausübung zum Zweck des Machterhalts – also Mikropolitik – ist in Wirtschaftsunternehmen oft verpönt – insbesondere, wenn sie sich nicht an die hierarchischen Linien hält. In vergleichbarem, wenn nicht sogar stärkerem Maße ist eine normative Ablehnung von Mikropolitik in Bildungseinrichtungen zu erwarten, in denen quasi definitionsgemäß der Kraft des besseren Arguments ein höherer Stellenwert eingeräumt wird. Überlegen Sie, wie und mit welchen Argumenten mikropolitische Spiele in Bildungseinrichtungen kaschiert und legitimiert werden können.

Literatur zur Vertiefung

Cohen, M.D./March, J.G./Olsen, J.P. (1990): Ein Papierkorb-Modell für organisatorisches Wahlverhalten, in: March, J.G. (Hrsg.): Entscheidung und Organisation, Wiesbaden, 329–372.
Cohen et al. legen in diesem Aufsatz, der übrigens zumindest in Teilen auf Beobachtungen in Bildungseinrichtungen basiert, die theoretische Basis für das 'garbage can' Modell von Entscheidungen.

Ortmann, G./Becker, A. (1995): Management und Mikropolitik. Ein strukturationstheoretischer Ansatz. In: Ortmann, G. (Hrsg.): Formen der Produktion. Opladen, 43–80.
Eine instruktive Darstellung des mikropolitischen Ansatzes, die diesen in der Strukturationstheorie von Anthony Giddens einbettet.

Schimank, U. (2001): Festgefahrene Gemischtwarenläden – Die deutschen Hochschulen als erfolgreich scheiternde Organisationen, in: Stölting, E./Schimank, U. (Hrsg.): Die Krise der Universitäten, Leviathan Sonderheft 20, Wiesbaden, 223–242.
Mit seiner Beschreibung und Analyse von Handlungs- und Entscheidungsprozessen in Hochschulen liefert Schimank lebendig geschriebenes Anschauungsmaterial für die Auswirkungen von Mülleimerentscheidungen und Mikropolitik in Hochschulen.

Weick, K.E. (1976): Educational Organizations as loosely coupled systems, in: Administrative Science Quarterly 21, 1–19.
Der im Zusammenhang mit loser Kopplung allgemein und insbesondere in Bezug auf Bildungseinrichtungen am häufigsten zitierte Aufsatz, dessen Lektüre auch heute noch lohnt.

5 Zu den Möglichkeiten strategischen Managements von Bildungseinrichtungen

Die Ausführungen bisher lassen die Chancen für ein strategisches Management von Bildungseinrichtungen als eher gering erscheinen, zielt doch ein solches Management häufig auf tiefgreifende Veränderungen ab, die alte Besitzstände und Machtstrukturen berühren und in Frage stellen. Wie können solche Veränderungen in einer mikropolitischen Arena wie einer Bildungseinrichtung ablaufen? Wie können die dafür notwendigen Entscheidungen in einer organisierten Anarchie zustande kommen? Und wie können sie in einem lose gekoppelten System durchgesetzt werden?

Einige Problemfelder sind in den vorangegangen Abschnitten dargestellt worden. Es reicht nicht aus – angesichts bestehender loser Kopplungen und weitgehender Autonomie der relevanten Akteure –, solche Veränderungen einfach anzuordnen. Die Ausführungen zum Top-Down-Ansatz der Strategieformulierung haben die prinzipiellen Probleme eines solchen Vorgehens deutlich gemacht und die Darstellungen der Markt- bzw. Ressourcen-orientierten Ansätze haben ferner gezeigt, dass generelle, rezeptartige strategische Empfehlungen oft weniger erfolgsträchtig sind als genaue Einzelfallanalysen (HANFT 2003, 156). Diese benötigen aber in der Regel die Mitarbeit aller Organisationsmitglieder, denn schließlich erfahren alle unterschiedliche Aspekte der für die Einrichtung und ihre Strategie relevanten Realität und können unter Berücksichtigung dieser Erfahrungen und ihrer Expertise potenziell strategisch wertvolle Vorschläge machen.

Die „Verordnung" strategischer Veränderungen wird aber zum einen den – trotz aller Nachteile – für das Funktionieren von Bildungseinrichtungen wichtigen Aspekt der losen Kopplung der einzelnen Elemente stören und zum anderen die Gefahr mit sich bringen, sich endgültig der Loyalität der Ressource, auf die Bildungseinrichtungen setzen sollten, wenn sie sich im politischen und finanziellen Wettbewerb Vorteilspositionen sichern wollen, zu berauben: den Mitarbeitern und ihren Potenzialen. Bereits jetzt orientieren sich beispielsweise deutsche Hochschullehrer wesentlich weniger als ihre Kollegen im Ausland an „ihren" Fachbereichen und Universitäten, sondern fühlen sich eher mit ihrer Disziplin und den dort bestehenden professionellen Gemeinschaften verbunden. Es bestünde die Gefahr, dass der Versuch solcher Anordnungen diese Bindung noch weiter auflösen würde.

Mit ähnlichen Problemen haben sich die immer wieder vorgebrachten Vorschläge zu einer Hierarchisierung der Hochschulorganisation (SCHIMANK 2001, 236 ff.; REICHWALD 2000) auseinander zu setzen. Ähnliche Ergebnisse würde die Betrachtung anderer Typen von Bildungseinrichtungen zeigen. Während man diese Probleme noch als Übergangsphänomen abtun könnte, das sich erledigt, wenn die durch alte Strukturen in ihrem Selbstbild geprägten Lehrenden durch eine neue Generation abgelöst wurden, bleiben doch einige Fragen an die Propagandisten hierarchischer Steuerungsmodelle offen: Wenn, wie oben (Abschnitt 4.1) die Vielfältigkeit loser gekoppelter Organisationen eine ihrer Stärken in Bezug auf das

Hervorbringen von Innovationen und in Bezug auf ihre Anpassungsfähigkeit darstellt, wie soll diese bei einer stärkeren Uniformierung, die geradezu zwangsläufig mit einer verstärkten Hierarchisierung verbunden ist, erhalten bleiben? Und wer soll in Organisationen, die zumindest im Lehr- und ggf. im Forschungsbereich aus lauter Spezialisten bestehen, für die sachgerechte – und sich eben nicht nur an den gerade politisch opportunen Maßstäben orientierende – Planung von Maßnahmen und Zuteilung von Mitteln sorgen?

Die aktuelle Entwicklung im Management von Bildungseinrichtungen beinhaltet eine stärkere Professionalisierung des Managements. Dies zeigt sich insbesondere in Hochschulen. Dort werden die Leitungsgremien in ihren Machtbefugnissen gestärkt, was zu einer stärkeren Hierarchisierung in der Binnenorganisation der Einrichtung führt (HENDLER 2006, 247; MAGER 2006, 296 f.; BOGUMIL ET AL. 2013, 226). Je nach Ausgestaltung der Regeln der hochschulinternen Mittelvergabe gewinnt die Hochschulleitung an Macht gegenüber den Fachbereichen und Fakultäten, über deren Mittel sie entscheidet, und die Dekanate aus analogen Gründen über die Lehrenden. Die traditionell eher mächtigen – in der Kritik an der sich selbstblockierenden Gremienuniversität oft als zu mächtig betrachteten (NULLMEIER 2000, 100) – Gremien werden zum Teil auf Kontroll- und Informationsrechte beschränkt (MAGER 2006, 296 f.). Ergänzt wird diese an Strukturen der freien Wirtschaft orientierte Entwicklung durch Hochschulräte. Diese sind in vielen Landeshochschulgesetzen verankert worden, um „externen, namentlich ökonomischen bzw. unternehmerischen Sachverstand in die akademische Selbstverwaltung einzubringen, die Universitäten mit gesellschaftlichen Erwartungen zu konfrontieren sowie den Einfluss inneruniversitärer Standes- und sonstiger Partikularinteressen einzudämmen" (HENDLER 2006, 251). In anderen Bildungseinrichtungen werden Beiräte eingerichtet, die zwar keine gesetzliche Grundlage besitzen, deren Installation aber im Prinzip ähnlichen Interessen dient.

Es besteht das Risiko, dass bei diesem Versuch, die unökonomischen Auswirkungen loser Kopplung und organisierter Anarchie zu begrenzen, das Kind mit dem Bade ausgeschüttet wird. Denn während auf der einen Seite diese speziellen Eigenarten von Bildungseinrichtungen oft dafür sorgen, dass sie insgesamt ineffizient und ineffektiv arbeiten – es stellt sich die Frage, wer die Maßstäbe für Effizienz und Effektivität festlegt –, sind sie auf der anderen Seite ebenso häufig die Voraussetzung dafür, dass sich in den Einrichtungen Innovationen und neues Wissen entwickeln können. Dies geschieht nämlich eher, wenn Abweichungen von einem wie auch immer definierten Standard möglich und ein Probieren von Neuem – auf die Gefahr hin, in eine Sackgasse zu laufen – gestattet ist (OLIVARES/ SCHENCKER-WICKI 2010).

Das maßgebliche Gut in Bildungsorganisationen ist Wissen, das geschaffen und vermittelt wird. Wie sollen hierfür operationale Ziele definiert und ihre Einhaltung überwacht werden? Eine Antwort auf diese Fragen könnte in der Definition von überprüfbaren Mindeststandards bestehen, doch geht man damit das Risiko ein, dass die Mindeststandards zum Standard werden und anderen, dann „übernormalen" Anstrengungen die motivationale Grundlage entzogen wird. Ferner zeigt die Diskussion um Zielvereinbarungen, dass es vermutlich nicht den einen Mindeststandard geben kann, sondern unterschiedliche Stakeholder aufgrund ihrer divergierenden Anforderungen auch unterschiedliche Standards anstreben werden.

Dies alles heißt aber nicht, dass der Manager, die Führungskraft, in Bildungsorganisationen machtlos wäre, nichts tun könnte, um Veränderungsprozesse zu initiieren, nur werden diese nicht unbedingt gradlinig verlaufen, sondern eher die zu Beginn erwähnte Form der „umbrella-strategy" haben. Eine wichtige Voraussetzung für die Schaffung von Veränderungsfähigkeit liegt in den in Abschnitt 4.3 beschriebenen konsensualen Elementen der Machtausübung, die den Tatbestand beschreiben, dass dem Führen immer die Bereitschaft des Geführten zugrunde liegen muss, geführt zu werden. Dies gilt in jeder Beziehung und ganz besonders in lose gekoppelten Systemen.

Diese Bereitschaft kann auf einem Kalkül beruhen oder auf inhaltlicher Zustimmung bzw. Akzeptanz. Insbesondere in Bereichen, wo aufgrund der bereits erwähnten Schwierigkeiten, operationale Ziele zu formulieren, kalkulierende Zustimmung nicht funktional ist, scheint es sinnvoll, auf Zustimmung zu setzen. Das heißt aber nichts anderes, als dass eine Aufgabe des Managers in Bildungsorganisationen darin besteht zu überzeugen und dadurch inhaltliche Zustimmung und Commitment zu erzeugen. Denn unter solchen Voraussetzungen ist es wahrscheinlicher, dass die anderen Mitglieder der Organisation ihre Expertise, ihre Erfahrungen und ihre Ressourcen in einen Veränderungsprozess einbringen als unter Druck. Der Versuch, über Zielvereinbarungen oder eine sich an bestimmten Kennzahlen orientierende Zuweisung von Mitteln an Lehrende Druck auf diese auszuüben, erscheint nach den bisherigen Erfahrungen nur begrenzt erfolgreich zu sein. Eine Befragung von Hochschullehrern in Nordrhein-Westfalen (MINSSEN ET AL. 2003, 65) ergab, dass nur 36 % der Hochschullehrer, die von derartigen Maßnahmen betroffen waren, ihre eigene Aufgabenwahrnehmung geändert haben. Und bei dieser Gruppe handelte es vornehmlich um die Hochschullehrer, die sich im Vergleich zu den anderen 64 % signifikant häufiger an hochschul- und fachbereichsinternen Diskussionen und Verhandlungen beteiligten und damit ihr Interesse an organisationalen Belangen dokumentierten. Eine wichtige Aufgabe des strategischen Managements ist daher, die verbleibenden 64 % zu erreichen, und dafür bedarf es offensichtlich anderer Mittel. Der langjährige Dekan des Fachbereichs Wirtschaftswissenschaften der Universität Witten/Herdecke, EKKEHARD KAPPLER (2000, 498) drückt dies so aus: „Veränderungsfähigkeit braucht Begeisterung!".

Solche Begeisterung oder auch nur Zustimmung zu schaffen, ist sicher keine triviale Aufgabe, erst recht nicht nach Jahrzehnten mehr oder weniger halbherziger und damit für alle Beteiligten frustrierender Reformbemühungen in Bildungsorganisationen. Einige Hinweise auf zu vermeidende Fehler können hier gegeben werden:

1. Konsistenz von Aussagen, Handlungen und Strukturen
   Wenn Zustimmung erwirkt werden soll, bedarf es neben einem überzeugenden Konzept auch einer glaubwürdigen Propagierung des Konzeptes. Das bedeutet insbesondere, dass dafür Sorge zu tragen ist, dass Aussagen, Entscheidungen und Handlungen nicht auseinanderfallen (BRUNSSON 1989) und somit der Eindruck organisationaler Heuchelei vermieden werden sollte. Ferner sollten organisationale Strukturen und Abläufe daraufhin analysiert werden, ob die „verschlüsselten Botschaften" (SCHREYÖGG 1987), die sie über Gratifikationsregeln oder Formen der Ressourcenzuteilung an die Mitarbeiter senden, die propagierten Ziele unterstützen oder ihnen etwa widersprechen.
2. Issues Management
   Wichtig ist neben der glaubwürdigen Propagierung einer Idee häufig auch ihre frühzeitige Veröffentlichung. Hier kann das strategische Management vom Marketing lernen, wo in den letzten Jahren mit dem Issues-Management (SCHAUFLER/SIGNITZER 1993) eine Methodik immer mehr Verbreitung erfährt, in der es darum geht, in politischen Auseinandersetzungen potenzielle Themen frühzeitig zu erkennen und inhaltlich zu besetzen. Solche PR-Maßnahmen können selbstverständlich auch auf das Innere der Organisation zielen, wobei es ggf. sinnvoll sein kann, den Umweg über die allgemeine Öffentlichkeit zu nehmen, um über das größere Publikum eine größere Glaubwürdigkeit bei den Mitgliedern der eigenen Organisation zu erlangen. Die von den Vertretern dieser PR-Strategie propagierte Gewinnstrategie lässt sich mit einem Schlagwort zusammenfassen: je früher, desto besser. Je früher sich eine Unternehmung an öffentlichen Diskussions- und Meinungsbildungsprozess beteiligt, desto größer sind ihre Chancen,
   a) Einfluss auf die Definition des Problems nehmen zu können und
   b) durch eine frühzeitige Präsentation akzeptabler Lösungsvorschläge, diese auch in größeren Teilen durchsetzen zu können.

Trotz der hier angedeuteten Interventionsmöglichkeiten und weiteren, die sich im Bereich der Einwirkung auf die Organisationskultur sowie organisationsweit geteilte Normen ergeben können, sollte das Steuerungspotenzial, das damit verbunden ist, nicht zu hoch eingeschätzt werden. Was bestenfalls geschaffen werden kann, ist eine organisationale Basis dafür, dass die Mitglieder der Organisation Ideen und Pläne für die Organisation – und nicht mehr nur für „ihren" Teilbereich – entwickeln, und ein strategischer Schirm, der der Entwicklung eine gewisse Richtung gibt. Weitergehende Direktiven zu erwarten, hieße, die Entwicklung doch stärker in Richtung einer eng gekoppelten Organisation treiben zu wollen. Damit würden aber vermutlich – sieht man mal von der Fiktion eines sehr innovativen, charismatischen Bildungsmanagers ab – vermutlich auch die Weichen gestellt für eine Anpassung der Bildungsorganisation an den einen – wie auch immer definierten – Branchenstandard, womit ihr die Chance genommen würde, ihre spezifischen Eigenarten und Kompetenzen auszuspielen und dadurch Wettbewerbsvorteile zu erzielen. Sollen diese organisationalen Eigenarten zum Tragen kommen, so muss ihnen die Chance gegeben werden, sich zu entwickeln. Durch die Implementierung von sozialen Standards und Reziprozitätsnormen kann dabei versucht werden, den momentan beobachtbaren Tendenzen zu Bereichsegoismen einen Riegel vorzuschieben. Beispiele hierfür finden sich in der Open-Source-Entwicklergemeinschaft, einem ebenfalls relativ lose gekoppelten Netzwerk von Experten (ZIMMER 2003).

Sinn des vorliegenden Textes ist es weniger, Rezepte für das strategische Management von Bildungseinrichtungen und die zu verfolgenden strategischen Ziele zu liefern, als Anregungen für einen analytischen Rahmen zu geben, den die einzelne Einrichtung nutzen kann, um strategische Ziele und mögliche Wege zu ihrer Erreichung zu definieren. Dabei wird das Augenmerk sowohl auf die Einflüsse aus der Umwelt als auch auf die speziellen Gegebenheiten innerhalb von Bildungseinrichtungen gelenkt. Beide Aspekte sollen – ganz im Sinne der in Kapitel 3 diskutierten SWOT-Analyse – beachtet werden. Eine der wenigen Monographien zum strategischen Management von Bildungseinrichtungen (speziell Universitäten) fasst diesen Analyserahmen in folgender Abbildung zusammen (Abb. 14):

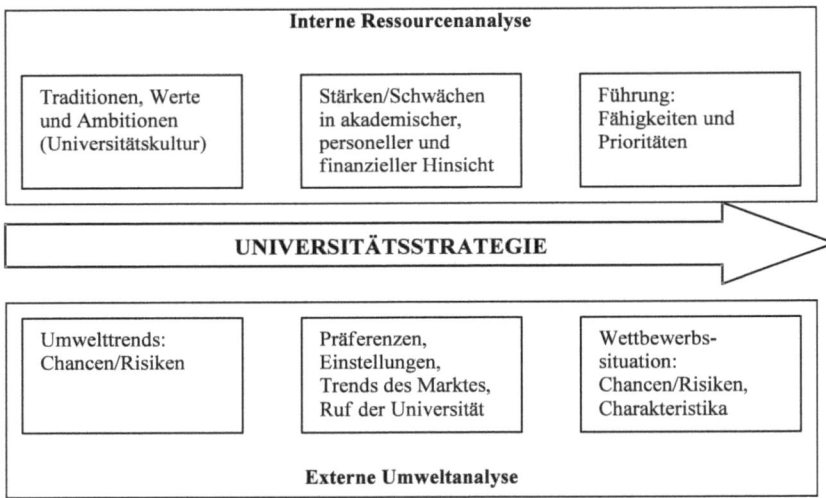

Abbildung 14:
Analysemodell zur Generierung von Strategien in Universitäten
(Quelle: SCHEIDEGGER 2001, 40)

Einen Königsweg im strategischen Management von Bildungseinrichtungen gibt es nicht und kann es nicht geben. Dies gilt sowohl für die anzustrebenden Ziele als auch für die Wege, die dorthin zu beschreiten sind. Konfrontiert mit unterschiedlichen, immer wieder wechselnden Ansprüchen aus ihrer Umwelt, die bei genauerer Betrachtung in viele Teil-Umwelten zerfällt, die streckenweise widersprüchliche Ansprüche formulieren, können sie gar nicht anders, als sich diesen Ansprüchen zumindest teilweise zu verweigern. Und sie tun vermutlich gut daran.

Sie können nicht anders, weil sie sonst zerrieben werden in dem Bemühen, es allen – und seien es nur die Geldgeber – recht zu machen. Denn sie laufen sonst Gefahr, ihre Eigenarten, die Freiheit, die die Lehre (und auch Forschung) benötigt, die lose Kopplung ihrer Teilsysteme, die ihnen eine große Anpassungsfähigkeit durch partielle Adaption gewährt, und schließlich ihre Eigenartigkeit als spezielle Organisation zu verlieren. Die Lehre, die man aus dem Resource-Based-View für Bildungsorganisationen ziehen kann, heißt, dass sie eben nicht einem Druck nach Uniformierung nachgeben sollten, bis sie alle gleichförmig sind mit austauschbaren Fächerangeboten und Curricula. Solange es Wettbewerb zwischen den Organisationen gibt, sei es um Geldgeber, um Studierende oder auch „nur" um Renommee, tun sie gut daran, ihre Eigenarten zu pflegen. Die Folgerung des ressourcenorientierten Ansatzes kann aber nicht sein, dass im Zuge einer reinen Kernkompetenzenpflege nur noch die Bereiche weitergeführt werden, in denen die Organisation zurzeit ihre Stärken hat. Dieser Ansatz, der zum Teil unter dem Stichwort Diversifizierung (SCHIMANK 2001, 238) diskutiert wird, führt leicht auch wieder zu einer Uniformisierung in dem Sinne, dass eine spezielle Ausrichtung eines Faches nur noch an einer bestimmten Einrichtung gelehrt und beforscht wird. Dies mag kurzfristigen Effizienzüberlegungen Genüge tun, kann sich aber längerfristig als Sackgasse erweisen, da damit alternative, ggf. unorthodoxe Zugänge zu einer speziellen Thematik und der vielbeschworene Wettbewerb in der Wissenschaft praktisch ausgeschlossen werden. Lehre und Forschung bedarf der Diversität bei Vergleichbarkeit, um zu neuen Erkenntnissen zu gelangen. Das bedeutet, dass man Redundanzen zulässt und allzu starke Spezialisierungen vermeidet. Denn dabei bleibt genügend Raum zur Profilierung. Profilbildung kann schließlich auch anders geschehen: durch einen speziellen Mix an Fächern, durch Verbesserungen in der Organisation des Lehrbetriebes, Kooperationen mit anderen Bildungseinrichtungen oder der freien Wirtschaft. Solche Profilbildungen können und sollten auch unter Berücksichtigung ihrer strategischen Bedeutung vorgenommen werden. Dann können einige Bildungseinrichtungen vielleicht die Attraktivität erlangen, die es ihnen nach dem damit verbundenen Ansturm von Lernwilligen erlaubt, über Selektion weitere Attraktivitätssignale auszusenden (ORTMANN 2000, 386).

Zur Generierung und Umsetzung solcher Profile und strategischen Ziele sei hier auf einen ‚alten' Ansatz strategischen Managements verwiesen: 1959 veröffentlichte der Wirtschaftswissenschaftler und Politologe Charles Lindblom einen Aufsatz mit dem Titel „The science of ‚muddling through'" (LINDBLOM 1959) – zu Deutsch etwa: Die Wissenschaft des „sich durchwurstelns". In diesem Aufsatz setzte er sich mit der Frage auseinander, ob der Ansatz eines rationalen ‚Durchregierens', wie es beispielsweise mit den Ansätzen präskriptiven strategischen Managements (SCHREYÖGG 1984) und deliberater Strategie (MINTZBERG 1978) verbunden ist, generell und insbesondere in öffentlichen Einrichtungen im Sinne einer Zielerreichung sinnvoll einsetzbar ist. Sein nach den bisherigen Überlegungen wenig überraschendes Ergebnis ist, dass ein solcher Ansatz angesichts der Komplexität realer Managementprobleme und der vielfachen wechselseitigen Abhängigkeiten von Entscheidungsträgern und -prozessen in der Regel nicht zu dem gewünschten Ergebnis führen wird. Als Alternative formuliert er einen Ansatz, der anstatt auf den ‚großen Wurf' zu setzen, eher kleine inkrementelle Veränderungen anstrebt, die auf einer sukzessiven Analyse der Handlungsmöglichkeiten und ihrer Umsetzung beruhen, die

a) in der jeweiligen Situation als gangbar erscheinen und

b) von mehreren Entscheidungsträgern in der Organisation als zielführend – nicht notwendigerweise optimal – angesehen werden (LINDBLOM 1959, 81).

Kurz gesagt, es wird das gemacht, was in der jeweiligen Situation als konkret realisierbar und sinnvoll angesehen wird. Daraus resultiert zwangsläufig eher eine ‚Politik' der kleinen Schritte bzw. Veränderungen und das Ergebnis des Managementprozesses wird in der Regel nicht abstrakten Optimalitätsansprüchen genügen – im Gegenteil, die Chance, dass potenziell wichtige Handlungsalternativen und Handlungsergebnisse vernachlässigt werden, wird durch das sequentielle Vorgehen noch gesteigert (ebd.). Doch die scheinbare Alternative, dann doch den großen rationalen Plan zu entwerfen, der alle potenziell relevanten Faktoren berücksichtigt und zu einer optimalen Lösung kommt, ist angesichts der Komplexität realer Probleme und der begrenzten Rationalität von Akteuren nicht realisierbar.

Eine solche Politik der kleinen Schritte zu wählen, kann auch heißen, Veränderungen nicht direkt in der gesamten Organisation einführen zu wollen, sondern sich zunächst auf Teilbereiche zu beschränken. Insbesondere für diesen Ansatz bietet die sich durch lose Kopplungen auszeichnende Struktur von Bildungseinrichtungen vielfältige Möglichkeiten. So konnten beispielsweise an der Universität Oldenburg zunächst in höchst unterschiedlichen Formen der Koordination und der Verteilung von prüfungsrechtlichen und prozessualen Verantwortlichkeiten Erfahrungen mit der Entwicklung und Implementierung von berufsbegleitenden Studiengängen gesammelt werden (ZIMMER 2012, 162 f.; 2013, 189), ohne dass dies Auswirkungen auf andere (Fach-)Bereiche der Universität hatte. Auf der Basis dieser Erfahrungen wurde dann ein in dem organisatorischen Kontext der Universität funktionierender Prozess der Entwicklung und Implementierung ausgewählt (ZILLING 2013).

Aber auch zur Umsetzung eines solches Ansatzes braucht es gerade in Expertenorganisationen die Mitwirkung und die Unterstützung der Betroffenen. Um diese zu erlangen, bieten sich Ansätze partizipativen Managements – wie etwa Zielvereinbarungen – an: NICKEL (2007) betont, dass Zielvereinbarungen – trotz der bereits angesprochenen Schwächen – wichtige Funktionen in der Steuerung und Abstimmung von Prozessen in Bildungseinrichtungen übernehmen können (ebd., 145):

• Leitungsgremien und Personal; Präsidium und Fachbereiche oder Lehrende kommen über die Aushandlung von Zielvereinbarungen und ihre spätere Auswertung ins Gespräch. Damit wird der Boden bereitet für Abstimmungsprozesse zwischen unterschiedlichen Ebenen in der Organisation, die sonst ggf. ausbleiben (vgl. auch BÜLOW-SCHRAMM 2003).

- „Durch interne Zielvereinbarungen ist erstmals eine vorausschauende und realisierbare Planung möglich, Entscheidungen werden verbindlicher und müssen stärker fachlich begründet werden" (NICKEL 2007, 145 unter Bezug auf MÜLLER 2004, 135).
- Auch wenn Zielvereinbarungen in Bildungseinrichtungen weitgehend vertikal – zwischen der Leitungsebene und untergeordneten Ebenen – geschlossen werden, zeigt sich in Hochschulen, dass ihr Einsatz auch die Kommunikation zwischen Fachbereichen, also auf der horizontalen Ebene verbessert. Was die anderen Fachbereiche planen und umsetzen, ist angesichts der Festlegungen in Zielvereinbarungen für die einzelnen Fachbereiche transparenter (BERGSTEDT 2003, 61 ff.).

In diesen Stichpunkten klingt auch an, welche weiteren Funktionen Zielvereinbarungen in Bildungseinrichtungen übernehmen können:
- Hier immer verstanden als partizipative Zielvereinbarung und nicht als autoritäre Zielvorgabe überwinden sie die Abkopplungen und zum Teil auch Schneidungen, die aus dem lose gekoppelten Charakter von Bildungseinrichtungen resultieren und schaffen damit die Voraussetzungen für ein abgestimmteres Vorgehen der Gesamtorganisation (s.o.).
- Sie berücksichtigen die spezifische Rolle und Bedeutung der Experten in der Organisation, indem diesen nicht einfach Anweisungen ‚von oben' erteilt werden – was angesichts der Expertise der Anweisungsempfänger ohnehin oft problematisch sein dürfte, wenn die Anweisungen sinnhaft sein sollen. Statt dessen wird über die Beteiligung der Experten an der Festlegung der Ziele und die bewusste Einbeziehung ihrer Expertise in die Zieldefinition eine Selbstverpflichtung erreicht, die die vereinbarten Ziele auch zu Zielen der Experten macht und damit motivierend wirkt (NICKEL 2007, 106 f.)
- Schließlich ist ein so verstandenes partizipatives Management durch Zielvereinbarungen auch geeignet, mit eventuell drohenden mikropolitischen Machtspielen umzugehen. Zum einen kann hier die gerade skizzierte Logik der Selbstverpflichtung greifen, die Akteure daran hindert, Prozesse auf der Basis der ihnen zur Verfügung stehenden Machtquellen zu torpedieren. Zum anderen verlagert die Aushandlung von Zielen mikropolitische Konflikte zumindest teilweise in die Aushandlungsphase. Der Vorteil einer solchen Verlagerung kann darin bestehen, dass dann zwar die Aushandlungsphase ggf. länger dauert, danach aber alle Beteiligten wissen ‚woran sie sind', Fronten und Interessenlagen weitgehend geklärt sind.
  Eine solche Verlagerung von mikropolitischen Konflikten von der Umsetzungsphase in die Planungs- und Aushandlungsphase erhöht die Verlässlichkeit und Verbindlichkeit von Planungen, da in der Umsetzung weniger ‚Querschüsse' zu erwarten sind.

Die Umsetzung solcher partizipativer Zielvereinbarungssysteme verlangt von den Führungskräften in Bildungseinrichtungen einen sehr sensiblen Umgang mit der ihnen verliehenen Macht und stellt sie teilweise vor nahezu widersprüchliche Anforderungen, wie NICKEL (2007) immer wieder betont: Einerseits ist den Führungskräften im Rahmen der Umsetzung des NPM in vielen Bildungseinrichtungen in den letzten Jahren wesentlich mehr Macht gegeben worden und sind sie Regulationsrechten gegenüber dem Lehrbereich ausgestattet worden. Dies ist in der Regel verbunden mit dem Anspruch externer Stakeholder, dass die Leitungskräfte diese Macht auch einsetzen und ‚Ordnung‘ in die organisierte Anarchie der Bildungseinrichtung bringen. Auf der anderen Seite bedeutet wirksames und erfolgsorientiertes Management von Bildungseinrichtungen häufig gerade auf das ‚Durchregieren‘ und den Einsatz der verliehenen Macht zu verzichten und stattdessen stärker auf die Interessen und Möglichkeiten der Experten einzugehen, die die ‚Leistungserstellung‘ der Organisation sicherstellen, da nur so deren Mitwirkung und Einsatz gesichert werden kann.

Fragen zum Themenbereich Möglichkeiten strategischen Managements von Bildungseinrichtungen

- ‚Durchwurschteln‘ als strategische Vorgehensweise? Überlegen Sie welche Auswirkungen dieser – unter dem Gesichtspunkt der Umsetzbarkeit ggf. sinnvolle – Ansatz für die Möglichkeiten hätte, Strategien als den ‚großen Wurf‘ zu entwickeln und umzusetzen. Andererseits: Ist der ‚große Wurf‘ eine realistische Option für Bildungseinrichtungen?
- Partizipatives Management stellt – wie oben dargestellt – Anforderungen an die Leitungskräfte, es kann aber auch nur funktionieren, wenn diejenigen die partizipieren sollen/dürfen, dies auch tun. Überlegen Sie, welche Motivation sollten Lehrende in Bildungseinrichtungen haben, sich an solchen (strategischen) Managementprozessen aktiv zu beteiligen, und wie könnte die Motivation zur Mitwirkung gefördert werden? Die Antwort auf diese Frage wird sicherlich für unterschiedliche Typen von Bildungseinrichtungen unterschiedlich ausfallen.

Literatur zur Vertiefung

Lindblom, C.E. (1959): The science of „Muddling Through“, in: Public Administration Review 19(2), 79–88.
Der ‚Klassiker‘ von Lindblom, in dem er sein Konzept des strategischen ‚Durchwurschtelns‘ entwickelt.
Nickel, S. (2007): Partizipatives Management von Universitäten. Zielvereinbarungen, Leitungsstrukturen, Staatliche Steuerung, München und Mehring.
Wie der Titel schon sagt, behandelt das Buch die Möglichkeiten partizipativen Managements. Wie der Titel nicht sagt, sind viele der angestellten Überlegungen auch auf andere Typen von Bildungseinrichtungen übertragbar.

Olivares, M./Schenker-Wicki, A. (2010): Innovation – Accountability – Performance. Bedrohen die Hochschulreformen die Innovationsprozesse an Hochschulen?, in: die hochschule (1/2010), 14–29.

Dass Strukturen und Mechanismen, die zur Förderung der Innovationsfähigkeit geschaffen wurden, ggf. genau diese Innovationsfähigkeit reduzieren, ist die zentrale Überlegung, die in diesem Aufsatz diskutiert wird.

Anhang

6 Schlüsselwortverzeichnis

7 Glossar

Akzeptanz der Maßstäbe und Messmethoden
Neben der Akzeptanz der Ziele stellt die Akzeptanz der Maßstäbe und Messmethoden einen für Zielvereinbarungen und Qualitätsmanagement kritischen Faktor dar. Immer wenn die Maßstäbe und die Messmethoden für die Bestimmung des Ausmaßes der Zielerreichung strittig sind, drohen hier Konflikte, die den gesamten Prozess lähmen können.

Allgemeinheit und Spezifität von Kernkompetenzen
Kernkompetenzen müssen, wenn sie strategisch wertvoll sein wollen, zum einen eine Allgemeinheit aufweisen, die das Unternehmen befähigt, mit ihrer Hilfe eine Vielzahl von Gütern und Dienstleistungen besser als ihre Wettbewerber zu erstellen, und zum anderen auch eine Spezifität, die es ermöglicht, sie in einer bestimmten Kundennutzen stiftenden Weise anzuwenden. Diese zweifache Anforderung führt dazu, dass der Versuch, Wettbewerbsvorteile durch die Nutzung von Kernkompetenzen zu erklären, in einen infiniten Regress mündet.

Beziehungsspezifische Güter
Der Relational View des strategischen Managements führt die Existenz von Wettbewerbsvorteilen auf spezielle Beziehungen zwischen Unternehmen bzw. Organisationen zurück. In solchen Beziehungen können beziehungsspezifische Güter ein Faktor sein, der es auf der einen Seite erlaubt, dass die Kooperation der Organisationen strategische Vorteile verursacht, und auf der anderen Seite diese Vorteile auch vor Imitation durch andere Organisationen schützt. Solche beziehungsspezifischen Güter können z.B. in Planungsstrukturen bestehen, bei denen eine Bildungseinrichtung frühzeitig in die Personalentwicklungsplanung eines Hauptauftraggebers einbezogen wird und dementsprechende Angebote entwickeln kann.

Bildung als Produkt
Ökonomische Betrachtung von Bildung und Lehrleistungen, die die Effizienz und Effektivität von Bildung in den Mittelpunkt stellt und andere Aspekte – wie z.B. pädagogische oder politische – werden nur insoweit beachtet, wie sie in Bezug auf Effektivitäts- und Effizienzfragen Bedeutung haben.

Bottom-Up-Verfahren des strategischen Managements
Verfahren der Generierung von strategischen Zielen und Maßnahmen, bei die Handlungen und Entscheidungen der hierarchisch tieferstehenden Akteure und Bereiche einer Organisation – denen größere Autonomiebereiche zugestanden werden – die Gestalt der strategischen Ziele und Maßnahmen maßgeblich oder sogar vollständig bestimmt. Strategisches Management nach dem Bottom-Up-Verfahren führt in der Regel zu emergenten Strategien.

Bürokratie
Klassisches Organisationskonzept, dass auf Prinzipien wie Arbeitsteilung, Amtshierarchie, regelgemäßer Aufgabenerfüllung und Aktenmäßigkeit beruht und in der Regel in der Verwaltung von Bildungseinrichtungen zu finden ist.

Deliberate Strategie
Eine Strategie, die so, wie sie erdacht wurde, auch umgesetzt wird. Deliberate Strategien lassen sich im Unterschied zu emergenten Strategien bereits vor ihrer Umsetzung als Strategien einer Organisation bestimmen.

Deskriptive Ansätze
Gruppe von Ansätzen im strategischen Management, die sich vornehmlich mit Erfahrungen bezüglich der realen Umsetzung von strategischen Empfehlungen beschäftigt und versucht, hieraus allgemeinere Hinweise auf eventuell auftretende Probleme zu generieren. Da sich bei diesen Ansätzen weniger allgemeine Empfehlungen bezüglich der Zielrichtung und Ausgestaltung von strategischen Maßnahmen finden als bei den sog. präskriptiven Ansätzen, werden sie z.T. als wenig aussagekräftig kritisiert.

Dreiecksbeziehung zwischen Bildungsanbieter, Bildungsempfänger und -finanziers (siehe auch Stakeholder)
Typische Markt-Konstellation bei Bildungseinrichtungen: anstatt direkt vom Empfänger der Leistung Bildung finanzielle Gegenleistungen zu beziehen, erfolgt die Finanzierung von Bildungseinrichtungen häufig durch Dritte (z.B. staatliche Organisationen oder Privatunternehmen).

Effektive Vertrags- und Kontrollstrukturen
Der Relational View des strategischen Managements führt die Existenz von Wettbewerbsvorteilen auf spezielle Beziehungen zwischen Unternehmen bzw. Organisationen zurück. In solchen Beziehungen können effektive Vertrags- und Kontrollstrukturen ein Faktor sein, der es auf der einen Seite erlaubt, dass die Kooperation der Organisationen strategische Vorteile verursacht, und auf der anderen Seite diese Vorteile auch vor Imitation durch andere Organisationen schützt. Die langjährige erfolgreiche Kooperation einer Bildungseinrichtung mit einem Privatunternehmen kann beispielsweise zu einem solchen Vertrauensverhältnis führen, dass die Auftragserteilung primär auf dieser Basis erfolgt und wenig oder keine formal-juristische Unterstützung braucht.

Effektivität
Das Ausmaß, in dem die von einer Organisation erstellten Güter und Dienstleistungen den Ansprüchen oder Bedürfnissen des Marktes bzw. der Stakeholder einer Organisation genügen.

Effizienz
Das Verhältnis von eingesetzten Mitteln zu erzieltem Output. Effizienz wird in der Regel durch den Vergleich von Kosten und Erlösen gemessen, sie kann aber auch durch den Vergleich anderer Input- und Outputgrößen bestimmt werden, etwa Vorbereitungsdauer einer Veranstaltung zu Lehrzeit.

Einzigartige Kombination von allgemein verfügbaren Ressourcen und Fähigkeiten
Der Relational View des strategischen Managements führt die Existenz von Wettbewerbsvorteilen auf spezielle Beziehungen zwischen Unternehmen bzw. Organisationen zurück. In diesen Beziehungen können die Partner Vorteile daraus ziehen, dass sie allgemein verfügbare Ressourcen und Fähigkeiten in einer einzigartigen und schwer zu imitierenden Weise kombinieren.

Emergente Strategie

Eine Strategie, die sich durch Muster und Kohärenzen in den Handlungen und Entscheidungen von Organisationsmitgliedern bzw. von der Organisation als Ganzes ergibt. Emergente Strategien lassen sich im Unterschied zu deliberaten Strategien erst nach ihrer Umsetzung als Strategien einer Organisation bestimmen.

Evaluationen

Evaluationen sind ein Ansatz in der empirischen Sozialforschung und meinen allgemein die systematische Reflexion von Prozessen und Produkten mittels der Erhebung, der Analyse und der Auswertung von Daten. Unter wissenschaftlichen Evaluationen versteht man den Einsatz von sozialwissenschaftlichen Forschungsmethoden zur Verbesserung der Planung und Durchführung von Interventionsmaßmaßnahmen.

Exklusive Nutzung von Ressourcen

Die möglichst exklusive Nutzung von strategisch wertvollen Ressourcen ist im Resource-Based-View eine Voraussetzung dafür, dass aus der Nutzung von Ressourcen Wettbewerbsvorteile erwachsen können. Verfügen die Wettbewerber über die gleichen oder vergleichbare Ressourcen, können sie es dem Unternehmen gleichtun. Die Exklusivität der Nutzung von Ressourcen wird durch Faktoren wie ihre mangelnde Mobilität und Handelbarkeit, ihre mangelnde Kopier- sowie Substituierbarkeit sichergestellt.

Finanzstruktur

Auch Finanzierungsstruktur: Die Art und Verteilung der finanziellen Quellen von Bildungseinrichtungen. Diese ist bedeutsam für die Frage, welche Stakeholder im Rahmen des strategischen Managements besonders beachtet werden sollten.

Fremdbestimmung der Ziele

Die Fremdbestimmung der Ziele stellt im strategischen Management allgemein, insbesondere aber im Qualitätsmanagement einen relevanten Faktor dar, der sich negativ auf die Akzeptanz von Zielen und Maßnahmen durch die Mitarbeiter einer Einrichtung auswirken kann. Es kann versucht werden, die Akzeptanz durch partizipative Maßnahmen, wie eine gemeinsame Entwicklung von Zielvereinbarungen, zu steigern.

Gewinnmaximierung

Erzielung eines möglichst hohen Gewinns: in der Regel das oberste Ziel strategischen Managements bei privatwirtschaftlichen Unternehmen. Wird angestrebt durch die effiziente Bereitstellung von effektiven Gütern und Dienstleistungen auf dem Markt, d.h. solchen Produkten, die auf dem Markt auch ihre Abnehmer finden. Auf Bildungseinrichtungen ist dieses Ziel angesichts ihrer Finanzstruktur und der großen Bedeutung von politischen Stakeholdern häufig nicht übertragbar.

Industrie

Im Rahmen des Market-Based-View Bezeichnung für den Absatzmarkt, auf dem sich ein Unternehmen mit einem bestimmten Produkt befindet. Genaugenommen bezeichnet Industrie die Gruppe der Wettbewerber, deren Produkte in den Augen der Abnehmer als Substitute darstellen.

Infiniter Regress
Unendliche Erklärungskette: Der Versuch der Erklärung von Wettbewerbsvorteilen durch die Nutzung von Ressourcen oder Kompetenzen endet in einer unendlichen Kette von Erklärungen, da die Kundennutzen stiftende spezifische Nutzung einer allgemeinen Kompetenz oder Ressource nur durch übergeordnete Kompetenzen erklärt werden kann, deren sinnvoller Einsatz wiederum auf noch weitergehende Kompetenzen verweist usw.

Innovationsspiele
Das Konzept des Spiels charakterisiert in der mikropolitisch-strategischen Organisationsanalyse die Art und Weise, wie Akteure in Organisationen unter Bezugnahme auf die organisationalen Regeln handeln. Innovationsspiele sind dabei Spiele, die entstehen, wenn durch organisatorische Maßnahmen – etwa im Rahmen des strategischen Managements – die etablierten Regeln und Machtverteilungen in Frage gestellt werden. In Innovationsspielen werden die Regeln für die Routinespiele in Organisationen aufgestellt.

Interne Zielvereinbarungssysteme in Bildungseinrichtungen
Zielvereinbarungen in Bildungseinrichtungen dienen der Verbesserung der internen Koordination und Steuerung. Wenngleich sie häufig mit Problemen bezüglich der operationalen Definition von Zielen und Maßstäben zu kämpfen haben, führen sie in der Regel doch zumindest dazu, dass die Kommunikation zwischen Akteuren in den Einrichtungen verbessert wird.

Kernkompetenzen
Organisationale Fähigkeiten und Kompetenzen, die es einem Unternehmen erlauben, bestimmte Produkte oder Leistungen günstiger und besser als die Wettbewerber zu erstellen und dadurch einen Wettbewerbsvorteil zu erlangen. Angesichts sich wandelnder Kundenwünsche und -bedürfnisse wird die Fähigkeit, frühzeitig und schnell auf solche Änderungen zu reagieren und im Rahmen der eigenen Kompetenzen neue Produkte und Dienstleistungen zu entwickeln, die den Kunden nützlich erscheinen, auch zu den Kernkompetenzen gezählt.

Kernrigiditäten
Kernkompetenzen ermöglichen nicht nur die besonders effektive oder effiziente Erstellung bestimmter Produkte, sondern sie verhindern häufig auch die Entwicklung und Erstellung anderer Produkte und Prozesse der Leistungserstellung. Gerade wenn Unternehmen sich, wie vom Kernkompetenzansatz gefordert, auf ihre Kernkompetenzen konzentrieren, können aus diesen auch Kernrigiditäten werden.

Komplementäre Ressourcen und Fähigkeiten
Der Relational View des strategischen Managements führt die Existenz von Wettbewerbsvorteilen auf spezielle Beziehungen zwischen Unternehmen bzw. Organisationen zurück. In solchen Beziehungen können komplementäre Ressourcen und Fähigkeiten ein Faktor sein, der es auf der einen Seite erlaubt, dass die Kooperation der Organisationen strategische Vorteile verursacht, und auf der anderen Seite diese Vorteile auch vor Imitation durch andere Organisationen schützt. Beispiele für solche Ressourcen und Fähigkeiten finden sich bei der Kooperation von Gymnasien, wenn etwa eine Schule einen bestimmten Leistungskurs auch für die Schüler anderer Schulen anbietet oder bei der Entwicklung abgestimmter Studien- und Prüfungsordnungen in unterschiedlichen

Hochschulen, die einem Studierenden den problemlosen Wechsel zwischen den Hochschulen erlaubt.

Kostenführerschaft
Strategie, die darauf abzielt, die eigenen Produkte auf einem bestimmten Absatzmarkt zu den günstigsten Preisen anzubieten. Die Möglichkeit hierzu resultiert in der Regel aus den Kostenvorteilen, die ein etabliertes Unternehmen genießt.

Kritische Ressource
Knappe Ressource, die die Organisation für die Aufrechterhaltung ihrer Leistungserstellungsprozesse benötigt.

Kundennutzen
Der Nutzen, den ein bestimmtes Gut oder eine bestimmte Dienstleistung in den Augen des Kunden hat, entscheidet im Kernkompetenzansatz darüber, ob die Kompetenzen, die die Organisation zur Erstellung dieses Produktes befähigen, strategisch wertvoll sind. In der frühzeitigen Erkennung von Produkten die einen hohen Kundennutzen aufweisen bzw. in der Antizipation dieses Nutzens wird eine Kernkompetenz gesehen.

Leistungserstellungsprozess
Der bzw. die organisationsinternen Prozesse, die mittelbar oder unmittelbar der Erstellung der Güter und Dienstleistungen dienen, die die Organisation auf dem Markt anbietet.

Lern- und Entwicklungsfähigkeiten
Die Lern- und Entwicklungsfähigkeiten von Organisationen werden im Rahmen des Kernkompetenzansatzes als zentrale Kompetenzen angesehen. Sie erlauben es – bei einer entsprechenden Ausprägung – der Organisation, schnell auf Änderungen auf dem Markt und in den Kundenwünschen zu reagieren und bestehende Kompetenzen weiterzuentwickeln bzw. neue aufzubauen.

Lose Kopplung
Konzept aus der Organisationstheorie, das häufig zur Beschreibung von Bildungseinrichtungen – insbesondere bei der Beschreibung des Lehrbereiches – genutzt wird. Lose gekoppelte Systeme sind auf der einen Seite kaum durch einfache Direktiven zu steuern, besitzen aber auf der anderen Seite eine große Flexibilität bei Anpassungen und Störungen.

Macht
Die Möglichkeit, einen anderen – auch gegen Widerstreben – zu einem Handeln oder Unterlassen zu bringen. Zentrales Element der mikropolitisch-strategischen Organisationsanalyse.

Market-Based-View
Ansatz bzw. Ansätze des strategischen Managements, die die Ursache von Wettbewerbsvorteilen in den Verhältnissen auf dem Absatzmarkt des Unternehmens sehen. Hat ein Unternehmen auf eine bestimmte Marktposition erreicht und ist auf dieser durch Marktbarrieren geschützt, so kann es höhere Gewinne als seine Wettbewerber erwirtschaften.

Marktbarrieren
Barrieren, die den Eintritt in einen (Teil-)Markt be- oder sogar verhindern. In der Regel handelt es sich entweder um Kostenvorteile, die das etablierte Unternehmen genießt, oder um Barrieren, die aus einer Produktdifferenzierung resultieren. Bei der Existenz von Marktbarrieren sind potenzielle Newcomer gezwungen, zum Markteintritt hohe Investitionen zu tätigen, die sie daran hindern können, ihre Produkte zu einem konkurrenzfähigen Preis anzubieten.

Marktposition
Stellung eines Unternehmens auf seinem Absatzmarkt bzw. auf einem Teil des Absatzmarktes, die vom Market-Based-View als relevant für die Existenz von Wettbewerbsvorteilen angesehen wird. Märkte werden dadurch abgegrenzt, dass die Abnehmer die jeweiligen Produkte als Substitute ansehen. Durch Maßnahmen der Produkt- und Preisgestaltung (Kostenführerschaft oder Produktdifferenzierung) kann ein Unternehmen zum einen bestimmen, auf welchem Teilmarkt es auftritt und zum zweiten auch seine Position auf diesem Teilmarkt beeinflussen.

Mikropolitisch-strategische Organisationsanalyse
Organisationstheoretischer Ansatz, der Macht und die Versuche von Akteuren, ihre (machtbasierten) Zonen der Handlungsautonomie zu erhalten, in den Mittelpunkt seiner Analyse stellt.

Mülleimer-Entscheidungsprozesse
Bezeichnung für einen Typ von Entscheidungsprozessen, der sich u.a. in Bildungseinrichtungen wiederfindet und dadurch gekennzeichnet ist, dass Entscheidungsprobleme und -lösungen sowie die jeweiligen Teilnehmer an Entscheidungsprozessen unabhängig voneinander auftauchen und mehr oder wenig zufällig aufeinandertreffen.

Nischenstrategie
Eine Kombination von Kostenführerschaft und Produktdifferenzierung in der strategischen Positionierung.

Organisationale Kompetenzen
Nur Kompetenzen, die in einer Organisation nicht nur bei einzelnen Personen vorhanden sind, sondern zumindest von einer größeren Gruppe von Organisationsmitgliedern geteilt werden, können Kernkompetenzen werden. Durch die Verteilung der Kompetenzen oder dadurch, dass sich die Kompetenzen in bestimmten Prozessen in der Organisation wiederfinden, sind diese Kompetenzen besser gegen Verlust zu schützen, da sie nicht verloren gehen, wenn einzelne Mitarbeiter die Organisation verlassen.

Organisierte Anarchien
Bezeichnung für einen Typ von Organisationen, der durch Mülleimer-Entscheidungsprozesse gekennzeichnet ist.

Positionierung
Ausrichtung eines Unternehmens auf einem Markt in der Regel mit dem Ziel der Erzielung von Wettbewerbsvorteilen. Im Market-Based-View werden drei Formen der Positionierung unterschieden: Kostenführerschaft, Produktdifferenzierung und Nischenstrategie.

Präskriptive Ansätze

Gruppe von theoretischen Ansätzen im strategischen Management, die darauf abzielen, Organisationen mehr oder weniger genaue Empfehlungen für die Zielrichtung und die Ausgestaltung von Maßnahmen strategischen Managements zu geben. Häufig aus allgemeinen ökonomischen Überlegungen abgeleitet, unterliegen diese Ansätze bezüglich ihrer Umsetzbarkeit und Effektivität der Kritik. Eine Gegenposition bilden die sog. deskriptiven Ansätze.

Produktdifferenzierung

Strategie, die darauf abzielt, sich durch bestimmte Eigenschaften eines Produktes eine quasi-monopolartige Absatzsituation zu schaffen und dadurch höhere Erlöse zu erzielen. Solche Eigenschaften können in bestimmten Leistungsmerkmalen (ein Lehrangebot zu sonst eher unüblichen Zeiten, die Einbindung von Praktika) oder auch in der Reputation einer Bildungseinrichtung bzw. bestimmter Lehrender bestehen.

Prozess der Zielvereinbarung

Der Prozess der Zielvereinbarung umfasst alle Maßnahmen, die im Rahmen des Managements durch Zielvereinbarungen getroffen werden: von der Festlegung der zu beachtenden Stakeholder, über die Vereinbarung der Ziele bis zur Überprüfung der Zielerreichung.

Qualitätsmanagement

Der Begriff des Qualitätsmanagements entstammt der Wirtschaft und bezeichnet alle Tätigkeiten im Rahmen der Führung, die die Qualitätspolitik, ihre Ziele und die Verantwortlichkeiten festlegen und ihre Verwirklichung – unter Beteiligung der Mitarbeiter – durch Mittel wie Qualitässicherung oder Controlling betreiben. Unter Qualität wird dabei die Summe von Eigenschaften und Merkmalen eines Produktes oder einer Dienstleistung verstanden, die sich an zuvor festgelegten Anforderungen orientiert und überprüfen lässt.

Rationales Entscheiden

Idealtyp des Entscheidungsprozesses: Ein Entscheidungsproblem taucht auf oder wird als solches identifiziert. Dann wird es in dafür eingerichteten Verfahren mit den dafür vorgesehenen – häufig besonders qualifizierten – Beteiligten bearbeitet. Dabei werden unterschiedliche Problemlösungen generiert und gegeneinander abgewogen. Die Alternative, die als beste erscheint, wird ausgewählt und umgesetzt.

Resource-Based-View

Ansatz bzw. Ansätze des strategischen Managements, die Wettbewerbsvorteile darauf zurückführen, dass Unternehmen unterschiedlichen Zugang zu strategisch wertvollen Ressourcen haben bzw. diese Ressourcen in unterschiedlicher Form nutzen und hieraus effizient marktgängige Leistungen und Produkte generieren.

Routinen zur Wissens- und Fähigkeitsteilung

Der Relational View des strategischen Managements führt die Existenz von Wettbewerbsvorteilen auf spezielle Beziehungen zwischen Unternehmen bzw. Organisationen zurück. In solchen Beziehungen können Routinen zur Wissens- und Fähigkeitsteilung ein Faktor sein, der es auf der einen Seite erlaubt, dass die Kooperation der Organisationen strategische Vorteile verursacht, und auf der anderen Seite diese Vorteile auch vor Imitation durch andere Organisationen schützt. Solche Routinen können auf einer langjährigen Kooperation einer Einrichtung mit einem privatwirtschaftlichen Unternehmen beruhen, die zu geteilten Sprachcodes und wechselseitigem Verständnis der jeweiligen betrieblichen Notwendigkeiten geführt hat.

Routinespiele

Das Konzept des Spiels charakterisiert in der mikropolitisch-strategischen Organisationsanalyse die Art und Weise, wie Akteure in Organisationen unter Bezugnahme auf die organisationalen Regeln handeln. Routinespiele bezeichnen dabei die Verhaltensformen, bei denen sich die Akteure auf etablierte Regeln und daraus resultierende Machtverhältnisse beziehen.

Stakeholder

Anspruchsgruppe oder Träger von Ansprüchen an eine Organisation: Jede Person und jede Organisation, die Ansprüche an eine Organisation formuliert, ist ein Stakeholder: so etwa die Kunden, die Geldgeber die Mitarbeiter, die Lieferanten und häufig der Staat. Die Bedeutung von Stakeholdern für Organisationen bemisst sich u.a. danach, ob und in welchem Umfang diese Stakeholder den Zugang der Organisation zu für sie kritischen Ressourcen kontrollieren.

Strategisch wertvolle Ressourcen

Grundlage von Wettbewerbsvorteilen im Sinne des Resource-Based-View: strategisch wertvoll sind alle Ressourcen, die es einem Unternehmen erlauben, Güter und Dienstleistungen anzubieten, die seine Wettbewerber nicht anbieten oder es ihm ermöglichen, Güter und Dienstleistungen effizienter herzustellen und damit günstiger als seine Wettbewerber anzubieten. Häufig ist es jedoch nicht die bloße Verfügung über bestimmte Ressourcen, die die Wettbewerbsvorteile generiert, sondern eine spezielle Art und Weise der Nutzung der Ressourcen, die ein Unternehmen von den anderen unterscheidet.

Strategisches Lernen

Die Einbeziehung von unerwarteten Ergebnissen strategischen Handelns in die Formulierung von deliberaten Strategien. Solche Ergebnisse können auftreten, weil eine frühere deliberate Strategie unerwartete Auswirkungen gezeigt hat oder weil emergente Strategien zu ihnen geführt haben.

Strategisches Management

Alle Maßnahmen, die zum einen die Positionierung der Organisation auf dem Markt betreffen und/oder die organisationsinterne Koordination von Prozessen; langfristig angelegt und in der Regel die gesamte Organisation betreffend.

Substitut

Ersatz: bezogen auf Güter ein Gut, das einen realen Ersatz eines anderen Gutes darstellt oder von einer Gruppe von Akteuren – z.B. den Abnehmern – als solcher angesehen wird. Die Substitutionsfähigkeit von Gütern spielt bei der Abgrenzung von Märkten im Market-Based-View eine große Rolle. Im Resource-Based-View sichert die mangelnde Substituierbarkeit von Ressourcen ihre exklusive Nutzung.

SWOT-Schema
Klassisches Analyseschema im Rahmen des strategischen Managements, das auf der einen Seite die Stärken und Schwächen des jeweiligen Unternehmens (**S**trengths & **W**eaknesses) beachtet und auf der anderen Seite die Chancen und Risiken (**O**pportunities & **T**hreats), die aus dem Marktgeschehen resultieren.

Top-Down-Verfahren des strategischen Managements
Verfahren der Generierung von strategischen Zielen und Maßnahmen, bei dem die Leitung der Organisation die allgemeinen Ziele definiert und deren Umsetzung in konkrete Maßnahmen in den hierarchisch untergeordneten Bereichen der Organisation stattfindet. Strategisches Management nach dem Top-Down-Verfahren führt in der Regel zu deliberaten Strategien.

Wechselseitige Konstitution von Stärken und Schwächen des Unternehmens und Chancen und Risiken auf dem Markt
Während der Market-Based-View die Wettbewerbsvorteile eines Unternehmens primär auf die Marktstrukturen und die daraus resultierenden Chancen und Risiken zurückführt und die ressourcenbasierten Ansätze Wettbewerbsvorteile ausschließlich aus den Stärken und Schwächen eines Unternehmens erklären, spricht vieles dafür, dass sich der strategische Wert bestimmter Ressourcen und Kompetenzen eines Unternehmens nur angesichts bestimmter Marktstrukturen ergibt und umgekehrt, die Nutzung von Unternehmensressourcen und -kompetenzen auch zu einer bestimmten Strukturierung des Marktes führen.

Wettbewerber
Andere Organisationen, mit denen eine Organisation um knappe und für die Aufrechterhaltung der Leistungserstellung kritische Ressourcen konkurriert und gegenüber denen Organisationen durch strategisches Management einen Vorteil zu erlangen suchen. Während bei den meisten Unternehmen die maßgeblichen Wettbewerber auf dem Absatzmarkt zu finden sind, konkurrieren Bildungseinrichtungen aufgrund ihrer Finanzstruktur häufig auch auf anderen Märkten mit Wettbewerbern um die Beschaffung ihrer finanziellen Mittel.

Zertifizierung
Bei der Zertifizierung wird einem Unternehmen – in der Regel nach einer kostenpflichtigen Überprüfung durch eine Zertifizierungsstelle – bescheinigt, bestimmten durch das Zertifikat festgelegten Anforderungen an das Qualitätsmanagement bzw. an die Qualität der Güter und Dienstleistungen zu genügen.

Ziele strategischen Managements
Allgemein die Ziele, die mit den Maßnahmen strategischen Managements verfolgt werden. In privatwirtschaftlichen Unternehmen bestehen diese meistens in der Gewinnmaximierung, wozu dann Maßnahmen zur Effektivitäts- und Effizienzsteigerung durchgeführt werden. Bei Bildungseinrichtungen kann angesichts der Finanzstruktur und sich daraus ergebenden Problematik des Gewinnbegriffs auf die Ziele der Effektivitäts- und Effizienzsteigerung zurückgegriffen werden. Weitere Ziele bestehen in der Befriedigung der Ansprüche von Stakeholdern.

Zielvereinbarungen zwischen Staat und Bildungseinrichtung
Der Staat schließt häufig Zielvereinbarungen mit Bildungseinrichtungen, um Ziele zu erreichen, die auf der Basis von Selbststeuerung oder durch Wettbewerbsprozesse vermutlich nicht erreicht würden. Hierbei werden bestimmte Ziele festgelegt, die Einrichtung erreichen soll, während die Art und Weise der Umsetzung der Ziele der Einrichtung selbst überlassen bleibt. Verbunden mit solchen Zielvereinbarungen sind häufig längerfristige Absprachen über die finanziellen und institutionellen Rahmenbedingungen des Handelns der Einrichtungen.

8 Literatur

Amit, R./Schoemaker, P.J.H. (1993): Strategic assets and organizational rent, in: Strategic Management Journal 14, 33–46.

Ansoff, H.I. (1965): Corporate strategy, New York.

Autorengruppe Bildungsberichterstattung (2010): Bildung in Deutschland 2010. Ein indikatorengestützter Bericht mit einer Analyse zu Perspektiven des Bildungswesens im demografischen Wandel, Bielefeld.

Bain, J.S. (1968): Industrial organization, 2nd. Ed., New York.

Barney, J.B. (1991): Firms resources and sustained competitive advantage, in: Journal of Management 17 (1), 99–120.

Barney, J.B. (1992): Integrating organizational behavior and strategy formulation research. A resource based analysis, in: Advances in Strategic Management 8, 39–61.

Bartölke, K./Grieger, J. (2001): Universitäre Lehre und Universitätsstudium im Spannungsfeld von Bildung und Qualifizierung, in: Laske, S./Scheytt, T./Meister-Scheytt, C./Scharmer, C.O. (Hrsg.): Universität im 21. Jahrhundert, Zur Interdependenz von Begriff und Organisation der Wissenschaft, München und Mering, 77–95.

Becker, G. (1964): Human Capital. A theoretical and empirical Analysis with special Reference on Education. Chicago.

Behrens, T. (1996): Globalisierung der Hochschulhaushalte, Neuwied.

Bergstedt, F. (2003): „Früher wurde von Fall zu Fall entschieden" – Zielvereinbarungen als Steuerungsinstrument der Universität Bremen. Bochumer Beiträge zur Arbeitswissenschaft Nr. 8, Ruhr-Universität Bochum, Institut für Arbeitswissenschaft.

Berthold, C./Behm, B./Daghestani, M. (2011): „Als ob es einen Sinn machen würde …" Strategisches Management an Hochschulen. CHE gemeinnütziges Zentrum für Hochschulentwicklung Arbeitspapier 114, Gütersloh.

BMBF (2003): Bundesministerium für Forschung und Bildung: Berichtssystem Weiterbildung VIII. Integrierter Gesamtbericht zur Weiterbildungssituation in Deutschland, Bonn.

Böbel, I. (1984): Wettbewerb und Industriestruktur. Industrial Organization-Forschung im Überblick, Berlin Heidelberg.

Bogumil, J. et al. (2013): Modernisierung der Universitäten. Umsetzungsstand und Wirkungen der neuen Steuerungsinstrumente, Berlin.

Borins, S./Grünning, G. (1998): New Public Management – Theoretische Grundlagen und problematische Aspekte der Kritik. In: Budäus, D./Conrad, P./Schreyögg, G. (Hrsg.): Managementforschung 8, Berlin und New York, 11–53.

Brockhoff, K. (2003): Management privater Hochschulen in Deutschland, in: ZfB-Ergänzungsheft 3/2003, 1–22.

Brunsson, N. (1989): The organization of hypocrisy. Talk, decision and actions in organizations, Chichester u.a.

Buckland, R. (2009): Private and public sector models for strategies in universities, in: British Journal of Management 20, 524–536.

Bülow-Schramm, M. (2003): Kommunikation als Basis für die Steuerung durch Zielvereinbarungen – das Beispiel der Universität Hamburg, in: Mayer, E./Daniel, H.-D./Teichler, U. (Hrsg.): Die neue Verantwortung der Hochschulen, Bonn, 168–170.

Calori, R. (1998): Essai: Philosophizing on strategic management models, in: Organization Studies 19(2), 281–306.

Caves, R./Porter, M.E. (1976): Barriers to exit, in: Mason, R.T./Qualls, P.D. (Hrsg.): Essay on industrial organization in honor of Joe S. Bain, Cambridge (Mass.), 39–69.

Chaffee, E.E. (1985): Three models of strategy, in: Academy of Management Review 10 (1), 89–98.

Chandler, A.D. (1962): Strategy and structure: Chapters in the history of the american industrial enterprise, Cambridge (Mass.).

Chandler, A.D. (1977): The visible hand, Cambridge (Mass.)

Child, J. (1972): Organizational structure, environment and performance: The role of strategic choice, in: Sociology 6, 1–22.

Child, J. (1997): Strategic choice in the analysis of action: Structure, organizations and environment: Retrospect and prospect, in: Organization Studies 18(1), 43–76.

Cohen, M.D./March, J.G./Olsen, J.P. (1990): Ein Papierkorb-Modell für organisatorisches Wahlverhalten, in: March, J.G. (Hrsg.): Entscheidung und Organisation, Wiesbaden, 329–372.

Collis, D.J. (1994): Research note: How valuable are organizational capabilities, in Strategic Management Journal 15 (Special Issue Winter), 143–152.

Coman, A./Ronen, B. (2009): Focused SWOT: diagnosing critical strengths and weaknesses, in: International Journal of Production Research 47 (20), 5677–5689.

Crozier, M./Friedberg, E. (1979): Macht und Organisation. Die Zwänge kollektiven Handelns. Königstein/Ts.

Damkowski, W./Precht, C. (Hrsg.) (1998): Moderne Verwaltung in Deutschland. Public Management in der Praxis, Stuttgart et al.

Dierickx, I./Cool, K. (1989): Asset stock accumulation and sustainability of competitive advantage, in: Management Science 35 (12), 1504–1511.

Dohmen, G. (2002): Lebenslang lernen – und wo bleibt die „Bildung"?, in: Nuissl, E./ Schiersmann, C./Siebert, H. (Hrsg.): Kompetenzentwicklung statt Bildungsziele?, DIE-REPORT 49/2002, 8-14., verfügbar unter: http://www.die-bonn.de/esprid/do kumente/doc-2002/nuissl02_02.pdf

Drucker, P. (1954): The practice of management, New York.

Dyer, J.H./Singh, H. (1998): The relational view: Cooperative strategy and sources of interorganizational competitive advantage, in: Academy of Management Review 23 (4), 660–679.

Dyer, J.H./Singh, H./Kale, P. (2008): Splitting the Pie: Rent Distribution in Alliances and Networks, in: Managerial and decision economics 29, 137–148.

Eckardstein, D. (2003): Leistungsvergütung für Professoren: Möglichkeiten und Probleme der Umsetzung auf Fachbereichsebene, in: ZfB-Ergänzungsheft 3/2003, 97–116.

EIS (2014): EiS – Evaluationsinstrumente für Schulen, Landesbildungsserver Baden-Württemberg, http://www.schule-bw.de/entwicklung/qualieval/fev_as/sevstart/ eisneu/Instrumentensammlung/InstrumenteFokus/

Erhardt, D. (2011): Hochschulen im strategischen Wettbewerb, Wiesbaden.

Falk, M. (2003): Erfolg von personalwirtschaftlichen Maßnahmen zur Überwindung des IT-Fachkräftemangels, in: ZfP (17/2), 5–24.

Fangmann, H. (2001): Zielvereinbarungen zwischen Staat und Hochschulen, in: Hanft, A. (Hrsg.): Grundbegriffe des Hochschulmanagements, Neuwied, 508–512.

Faulstich, P. (2002): Verteidigung von „Bildung" gegen die Gebildeten unter ihren Verächtern, in: Nuissl, E./Schiersmann, C./Siebert, H. (Hrsg.): Kompetenzentwicklung statt Bildungsziele?, DIE-REPORT 49/2002, 15-25., verfügbar unter: http:// www.die-bonn.de/esprid/dokumente/doc-2002/nuissl02_02.pdf

Foss, N. (1997): Resources, firms and strategies: a reader on the resource-based perspective, Oxford.

Freeman, R.E. (1984): Strategic management. A stakeholder approach, Marshfield (Mass.).

Friedberg, E. (1988): Zur Politologie von Organisationen, in: Küpper, W./Ortmann, G. (Hrsg.): Mikropolitik. Rationalität, Macht und Spiele in Organisationen. Opladen., 39–52.

Friedrichsmeier, A. (2012): Die unterstellten Wirkungen der universitären Steuerungsinstrumente. Zur hochschulischen Dauerreform und den Möglichkeiten ihrer Entschleunigung, Berlin.

Giddens, A. (1984): The constitution of society, Cambridge.

Göbel, M. (1999): Verwaltungsmanagement unter Veränderungsdruck. Eine mikropolitische Analyse, Mering.

Grant, R.M. (2008): Why strategy teaching should be theory based, in: Journal of Management Inquiry 17 (4), 276–281.

GTZ (2000): Orientierungsrahmen für das Wirkungsmonitoring, Eschborn.

Hagenhoff, S. (2002): Universitäre Bildungskooperationen, Wiesbaden.

Hamel, G./Prahalad, C.K. (1995): Wettlauf um die Zukunft, Wien.

Hanft, A. (2000): Leitbilder an Universitäten – Symbolisches oder strategisches Management?, in: Hanft, A. (Hrsg.): Hochschulen managen? Zur Reformierbarkeit von Hochschulen nach Managementprinzipien, Neuwied, 121–133.

Hanft, A. (2003): Plädoyer für ein institutionengerechtes Managementsystem, in: Lüthje, J./Nickel, S. (Hrsg.): Universitätsentwicklung. Strategien, Erfahrungen, Reflexionen, Frankfurt am Main et al, 151–161.

Hanft, A. (2012): Strategische Positionierung von Hochschulen – zwischen bürokratischer Planung und Handlungskompetenz, in: Kerres, M./Hanft, A./Wilkesmann, U./Wolff-Bendik, K. (Hrsg.): Studium 2020: Positionen und Perspektiven zum lebenslangen Lernen, Münster, 21–27.

Hanft, A./Brinkmann, K. (Hrsg) (2013): Offene Hochschulen. Die Neuausrichtung der Hochschulen auf Lebenslanges Lernen, Münster.

Hanft, A./Röbken, H./Zimmer, M./Fischer, F. (2008): Bildungs- und Wissenschaftsmanagement, München.

Harman, G./Sherwell, V. (2002): Risks in university-industry research links and the implications for university management, in: Journal of Higher Education Policy and Management 24 (1), 37–51.

Haunschild, A. (2001): Effizienz und Effektivität, in: Hanft, A. (Hrsg.): Grundbegriffe des Hochschulmanagements, Neuwied, 93–96

Helfrich R. (2003): Wir haben sozialen Sprengstoff entschärft, in: Frankfurter Rundschau vom 30.6.2003 (Nr. 175), WB 6.

Helmrich, R. /Zika, G./Kalinowski, M./Wolter, M.I. (2012): Engpässe auf dem Arbeitsmarkt: Geändertes Bildungs- und Erwerbsverhalten mindert Fachkräftemangel, in: BiBB-Report: Forschungs- und Arbeitsergebnisse aus dem Bundesinstitut für Berufsbildung, 18/2012, 1–14.

Hendler, R. (2006): Die Universität im Zeichen von Ökonomisierung und Internationalisierung, in: Kultur und Wissenschaft: Berichte und Diskussionen auf der Tagung der Vereinigung der Deutschen Staatsrechtslehrer in Frankfurt am Main vom 5. bis 8. Oktober 2005, Berlin, 238–267.

Hödl, E./Zegelin, W. (1999): Hochschulreform und Hochschulmanagement: Eine kritische Bestandsaufnahme der aktuellen Diskussion, Marburg.

Hornbostel, S. (2001): Die Hochschulen auf dem Weg in die Audit Society. Über Forschung, Drittmittel, Wettbewerb und Transparenz, in: Stölting, E./Schimank, U. (Hrsg.): Die Krise der Universitäten. Sonderheft Leviathan 20, Wiesbaden, 139–158.

Jaeger, M./Leszczensky, M./Orr, D./Schwarzenberger, A. (2005): Formelgebundene Mittelvergabe und Zielvereinbarungen als Instrumente der Budgetierung an deutschen Universitäten: Ergebnisse einer bundesweiten Befragung, Kurzinformation Hochschul-Informations-System A13/2005, Hannover.

Jarzabkowski, P. (2008): Shaping strategy as a structuration process, in: Academy of Management Journal 51 (4), 621–650.

Kale, P./Dyer, J.H./Singh, H.(2002): Alliance capability, stock market response, and long-term alliance success: The role of the alliance function, in: Strategic Management Journal 23, 747–767.

Kale, P./Singh, H./Permutter, H. (2000): Learning and protection of proprietary assets in strategic alliances: Building relational capital, in: Strategic Management Journal 21, 217–237.

Kantzenbach, E. (1967): Die Funktionsfähigkeit des Wettbewerbs, 2. Aufl., Göttingen.

Kappler, E. (1995): Welche Universität braucht die Gesellschaft?, in Kappler, E./Scheytt, T. (Hrsg.): Unternehmungsführung – Wirtschaftsethik – Gesellschaftliche Evolution. Annäherungen an eine verantwortungsbewußte Führungspraxis, Gütersloh, 201–229.

Kappler, E: (2000): Unbeantwortbare Fragen –Begeisterung als Bedingung universitärer Entwicklung. Ein Interview, in: Laske, S./Scheytt, T./Meister-Scheytt, C./Scharmer, C.O. (Hrsg.): Universität im 21. Jahrhundert, Zur Interdependenz von Begriff und Organisation der Wissenschaft, München und Mering, 491–509.

Keller, G. (1983): Academic strategy: The management revolution in American higher education. Baltimore.

Kieser, A. (1998): Going Dutch: Was lehren die niederländischen Erfahrungen mit der Evaluation universitärer Forschung?, in: Die Betriebswirtschaft 58, 208–214.

Kieser, A. (1999): Max Webers Analyse der Bürokratie, in: Kieser, A. (Hrsg.): Organisationstheorien, 3. Aufl. Stuttgart, 39–64.

Klein, J. (2003): Unternehmen Universität, in: Geidek, S./Liebert, W.-A. (Hrsg.): Sinnformeln. Linguistische und soziologische Analysen von Leitbildern, Berlin, 119–124.

KMK (2003/2010): Ländergemeinsame Strukturvorgaben für die Akkreditierung von Bachelor- und Masterstudiengängen. Beschluss der Kultusministerkonferenz vom 10.10.2003 i.d.F. vom 04.02.2010, http://www.kmk.org/fileadmin/veroeffent lichungen_beschluesse/2003/2003_10_10-Laendergemeinsame-Strukturvorgaben. pdf

Knust, M. (2006): Geschäftsmodelle der wissenschaftlichen Weiterbildung. Eine Analyse unter Berücksichtigung empirischer Ergebnisse, Köln.

Knyphausen-Aufseß, D. zu (1995): Theorie der strategischen Unternehmensführung. State of the art und neue Perspektiven, Wiesbaden.

Kohrmann, O. (2012): Strategisches Management von Universitäten und Fakultäten, Wiesbaden.

Krauß, A./Mohr, B. (2006): Reflexive Mitspieler als Subjekte beruflicher Bildung – eine Herausforderung für das Wissensmanagement als Kommunikationsform individualisierter Lernstrategien im Betrieb, in: Holz, H./Schemme, D. (Hrsg.): Wissensmanagement in der beruflichen Aus- und Weiterbildung, Bielefeld, 89–115.

Küpper, H.-U. (2005): Controlling. Konzeption, Aufgaben, Instrumente, 4. Aufl., Stuttgart.

Langlois, R.N. (1992): Transaction-cost economics in real time, in: Industrial and Coporate Change 1, 99–127.

Laske, S./Scheytt, T./Meister-Scheytt, C./Scharmer, C.O. (2000) (Hrsg.): Universität im 21. Jahrhundert, Zur Interdependenz von Begriff und Organisation der Wissenschaft, München und Mering.

Laske, S./Zauner, A. (2000): Architektur und Design universitärer Verhandlungssysteme, in: Laske, S./Scheytt, T./Meister-Scheytt, C./Scharmer, C.O. (Hrsg.): Universität im 21. Jahrhundert, Zur Interdependenz von Begriff und Organisation der Wissenschaft, München und Mering, 447–487.

Learned, E.P./Christensen, C.R./Andrews, K.R./Guth, W.P. (1965): Business policy: Text and cases, Homewood, Illinois.

Leonard-Barton, D. (1992): Core capabilities and core rigidities: A paradox in managing new product development, in: Strategic Management Journal 13 (Special Issue Summer), 111–125.

Liebald, C. (2000): Qualitätsmanagement in der Weiterbildung. Ein Leitfaden für die Praxis, Bönen.

Lindblom, C.E. (1959): The science of „Muddling Through", in: Public Administration Review 19(2), 79–88.

Lynch, R./Baines, P. (2004): Strategy development in UK higher education: Towards resource-based competitive advantages, in: Journal of Higher Education Policy and Management 26 (2), 171–187.

Mager, U. (2006): Die Universität im Zeichen von Ökonomisierung und Internationalisierung, in: Kultur und Wissenschaft: Berichte und Diskussionen auf der Tagung der Vereinigung der Deutschen Staatsrechtslehrer in Frankfurt am Main vom 5. bis 8. Oktober 2005, Berlin, 274–310.

Meisel, K. (2006): Relevante Umwelten für Bildungsmanager/innen, in: Gütl, B./Orthey, F.M./Laske, S. (Hrsg.): Bildungsmanagement. Differenzen bilden zwischen System und Umwelt, München und Mering, 321–350.

Meyer, J.W./Rowan, B. (1977): Institutionalized Organizations: Formal Structures as Myth and Ceremony, in: American Sociological Review 83, 340–363.

Meyer-Wölfing, E. (2003): Aufbau eines Netzwerks von Beratern Weiterbildungseinrichtungen von KMU, in: Quem (Hrsg.): Lernen in Weiterbildungseinrichtungen. PE/OE-Konzepte. Herausgegeben von: Arbeitsgemeinschaft Betriebliche Weiterbildungsforschung e. V. / Projekt Qualifikations-Entwicklungs-Management, Berlin, 177–218.

Minssen, H./Molsch, B./Wilkesmann, U./Andersen, U. (2003): Kontextsteuerung von Hochschulen? Folgen der indikatorisierten Mittelzuweisung, Berlin.

Mintzberg, H. (1978): Patterns in strategy formation, in: Management Science 24 (9), 934–948.

Mintzberg, H. (1994): Das wahre Geschäft der strategischen Planer, Harvard Business manager 3, 9–15.

Mintzberg, H./Rose, J. (2003): Strategic management upside down: Tracking strategies at McGill University from 1829 to 1980, in: Canadian Journal of administrative Science 20(4), 270–290.

Mintzberg, H./Waters, J.A. (1985): Of strategies, deliberate and emergent, in: Strategic Management Journal 6, 257–272.

Monopolkommission (2000): Wettbewerb als Leitbild für die Hochschulpolitik. Sondergutachten der Monopolkommission gemäß § 44 Abs. 1 Satz 4 GWB, Baden-Baden.

Müller, U./Ziegele, F. (2003): Zielvereinbarungen zwischen Hochschulen und Staat in Nordrhein-Westfalen: Erfahrungen und Zukunftsperspektiven, Arbeitspapier Nr. 45 des Centrum für Hochschulentwicklung, Gütersloh.

Müller, W. (2004): Hochschulentwicklung durch Zielvereinbarungen, in: HRK Projekt Q/Verbund norddeutscher Universitäten (Hrsg.): Evaluation – ein Bestandteil des Qualitätsmanagements an Hochschulen. Beiträge zur Hochschulpolitik 9, Bonn, 129–138.

Müller-Böling, D./Krasny, E: (1989): Strategische Planung an deutschen Hochschulen – Theoretisches Konstrukt und ersten Ansätze einer Methodologie, in: Müller-Böling, D./Zechlin, L./Neuvians, K./Nickel, S./Wismann, P. (Hrsg.): Strategieentwicklung an Hochschulen. Konzepte – Prozesse – Akteure, Gütersloh, 13–48.

Müller-Böling, D./Zechlin, L./Neuvians, K./Nickel, S./Wismann, P. (Hrsg.) (1989): Strategieentwicklung an Hochschulen. Konzepte – Prozesse – Akteure, Gütersloh.

Naschold, F. (1996): New frontiers in public sector management, Berlin und New York.

Neubauer, A. (2005): Moderne Hochschul-Industrie-Kooperationen, Analyse mittels der Story Telling-Methode vor dem Hintergrund des Wissensmanagements, Hamburg.

Nickel, S. (2001): Zielvereinbarungssysteme – Intern, in: Hanft, A. (Hrsg.): Grundbegriffe des Hochschulmanagement, Neuwied, 512–520.

Nickel, S. (2007): Partizipatives Management von Universitäten. Zielvereinbarungen, Leitungsstrukturen, Staatliche Steuerung, München und Mehring.

Nickel, S. (2011): Zwischen Kritik und Empirie – Wie wirksam ist der Bologna-Prozess. in: Nickel, S. (Hrsg.): Der Bologna-Prozess aus Sicht der Hochschulforschung. Analysen und Impulse für die Praxis. CHE-Arbeitspapier Nr. 148, Gütersloh, 8–17. (online verfügbar unter: http://www.bmbf.de/pubRD/Bologna_Prozess_aus_Sicht_ der_Hochschulforschung.pdf)

Nullmeier, F. (2000): Moderne Organisationsmodelle und die Zukunft der Hochschulen, in: Hanft, A. (Hrsg.): Hochschulen managen? Zur Reformierbarkeit von Hochschulen nach Managementprinzipien, Neuwied, 99–118.

Odiorne, G.S. (1967): Management by objectives: Führung durch Vorgabe von Zielen, München.

Olivares, M./Schenker-Wicki, A. (2010): Innovation – Accountability – Performance. Bedrohen die Hochschulreformen die Innovationsprozesse an Hochschulen?, in: die hochschule (1/2010), 14–29.

Ortmann, G. (2000): Die Trägheit der Universitäten und die Unwiderstehlichkeit des Wandels, in: Laske, S./Scheytt, T./Meister-Scheytt, C./Scharmer, C.O. (Hrsg.): Universität im 21. Jahrhundert, Zur Interdependenz von Begriff und Organisation der Wissenschaft, München und Mering, 375–396.

Ortmann, G./Becker, A. (1995): Management und Mikropolitik. Ein strukturationstheoretischer Ansatz. In: Ortmann, G. (Hrsg.): Formen der Produktion. Opladen., 43–80.

Ortmann, G./Windeler, A./Becker, A./Schulz, H.-J. (1990): Computer und Macht in Organisationen. Mikropolitische Analysen. Opladen.

Pellert, A. (1999): Die Universität als Organisation. Die Kunst, Experten zu managen, Wien et al.

Peter, M./Runge, P./Wille, N. (2006): Leitfaden zu Forschungs- und Entwicklungsverträgen zwischen Hochschulen und der Industrie, 3. Auflage, Düsseldorf.

Pfeffer, J./Salancik, G.R. (1978): The external control of organisations, New York.

Picot, A. (2000): Die Entstehung von Neuem und die Entwicklung der Universität, in: Laske, S./Scheytt, T./Meister-Scheytt, C./Scharmer, C.O. (Hrsg.): Universität im 21. Jahrhundert, Zur Interdependenz von Begriff und Organisation der Wissenschaft, München und Mering, 301–314.

Polanyi, M. (1985): Implizites Wissen, Frankfurt am Main.

Porter, M.E. (1981): The contributions of industrial organization to strategic management, in: Academy of Management Review, 6, 609–620.

Porter, M.E. (1983): Wettbewerbsstrategie (Competitive Strategy). Methoden zur Analyse von Branchen und Konkurrenten, Frankfurt/Main.

Porter, M.E. (1986): Wettbewerbsvorteile (Competitive Advantage). Spitzenleistungen erreichen und behaupten, Frankfurt am Main.

Porter, M.E. (1991): Towards a dynamic theory of strategy, in: Strategic Management Journal, 12, 95–117.

Powell, W.W./Koput, K.W./Smith-Doerr, L. (1996): Interorganizational collaboration and the locus of innovation: Networks of learning in biotechnology, in: Administrative Science Quarterly 41, 116–145.

Power, M. (1994): The audit explosion, London.

Power, M. (1997): The audit society: Rituals of verification, Oxford.

Prahalad, C. K./Bettis, R. A. (1986): The dominant logic: A new linkage between diversity and performance, in: Strategic Management Journal 7, 485–501.

Prahalad, C.K./Hamel, G. (1990): The core competence of the corporation, in: Harvard Business Review 68 (3), 79–91.

Puuka, J. (2000): External Impact oft he university of Turku, Turku.

Rasche, C. (1994): Wettbewerbsvorteile durch Kernkompetenzen. Ein ressourcenorientierter Ansatz, Wiesbaden.

Rasche, C./Wolfrum, B. (1994): Ressourcenorientierte Unternehmensführung, in: DBW 54(4), 501–517.

Rehn, T./Brandt, G./Fabian, G./Briedis, K. (2011): Hochschulabschlüsse im Umbruch. Studium und Übergang von Absolventinnen und Absolventen reformierter und traditioneller Studiengänge des Jahrgangs 2009. HIS: Forum Hochschule 17/2011. Hannover.

Reichwald, R. (2000): Organisations- und Führungsstrukturen zur Stärkung der Wettbewerbsfähigkeit der Universität von morgen, in: Laske, S./Scheytt, T./Meister-Scheytt, C./Scharmer, C.O. (Hrsg.): Universität im 21. Jahrhundert, Zur Interdependenz von Begriff und Organisation der Wissenschaft, München und Mering, 315–335.

Schaufler, G.C./Signitzer, B. (1993) [1990]: Issues Management – strategisches Instrument der Unternehmensführung, in: Fischer, H.-D./Wahl, U.G. (Hrsg.): Public Relations. Öffentlichkeitsarbeit, Frankfurt am Main et al., 309–317.

Schedler, K./Proeller, I. (2009): New Public Management, 4. Aufl., Bern et al.

Scheidegger, U.M. (2001): Management des Strategieprozesses an Universitäten. Bern et al.

Scheytt, T./Meister-Scheytt, C. (2000): Das ausgesparte Zentrum: Zum Widerspruch des Anspruchs eines professionellen Hochschulmanagements, in: Laske, S./Scheytt, T./Meister-Scheytt, C./Scharmer, C.O. (Hrsg.): Universität im 21. Jahrhundert, Zur Interdependenz von Begriff und Organisation der Wissenschaft, München und Mering, 419–446.

Schimank, U. (2001): Festgefahrene Gemischtwarenläden – Die deutschen Hochschulen als erfolgreich scheiternde Organisationen, in: Stölting, E./Schimank, U. (Hrsg.): Die Krise der Universitäten, Leviathan Sonderheft 20, Wiesbaden, 223–242.

Schneider, U. (2000): Gleich – gleicher – Gleichgültig, in: Laske, S./Scheytt, T./Meister-Scheytt, C./Scharmer, C.O. (Hrsg.): Universität im 21. Jahrhundert, Zur Interdependenz von Begriff und Organisation der Wissenschaft, München und Mering, 397–417.

Schoemaker, P.J.H./Amit, R. (1994): Investment in strategic assets: Industry and firmlevel perspectives, in: Advances in Strategic Management 10a, 3–33.

Schreyögg, G. (1984): Unternehmensstrategie. Grundfragen einer Theorie strategischer Unternehmensführung, Berlin, New York.

Schreyögg, G. (1987): Verschlüsselte Botschaften. Neue Perspektiven einer strategischen Personalführung, in: Zeitschrift für Organisation 56, 151–157.

Schreyögg, G. (1992): Zur Logik der Strategischen Unternehmensführung, in: Management Revue 3 (3), 199–212.

Singh, J./Sirdeshmukh, D. (2000): Agency and trust mechanisms in consumer satisfaction and loyalty judgments, in: Journal of Academy of Marketing Science 28, 150–167

Sloan, A.P. (1963): My years with General Motors, New York.

Spiewak, M./Wiarda, J.-M. (2007): Das Luxus-Problem. Studiengebühren füllen die Universitätskassen. Aber enge gesetzliche Vorschriften machen es kompliziert, all die Millionen auszugeben, in: Die Zeit 26/2007, 65.

Staehle, W.H. (1999): Management. Eine verhaltenswissenschaftliche Perspektive, 8. Aufl., München.

Statistisches Bundesamt (2012): Bildungsfinanzbericht 2012, Wiesbaden.

Streit, O. (1997): Strategische Planung an deutschen Universitäten. Dissertation, Düsseldorf.

Sydow, J. (1992): Strategische Netzwerke. Evolution und Organisation, Wiesbaden.

Tavernier, K. (2005): Relevance of strategic management for universities, in: Tijdschrift voor economie en management 50(5), 769–786.

Teichler, U. (2005): Hochschulsysteme und Hochschulpolitik. Münster.

Thom, N./Ritz, A. (2008): Public Management. Innovative Konzepte zur Führung im öffentlichen Sektor, 4. Aufl., Wiesbaden.

Turner, G. (1986): Universitäten in der Konkurrenz. Möglichkeiten und Grenzen von Wettbewerb im Hochschulbereich, Stuttgart.

Valentin, E. K. (2001): SWOT analysis from a resource-based view, in: Journal Of Marketing Theory & Practice 9 (2), 54–68.

VNU (2003): Verbund Norddeutscher Universitäten, Checkliste zur Selbstbeschreibung, Stand 24.7.2003, http://www.uni-nordverbund.de/html/2pro/11check.html.

Weber, M. (1972): Wirtschaft und Gesellschaft, Grundriß der verstehenden Soziologie, 5. Aufl., Tübingen.

Weick, K.E. (1976): Educational Organizations as loosely coupled systems, in: Administrative Science Quarterly 21, 1–19.

Weick, K.E. (2001): Gapping the relevance bridge: Fashion meets fundamentals in management research, in: British Journal of Management 12, Special Issue, 71–75.

Weissman, R. (2001): Is the university–industrial complex out of control?, in: Nature 409 (6817), 20–27.

Wernerfelt, B. (1984): A resource-based view of the firm, in: Strategic Management Journal 5, 171–180.

Whittington, R. (1993): What is strategy – and does it matter?, London New York.

Wild, J. (1973): MbO als Führungsmodell für die öffentliche Verwaltung, in: Die Verwaltung 3, 283–316.

Williams, G. (Hrsg.) (2003): The enterprising university. Buckingham.

Williamson, O.E. (1979): Transaction-cost economics: The governance of contractual relations, in: Journal of Law and Economics 22, 233–261.

Williamson, O.E. (1985): The economic institutions of capitalism, New York.

WKN (2002a): Wissenschaftliche Kommission Niedersachsen: Forschungsevaluation an niedersächsischen Hochschulen und Forschungseinrichtungen. Wirtschaftswissenschaften. Bericht und Empfehlungen, http://www.wk.niedersachsen.de/Materiali en/FE-WiWi.pdf.

WKN (2002b): Wissenschaftliche Kommission Niedersachsen: Forschungsevaluation an niedersächsischen Hochschulen und Forschungseinrichtungen. Grundzüge des Verfahrens, Fassung vom 20.12.2002, http://www.wk.niedersachsen.de/Materialien/ FE-Konzept.pdf.

Ziegele, F. (2008): Budgetierung und Finanzierung, Münster.

Zilling, M. (2013): Organisatorische Verankerung von Lebenslangem Lernen in Hochschulen – Das Beispiel des C3L der Carl von Ossietzky Universität Oldenburg, in: Hanft, A./Brinkmann, K. (Hrsg.): Offene Hochschulen. Die Neuausrichtung der Hochschulen auf Lebenslanges Lernen, Münster, 151-164.

Zimmer, M. (2001): Rekursive Regulation zur Sicherung organisationaler Autonomie, in: Ortmann, G./Sydow, J. (Hrsg.): Strategie und Strukturation. Strategisches Management von Unternehmen, Netzwerken und Konzernen, Wiesbaden, 351–376.

Zimmer, M. (2003): Virtuelle Organisationen und Experten-Netzwerke: Perspektiven auf Handlungsmotivationen und Rationalitäten, in: Zeitschrift für Personalforschung 17(2), 224–238.

Zimmer, M. (2008): Steuerungs- und Managementsysteme, in: Hanft, A./Röbken, H./ Zimmer, M.: Bildungs- und Wissenschaftsmanagement, München, 111–167.

Zimmer, M. (2012): Zwischen lebenslangem Lernen und gelebter Teilzeit – Fallstudie der Universität Oldenburg, in: Kerres, M./Hanft, A./Wilkesmann. U./Wolff-Bendik, K. (Hrsg.): Studium 2020: Positionen und Perspektiven zum lebenslangen Lernen, Münster, 145–166.

Zimmer, M. (2013): Entgrenztes studieren – Teilzeitstudium als Option?!, in: Hanft, A./Brinkmann, K. (Hrsg.): Offene Hochschulen. Die Neuausrichtung der Hochschulen auf lebenslanges Lernen, Münster. 179–191.

Zimmer, M./Ortmann, G. (2001): Strategisches Management, strukturationstheoretisch betrachtet, in: Ortmann, G./Sydow, J. (Hrsg.): Strategie und Strukturation. Strategisches Management von Unternehmen, Netzwerken und Konzernen, Wiesbaden, 27–55.

Zimmer, M./Rüttgers, C./Vahlhaus, I./Wiebke, S. (2013): Handlungsempfehlungen, in: Zimmer, M./Rüttgers, C./Vahlhaus, I./Wiebke, S. (Hrsg.): Q+MEO. Materialsammlung zum Projekt Q+MEO: Qualifizierungsoffensive in der Region MEO für die Metall- und Elektroindustrie, Essen, 71–104.

Zimmer. M/Wiebke, S. (2013): Bericht zu den Experteninterviews, in: Zimmer, M./ Rüttgers, C./Vahlhaus, I./Wiebke, S. (Hrsg.): Q+MEO. Materialsammlung zum Projekt Q+MEO: Qualifizierungsoffensive in der Region MEO für die Metall- und Elektroindustrie, Essen, 7–38.

Anke Hanft

Management von Studium, Lehre und Weiterbildung an Hochschulen

2014, 172 Seiten, br., 24,90 €
ISBN 978-3-8309-2790-7
E-Book-Preis: 21,99 €

In diesem Band werden ausgehend von politischen Rahmenbedingungen sowie internationalen Trends im lebenslangen Lernen erstmalig die zentralen Aufgaben in der Studiengangsplanung, der Studiengangsentwicklung und dem Studiengangsmanagement systematisch dargelegt. Darüber hinaus werden einige wichtige Neuerungen, die mit der Integration des lebenslangen Lernens in Hochschulen einhergehen, in eigenen Kapiteln ausführlicher gewürdigt.

Ulrich Teichler

Hochschulsysteme und quantitativ-strukturelle Hochschulpolitik

Differenzierung, Bologna-Prozess, Exzellenzinitiative und die Folgen

2014, 220 Seiten, br., 29,90 €
ISBN 978-3-8309-3029-7
E-Book-Preis: 26,99 €

Die quantitative und strukturelle Gestalt des Hochschulwesens; die gewachsenen Möglichkeiten zur Steuerung der einzelnen Hochschulen; ihre Suche nach besonderen Profilen: Mit diesem Themenkreis beschäftigt sich die Studie. International und zeitgeschichtlich vergleichend werden Grundzüge des Hochschulwesens vorgestellt: Zugang und Zulassung, quantitative Entwicklungen, Typen von Hochschulen und Stufen von Studiengängen, studentische Mobilität, Differenzierung nach Rängen und Profilen. Dazu werden verschiedene Leistungsanforderungen an die Hochschulen und politische Lösungskonzepte aufgezeigt.